V

verantwortliche KI 18, 110, 114
verteilte Kognition 49–50
Vielfalt und Chancengerechtigkeit 88–9

W

Well-Being 9, 14, 28
Wissenschafts- und Bildungskommunikation 91–2
World Happiness Report 28

X

XAI *siehe* Explainable AI

Z

Zusammenarbeit 100
Zukünfte von KI und Bildung 121–8
Zukunftskompetenzen *siehe* Future Skills

KI
in der Hochschulbildung

Beatrix Busse
Ingo Kleiber

Pearson

Bibliografische Information der Deutschen Nationalbibliothek

Die Deutsche Nationalbibliothek verzeichnet diese Publikation in der Deutschen Nationalbibliografie; detaillierte bibliografische Daten sind im Internet über *http://dnb.dnb.de* abrufbar.

10 9 8 7 6 5 4 3 2 1

28 27 26 25

ISBN 978-3-86894-603-1

Programmleitung: Kristina Mladenovic
Produktion: Markus Stahmann
Coverillustration: © Simer Sidhu, Shutterstock
Herstellung: Philipp Burkart, pburkart@pearson.de
Satz: Reemers Publishing Services GmbH, Krefeld
Druck und Verarbeitung: GraphyCems, Villatuerta, Navarra

Printed in Spain

Inhaltsverzeichnis

Vorwort 9

Kapitel 1 Einleitung 11

1.1 Unsere Ziele 14
1.2 Unser Ansatz 16
1.3 Zusammenfassung und Fazit 19
1.4 Zusätzliche Materialien 19

Kapitel 2 Warum KI und Bildung? 21

2.1 Die Welt ist anders 22
2.1.1 Vom Wort zur Aktion 22
2.1.2 Konvergieren von Technologieinnovationen 23
2.1.3 Digitale Ethik für Modelle des guten Lebens 24
2.1.4 KI ist politisch und braucht die Humanities 26
2.1.5 KI, Sprache und Kommunikation 27
2.1.6 KI und Well-Being 28
2.1.7 Wandel bedroht 29
2.2 Was heißt das nun alles? – Triggerpunkte 29
2.3 Zusammenfassung und Fazit 31

Kapitel 3 Hallo KI – KI immer wieder kennenlernen 33

3.1 Was ist Künstliche Intelligenz? 34
3.2 Symbolische KI, Machine Learning, Deep Learning und generative KI . . . 35
3.3 Die Rolle der Daten 39
3.4 KI-Modelle und KI-Systeme 41
3.5 Wie funktioniert ein*e generative*r KI-Tutor*in? 43
3.6 Die Kontextualität und Materialität von KI 48
3.7 Natürliche Intelligenz und künstliche Intelligenz 49
3.8 Zusammenfassung und Fazit 50

Kapitel 4 Viel Lärm um KI – Diskurse über KI in der Bildung 53

4.1 Metadiskurse über KI 54
4.1.1 Der Mensch ist die Norm 54
4.1.2 KI ist etwas Neues 57
4.1.3 KI ist wichtig für die Hochschulbildung 58

4.2 KI und Hochschulen . . . 59
4.2.1 Die Hochschule ist hinten dran . . . 59
4.2.2 Unsere Hochschule muss die Erste sein . . . 60
4.2.3 KI macht uns produktiver und effizienter . . . 61
4.3 KI und das Lehren und Lernen . . . 63
4.3.1 Lernende betrügen mit KI . . . 63
4.3.2 KI führt zu mehr Bildungsgerechtigkeit . . . 65
4.3.3 KI führt zu einem Verlust von Kompetenzen . . . 67
4.3.4 KI-Kompetenz ist die Zukunftskompetenz . . . 68
4.3.5 KI verändert das Lehren und Lernen vollständig . . . 69
4.4 Zusammenfassung und Fazit . . . 71

Kapitel 5 Perspektiven auf KI in der Bildung . . . 73

5.1 KI muss multiperspektivisch betrachtet werden . . . 74
5.2 Perspektiven auf KI . . . 75
5.2.1 Zentrale Perspektiven für die Hochschulbildung . . . 76
5.2.2 Ausgewählte zusätzliche Perspektiven . . . 85
5.3 Zusammenfassung und Fazit . . . 93

Kapitel 6 Was braucht es? – Notwendige Bedingungen für KI in der Bildung . . . 95

6.1 Bedingungen . . . 96
6.1.1 Bedingungen hinsichtlich Strukturen . . . 96
6.1.2 Bedingungen mit Blick auf Menschen und Kultur . . . 100
6.2 Zusammenfassung und Fazit . . . 102

Kapitel 7 Kompetenzaufbau – KI lernen, ohne den Verstand zu verlieren . . . 103

7.1 KI-Kompetenzen . . . 104
7.1.1 KI-Kompetenzmodelle . . . 106
7.1.2 Komponenten der KI-Kompetenzen . . . 107
7.2 Erwerb und Vermittlung von KI-Kompetenzen . . . 115
7.2.1 Kompetenzen auf individueller Ebene . . . 115
7.2.2 Kompetenzen auf organisationaler Ebene . . . 117
7.2.3 Vermittlung von KI-Kompetenzen . . . 118
7.3 Zusammenfassung und Fazit . . . 119

Kapitel 8 Die Zukünfte von KI und Bildung . . . 121

8.1 Der Status quo . . . 122
8.2 Die Zukunft von und mit KI . . . 123
8.3 Vier Szenarien für die Hochschulbildung der Zukünfte . . . 124

8.3.1 Szenario 1 – Die Hochschulbildung reagiert nicht 124
8.3.2 Szenario 2 – Die Hochschulbildung schwimmt nur mit 125
8.3.3 Szenario 3 – Die Hochschulbildung gestaltet mit 125
8.3.4 Szenario 4 – Die Hochschulbildung hat sich verpokert.......... 126
8.3.5 Das richtige Szenario? 127
8.4 Wie geht es jetzt weiter? 127
8.5 Zusammenfassung und Fazit 127

Glossar 129

Literaturverzeichnis 136

Register 145

Vorwort

Als Aktivist*innen für Bildung ist die Künstliche Intelligenz (KI) und die mit ihr einhergehende Transformation der Hochschule für uns eines der dringendsten Themen des Lernens für das Jetzt und unsere Zukünfte, wollen wir nicht abgehängt werden. Dass Menschen über KI-Kompetenzen verfügen müssen, ist Realität und keine Frage mehr.

Die Erwartungen und Einschätzungen dazu sind jedoch weiterhin widersprüchlich und vielfältig: Wie immer, wenn es um (technologischen) Wandel geht, herrscht in einigen Domänen, Disziplinen und Gruppen und bisweilen auch in der Hochschule insgesamt Pessimismus, Trägheit, Widerstand. Außerdem mangelt es oft an Expertise und Ressourcen, um den Wandel aktiv anzugehen. KI ist aber nichts Neues, und in vielen Bereichen, gerade in der KI-Forschung, wirken schon lange international anerkannte wissenschaftliche Erkenntnisse. KI ist darüber hinaus schon seit Langem, wenn auch nicht immer sichtbar, in der Praxis angekommen.

Viele innovationsbegeisterte Akteur*innen mit ganz unterschiedlichen Rollen und Funktionen haben großes KI-Interesse und wenden KI bereits an. Sie wollen jetzt mit KI verantwortungsvoll und forschungsbasiert lernen, Bildungsprozesse initiieren und begleiten, weiterdenken, ko-kreieren und erschaffen. Sie wollen KI und unseren Umgang damit aber auch mitgestalten. Dafür brauchen sie einen Rahmen, der ebenso rechtliche Regularien beinhaltet. Für viele ist das Thema, welches mit unfassbarer Geschwindigkeit bei uns angekommen ist, aber auch beängstigend und überfordernd. Das ist es für uns zuweilen auch.

In Zeiten von Unsicherheit und zahlreicher Bedrohungen fällt es bisweilen leichter, individuelle Missionen klar zu benennen und umzusetzen. Uns treibt die „moralische Ambition“ [Bregman 2024] an, jetzt sinnstiftend unseren KI-Bildungsbeitrag zu leisten. Wir sind sicher, dass nur diejenigen, die jetzt in ihrem KI-Wissen und ihrer KI-Kompetenz voranschreiten, in der Zukunft bestehen und verantwortungsvoll KI und damit auch das Well-Being dieser Welt gestalten können. Als Mitglieder einer der größten Universitäten Deutschlands und als Vertreter*innen verschiedener Bildungs-, Forschungs- und Managementrollen – Ingo als Linguist und Senior Experte für Digitale Bildung & Educational Technology, Beatrix als Professorin für diachrone englische Sprachwissenschaft und Prorektorin für Lehre und Studium –, die wir schon mehr als 10 Jahre in KI und anderen wissenschaftlichen Bereichen erfolgreich und vertrauensvoll zusammenarbeiten, nehmen wir die Verantwortung wahr, mit diesem Buch unserer Ambition nachzukommen und etwas zu tun, das zählt.

Es ist unsere feste Überzeugung, dass es beim KI-Kompetenzerwerb für alle nicht nur darum geht, die Produktivität und den Wettbewerb zu steigern. Stattdessen geht es darum, dass Menschen in ihren verschiedenen Rollen souverän und selbstbewusst mit KI arbeiten und ko-kreieren können und dabei ihr Menschsein im Vordergrund steht. Gerade deswegen denken wir etwa Aspekte der sozialen Gerechtigkeit, der Ethik und des Well-Being mit.

Ada Lovelace haben wir dabei immer im Ohr. Als mutige Mitbegründerin des Machine Learning, die Wege finden musste, in einer von Männern dominierten Wissenschaft gehört zu werden, erinnert sie uns kontinuierlich daran, dass KI eben sehr viel mehr ist als nur Technologie und durch den Menschen gestaltet werden muss: „The Analytical Engine has no pretensions whatever to originate anything. It can do whatever we know how to order it to perform" [Lovelace 1843].

Die Fertigstellung dieses Buches ist durch Freude, Demut und Unsicherheit markiert. Freude, das Buch gemeinsam schreiben und fertigstellen zu dürfen; Demut, weil KI so komplex ist, und wir das Thema niemals in ganzer Breite für das Lernen und die Bildung bearbeiten oder Antworten auf alle Fragen bereitstellen können; und Unsicherheit, da mit Abgabe des Manuskripts im April und seiner Publikation im August 2025 schon offenbar wird, dass wir die Aktualität aufgrund der rasanten Entwicklung nicht halten könnten.

Da ein Buch über **Künstliche Intelligenz** nicht ganz ohne sie auskommen kann, haben wir drei aktuellen Sprachmodellen (OpenAIs o3, Googles Gemini 2.5 Pro, Anthropics Claude 3.7 Sonnet) folgende Frage gestellt: „Was ist das Wichtigste, das in einem Buch mit dem Titel ‚KI in der Hochschulbildung' vermittelt werden sollte?" Die Ergebnisse wurden von OpenAIs 4o wie folgt zusammengefasst: „Es sollte vermittelt werden, wie Hochschulen die Potenziale Künstlicher Intelligenz strategisch und didaktisch fundiert sowie ethisch verantwortungsvoll in Lehre, Forschung und Verwaltung integrieren können, um Lernprozesse, Chancengerechtigkeit und wissenschaftliche Innovation nachhaltig zu fördern und gleichzeitig Herausforderungen wie Datenschutz, Bias und ethische Fragestellungen kritisch zu reflektieren."

Dem können wir uns anschließen und hoffen, dass wir mit diesem Buch einen Beitrag zur Klärung dieser Fragen leisten können. Wir wünschen Ihnen viel Spaß beim Lesen und dass Sie beim Erforschen von und Experimentieren mit KI so viel Neues und so viel Freude erfahren wie wir.

Danken möchten wir unseren Teams sowie den Teilnehmer*innen zahlreicher KI- und anderer Arena-Workshops für die Unterstützung und den kreativen Austausch. Ein besonderer Dank geht außerdem an Kathrin Andree für die kritische Lektüre des Textes.

Einleitung

1

1.1 Unsere Ziele 14

1.2 Unser Ansatz 16

1.3 Zusammenfassung und Fazit 19

1.4 Zusätzliche Materialien 19

„Es gibt einen Grund, warum das KI-Feld derzeit nicht primär von Büchern beschrieben und analysiert wird“, so oder ähnlich konstatierte es Ingo augenzwinkernd und humorvoll in einem unserer zahlreichen Gespräche zu diesem Buch. Man kann sich schon fragen, warum wir ein analoges Instrument benutzen, um ein sich rasend schnell entwickelndes digitales Phänomen zu beschreiben. Und noch zugespitzter formuliert: **Künstliche Intelligenz (KI)** (re-)agiert dynamisch und mehrdimensional, KI lernt, KI nährt sich von einer unvorstellbaren Menge an Daten, KI kann sich alleine bezüglich ihres Wissens und der Informationen, die sie erhält und verarbeitet, in höchster Geschwindigkeit transformieren. Das KI-Feld ist also äußerst dynamisch, wandelt sich derzeit gefühlt beinahe stündlich, neue KI-Tools der Tech- und anderer Giganten überspülen den Markt, Stargate oder DeepSeek sind ohnehin schon fast wieder alte Hüte, und KI-Gefährt*innen sind inzwischen auf beeindruckende und höchst anziehende Weise in der Lage, beinahe natürlich und empathisch – eine Fähigkeit, die bis jetzt dem Menschen vorbehalten war – mit uns zu kommunizieren. Warum schreiben wir also ausgerechnet ein Buch zur KI in der Hochschulbildung, welches schon veraltet zu sein scheint, während wir noch schreiben? Reihen wir uns damit nicht in die Gruppe derjenigen ein, die den Entwicklungen mit großem Abstand hinterherlaufen und Phänomene erst benennen, wenn es eigentlich zu spät ist? Ein Buch kann außerdem nur eindimensional, linear reagieren und überhaupt nicht agieren im Sinne einer eigenen Weiterentwicklung dessen, was es beinhaltet. Als Medium ist es permanent, nicht leicht zu ändern und begrenzt in Datenmengen.

Wir greifen dennoch sehr bewusst auf dieses, in unseren Zeiten vielleicht eher als konservativ wahrgenommenes, aber für den Menschen etabliertes Medium Buch zurück, indem wir es als Ort des Wissens verstehen, dem man sich bisher bedient hat, um Antworten auf vielfältige Fragen zu bekommen. Dieses Buch, welches ohne KI geschrieben, durch KI-Recherchen unterstützt und mit KI-Tools lektoriert wurde, gibt damit der Dynamik des Gegenstands, der hier beschrieben wird, den notwendigen Halt im doppelten Sinne – als Fundament und als Boxenstopp. Es ist jetzt (wieder) der Moment, dieses Fundament zu legen, auch wenn KI mindestens schon 100 Jahre alt ist. Im Sinne des Boxenstopps fordert dieses Buch gleichzeitig auch das Innehalten nach einem KI-Hype – etwa zweieinhalb Jahre nach ChatGPT – und die erneute Auseinandersetzung mit den Inhalten.

Man könnte zu Recht sagen, dass wir als Aktivist*innen für Bildung schon sehr viel früher die Möglichkeiten und Herausforderungen für die Wissenschaft, Bildung und Forschung sowie die Gefahren der KI hätten sehen und **postdigital** beschreiben sollen. Ein kurzer Einschub: Wir gehen in diesem Buch von einer postdigitalen Perspektive aus und nehmen an, dass sich „digital“ nicht mehr trennscharf von „nicht-digital“ abgrenzen lässt (vgl. [Jandrić et al. 2018]). Gleiches gilt auch für KI, die so omnipräsent wird, dass es zunehmend schwierig ist, zu sagen, wo KI ist und wo nicht.

Mit einem Blick auf OpenAIs GPT-3, das 2020 veröffentlicht wurde, hätte man verstehen können, was ChatGPT sein wird, wie es unsere Praktiken des Arbeitens, des Kommunizierens, des Lernens und des Forschens verändern wird. Als Linguist*innen, die wir Autor*innen dieses Buches ebenso sind und schon sehr lange mit Sprachmodellen arbeiten – KI ist also für uns nichts Neues –, hätten wir uns sehr viel rechtzeitiger aus unserer Bubble begeben und zu Vermittler*innen dieser Technologie werden müssen. Auch fiktionale Darstellungen, wie Dave Eggers [2013] *The Circle*, wären Grundlage für die Humanities gewesen, Modelle der postdigitalen KI-Welt verständlicher zu erklären und für die Zukunft anwendbar zu übertragen. Immerhin hat der gefühlte

ChatGPT-Moment [Meckel und Steinacker 2024: 17] – ähnlich dem iPhone-Moment – eine Zäsur gebracht und nicht nur den Bildungssektor von einer Sekunde zur nächsten verändert und geradezu aufgewühlt. Dies geschah deshalb, weil ein Produkt auf den Markt gekommen ist, das nun nicht mehr nur einer Gruppe von Expert*innen zugänglich ist, sondern theoretisch von allen, so sie denn Zugang und die Mittel haben, genutzt werden kann.

Trotz unserer Selbstkritik gibt es neben dem Legen des Fundaments und dem Boxenstopp weitere Gründe, JETZT EIN BUCH zur KI in der Hochschulbildung zu verfassen. Der erste Hype ist vergangen. Wir möchten unsere Erfahrungen und unsere Arbeit der letzten Jahre sowie unser forschungsbasiertes Wissen über KI und Bildung und für die KI in der Bildung weitergeben und teilen.

Künstliche Intelligenz ist überall. Formulierte man es neutral, könnte man KI als eine stete Begleiterin in allen Lebensbereichen bezeichnen. Die Dinge sind natürlich komplexer. KI ist, so werden wir es immer wieder beschreiben, aufgrund ihrer Allgegenwärtigkeit beinahe und zunehmend unsichtbar. Dies ist typisch für eine erfolgreiche technologische Innovation, allerdings macht dieses Faktum den Umgang mit KI in einem Hochschulkontext nicht leichter.

Und da liegt ein weiterer Hase im Pfeffer: Das Wissen der Menschen über diese Entwicklungen und ihr Umgang damit sind entwicklungsbedürftig. Dies gilt nicht notwendigerweise für den Bereich der KI-Forschung, denn, wie gesagt, der existiert schon lange und mit unterschiedlichen Schwerpunkten an unterschiedlichen Universitäten, Hochschulen und Forschungseinrichtungen. Jedoch, so zeigen unsere Studien, variiert im Kontext der Universität der Anteil derer stark, die umfassendes Verständnis und **Kompetenzen** in Bezug auf KI und Bildung besitzen, auch wenn z. B. Studierende zu 90 % KI-Tools in ihrem täglichen Lernen verwenden. Die zukünftigen Studierenden machen ebenso bereits in der Schule intensiven Gebrauch von generativen KI-Tools. Dies führt bereits jetzt zu vielfältigen Herausforderungen in der Kultur des wissenschaftlichen Arbeitens. Es ist vor allem dann der Fall, wenn Studierende und Lernende auf Lehrende treffen, die sich noch gar nicht mit der KI-Technologie beschäftigt haben, während andere sich der Dynamik der KI-Entwicklung stellen, tief in sie eindringen. So haben sie vielleicht bereits einen Newsfeed-Assistenten für die KI-Bildung in der Anwendung, der KI-gesteuert, personalisiert, multilingual, multimodal und barrierefrei Informationen z. B. zu neuesten KI-Entwicklungen für das Lernen bereitstellt. Ähnliches gilt für Fragen rund um den individuellen und institutionellen Zugriff auf Technologie. Der sogenannte **„digital divide“** [van Dijk 2019] gilt somit natürlich auch für KI, hat eine individuelle und systemische Ebene und verstärkt die Komplexität der Themenvielfalt, die es anzugehen gilt, will man sich der KI in der Hochschulbildung holistisch und zukunftsgerichtet nähern.

Schauen wir auch auf die derzeitige Weltlage, die uns auch für unser Thema „KI in der Hochschulbildung“ weitere Herausforderungen beschert. Die Zukunft der Bildung wird durch eine Vielzahl von ökonomischen, sozialen, demografischen und technologischen Trends, zu denen KI gehört, beeinflusst. Wir sehen globale Krisen – inklusive politischer und ökonomischer Spannungen, Kriege, ökologischer Krisen, internationaler Migration – mit Auswirkungen auf die globale Gesundheit. Nationale politische Schwerpunkte und die Verteilung öffentlicher Gelder priorisieren oft alles andere als die Bildung. Außerdem verkürzen sie oft das Verständnis von Bildung und Kompetenzen, wie es in der kürzlich von der Europäischen Kommission veröffentlichten Kommunikation „Union of Skills“ [European Commission 2025] zu sehen ist, auch wenn die Europäische Kommission lobenswert mit ihrer Publikation auf den wichtigen Bedarf an „KI-Skilling" und „KI-Upskilling" hinweist. Diese Krisen und Herausforderungen, die in einem komplexen Zusammenspiel auch durch den Einfluss von KI hervorgerufen und verstärkt werden, prägen in starkem Maße das individuelle, gesellschaftliche und planetare Well-Being. Gleichzeitig werden etwa soziale und ökonomische Ungleichheiten und Disparitäten verstärkt. **Well-Being** ist hier verstanden als subjektive Zufriedenheit eines Individuums oder einer Gruppe bzw. auch als die Bestimmung, ein sinnvolles Leben zu führen [Layard und de Neve 2023], was eine Verantwortung für den Planeten einschließt.

Wissenschaftliche und technologische Erneuerungen und Innovationen können dazu beitragen, Lösungen für all diese Probleme zu finden, aber sie sind abhängig von Wissen, Ressourcen und Talent. In diesen Abhängigkeiten sollten wir uns daher fragen, in welchem Maße wir es zulassen, dass geopolitische Veränderungen auch unsere Ressourcen von Wissen und Talent durch Veränderung von Kooperationen beeinflussen. Wir müssen also nach den Werten und Kriterien fragen, die unsere Entscheidungsgrundlage für die (Neu-)Gestaltung von (KI-)Bildungskooperationen bilden. Dabei spielt eine Balance zwischen Forschungssicherheit und offener wissenschaftlicher Kooperation, die ebenfalls KI in der Bildung betreffen, eine weitere Rolle. Im Nexus zwischen Forschen und Lernen bilden wir einen ethischen Rahmen, definieren Kompetenzen und bringen Lernangebote zu deren Entwicklung aus, um sicherzustellen, dass wissenschaftlicher Fortschritt dem Menschen und dem Planeten zugutekommt.

Transformationen bringen Gefahren und Möglichkeiten mit sich. Die technologischen Innovationen verändern die Art und Weise, wie wir arbeiten, und unsere soziale Interaktion. Wie wir also am besten Resilienz und Agilität im Kontext des KI-Universums bei allen Lerner*innen fördern, scheint grundlegend zu sein; ebenso auch, wie wir Menschen in ihrer Suche nach Flexibilität, Erneuerung und **KI-Kompetenzen** fördern und Orientierung bieten können, um z. B. auf dem Arbeitsmarkt und als Bürger*innen sowie privat souverän und verantwortlich navigieren zu können. Dabei gilt es ebenso innerhalb der wissenschaftlichen Gemeinschaft in Regelkreisen und wissenschaftsbasiert zu klären, wie man sich am besten immer wieder auf die Vermittlung von neuen KI-Kompetenzen vorbereitet und diese Vermittlung auch umsetzt. Diverse Bildungswege für unterschiedliche Rollen müssen hier differenziert werden, um der Nachfrage nach ausgebildeten Arbeitskräften in einem kompetitiven Umfeld und auch nach lebenslangem Lernen nachzukommen. Bildungssysteme müssen dabei Grundlagen und komplexere KI-Kompetenzen vermitteln, und dies in einer Art und Weise, dass sie sich ergänzen und nicht kompromittieren. Hier spielt auch eine wichtige Rolle, wie der Bildungssektor Technologien wie KI nutzt, um seine eigenen Kernprozesse zu optimieren, und wie stark technologische Entwicklungen und Nachhaltigkeitsnotwendigkeiten auf den Bedarf nach menschlicher Arbeit einwirken können.

1.1 Unsere Ziele

Fortschritt, Erkenntnisgewinn und Bildung hängen vom Umgang mit und der Integration von KI ab. Wie wir dies tun, entscheidet über unser Bestehen, unsere Existenz und unser Well-Being. Ziel dieses Buches ist darzulegen, wie **(generative) KI** grundsätzlich funktioniert. Wir werden Grundlagenwissen, (technische) Hintergründe sowie die Erfordernisse (z. B. mit Blick auf das lebenslange Lernen aller) einer KI-geprägten Welt in der Bildung und für die Lerner*innen beschreiben und benennen. Diese werden mithilfe von derzeitigen Trends, wie der Entwicklung von großen Sprachmodellen hin zu agentischen Systemen, kontextualisiert. Außerdem beschreiben wir die technischen und andere Rahmenbedingungen und weisen auf die Herausforderungen und Chancen von KI in der Bildung und für sie hin. Hierfür spielen zahlreiche Digitalisierungs- und KI-Diskurse (z. B. KI als Heilsbringer vs. KI als existenzielle Bedrohung) eine Rolle. Sie verdienen eine Einordnung, weil sie emotional aufgeladen sind, Machtpotenzial haben und wichtige Entscheidungen beeinflussen können.

Verschiedene und miteinander interagierende Perspektiven und Bezugspunkte (z. B. Lehren, Lernen, Arbeiten, Forschen etc.) werden ebenfalls dargelegt. So existieren die Dimensionen von KI als Gegenstand der Bildung und des Lernens ebenso wie KI als Tool für das Lernen oder beispielsweise in der Didaktik. Darüber hinaus müssen alle Disziplinen die Auswirkungen der KI in der Forschung und für die Forschung sowie zur Generierung von neuen Erkenntnissen und Innovation angehen. Da kommen KI-Wissen, KI-Können und eine reflektierte KI-Bildung gerade recht. Wir werden daher klassische und aus unserer Sicht zukunftsgerichtete Komponenten der KI-Kompetenz auf Basis der Analyse von ausgewählten Kompetenzmodellen beschreiben.

Es ist außerdem nötig, die Komplexitäten und Feinheiten der Technologie und der zugrundeliegenden Methoden (z. B. Algorithmen) zu verstehen, um die individuelle und systemische postdigitale Souveränität zu stärken und das Ungewisse und Unsichere auch in den Zukünften bewältigen zu können, in denen Technologien eine noch größere Rolle spielen werden. Nur so werden wir im Sinne der zukunftsrelevanten Kompetenzen die Fähigkeiten erlangen, die KI-Tools sowie ihre Anwendungen, Datengrundlagen etc. ethisch zu prüfen und zu hinterfragen oder ihre Entwicklungen zu leiten. Nur so werden wir uns in öffentlichen Debatten und politische Entscheidungen einbringen, diese wissenschaftsbasiert gestalten können sowie in der Lage sein, sowohl agil als auch mit Resilienz auf neue Entwicklungen zu reagieren. Wir sehen dies als Grundbedingung für die Heranbildung eines Mindsets – des sogenannten „Tomorrowmind“ [Kellerman and Seligman 2023] –, das sicherstellt, dass wir die nötige Offenheit für das Neue und dessen Gestaltung bewahren.

Dieses Buch adressiert in den Kapiteln, welche immer auch als einzelne Einheiten fungieren können, Lehrende und Lernende in der Wissenschaft und Hochschulbildung. Ein weiteres Ziel ist daher auch darzulegen, wie die Hochschulbildung KI immer wieder zu ihrer Weiterentwicklung und Erneuerung nutzen kann. Dabei ist es wichtig zu erlernen, wie ein richtiger, verantwortungsvoller und konstruktiver Umgang mit KI in der Bildung etabliert und skaliert werden kann, damit die Lernenden, die Lehrenden und auch die Institutionen sich jetzt professionalisieren. Handlungsempfehlungen für Institutionen, Lehrende und Lernende und die Darlegung von möglichen Zukunftsperspektiven und Zukünften von KI im Hochschulkontext sind daher auch Teil dieses Buches. Dies ist nötig für das Verständnis der Potenziale und Limitationen von KI. Dies ist ebenso nötig für das agile Handeln wie auch für das langfristige Planen, d. h. auch für informiertere Entscheidungen als bisher darüber, wie und wo die Technologie verwendet wird, welche Ressourcen zu deren Verwendung wo allokiert werden können und sollen, und welcher Regularien es bedarf.

Unser Ziel ist daher auch, mit diesem Buch Orientierung in diesem sich immerwährend wandelnden und komplexen Feld zu geben und die vielfältigen Informationen, die derzeit kursieren, zu sortieren. Wir werden dabei zeigen, dass die Bewertung der Potenziale und Herausforderungen von KI höchst widersprüchlich sein kann, auch für das Feld von KI in der Hochschulbildung. Zu lernen, diese Widersprüchlichkeiten durch Wissen, Information und schließlich auch durch KI-Kompetenz nicht nur auszuhalten, sondern in eigenen Kontexten zu bewerten und wirksam werden zu lassen, ist ein weiteres Ziel dieses Buches.

Um all dies zu erreichen, ist es wichtig, Ängste abzubauen und für KI zu begeistern, den nötigen *Shift* für das bereits erwähnte Mindset des „Tomorrowmind" [Kellerman und Seligman 2023] hervorzubringen – und dies forschungsbasiert und mit aller nötigen kritischen und offenen Haltung. Dieses Buch ist damit auch der Schuss Optimismus, den es jetzt in diesen unsicheren Zeiten für uns braucht. Denn wenn wir nun wertegeleitet, einer digitalen Ethik folgend, die richtigen KI-Schritte gehen, kann das, was Khan [2023] und andere vorhersagen, wirklich geschehen: Bildung und Lernen im großen Stil für Bildungsgerechtigkeit zu wandeln und die Lernenden für die Zukunft in ihren vielfältigen Rollen vorzubereiten.

Wir gehören somit nicht zu denjenigen, die ängstlich sind. Im Gegenteil, wir sind, wie Dario Amodei [2024], hoffnungsvoll dem Glauben verfallen, dass KI eine Transformation darstellt, die helfen wird, Bildung, Forschung und Fortschritt in allen Domänen zum Wohl des Menschen und des Planeten zu befördern. Wir gehören damit auch zu denjenigen, die die Zukunft jetzt mitgestalten und mit ihr in eine Beziehung treten möchten: neugierig, empathisch, mit dem genannten Schuss Optimismus und mit großer Offenheit [Pferdt 2024].

Die Macht und die Chance der KI für die Bildung liegen insbesondere darin, dass sie so schnell mit systemischen Auswirkungen skaliert werden kann. Dario Amodei [2024] spricht sogar von einem „compressed 21st century" und der Idee, dass mächtige KI die Fortschritte eines Jahrhunderts in wenigen Jahren möglich machen könnte. Daraus ergibt sich für die Hochschulbildung eine echte Chance zur Transformation, aber auch die Verantwortung, mit der neuen Dynamik und Geschwindigkeit umzugehen und Lernende auf sie vorzubereiten.

Wir möchten außerdem mit einigen Mythen rund um die KI aufräumen und darauf hinweisen, dass (generative) KI ein kommodifiziertes Produkt ist. Hier gilt ebenso: Wenn etwas erfunden und als Produkt auf den Markt gebracht wird und auch noch erfolgreich ist, bleibt es lange dort – ein Phänomen, welches eine ethische und rechtliche Begleitung der Prozesse nicht erleichtert, aber umso wichtiger macht. Das „Features beat Morals"-Faktum umfasst damit auch die Notwendigkeit für die Bildung, Themen, wie die informationelle Selbstbestimmung, Sicherheit und Souveränität sowie die Ausbeute von Ressourcen und Diskussionen darüber, welche Machtkonstellationen KI und digitale Information erzeugen, beherzt und mit einem wertegeleiteten Kompass anzugehen.

1.2 Unser Ansatz

Beginnen wir mit zwei möglichen KI-Definitionen. Die erste stammt von Reinhard Karger [2025]: „Künstliche Intelligenz ist die Digitalisierung menschlicher Wissensfähigkeiten mit dem Potenzial, dass Maschinen Leistungen erbringen, für die man traditionelle menschliche Intelligenz vorausgesetzt hat, und der Intention, Werkzeuge als physische und kognitive Verstärker für Menschen zu realisieren." Die zweite Definition ist von John McCarthy [2007]: KI ist „science and engineering of making intelligent machines, especially intelligent computer programs". Er betont dabei auch die maschinelle Natur von KI: „[AI] does not have to confine itself to methods that are biologically observable.“

Die Definitionen beider Autoren verwenden KI als Überbegriff für ganz unterschiedliche technisch-methodische Ansätze. Aus heutiger Perspektive würde man sich hier z. B. auf das **Machine und Deep Learning** beziehen. Wir verwenden in diesem Buch Künstliche Intelligenz ebenfalls als generischen Überbegriff und sind uns dabei der Problematik dieses Ansatzes bewusst. KI ist viel mehr als etwa die aktuell diskutierte generative KI – ChatGPT und andere – und sollte differenziert betrachtet werden (▶ siehe Kapitel 3).

Der Vergleich mit menschlichen Fähigkeiten in der Definition von Karger zeigt den Bedarf nach unterschiedlichen Definitionen und die Perspektivenvielfalt der Disziplinen. In Kargers Definition finden wir den häufig als strengen Gegensatz konstruierten Unterschied zwischen Mensch und Maschine, der in McCarthys Definition nur angedeutet ist. Diese Dichotomie werden wir, wie etwa auch Esposito [2024], im Verlauf des Buches immer wieder infrage stellen. So wollen wir diskutieren, inwieweit generative KI zwar lernende Systeme hervorbringt, jedoch – im Gegensatz zu Menschen – bisher weder im menschlichen Sinne reflektieren noch verstehen kann, sondern „nur“ kommunikationsfähig ist. Esposito [2024: 31] spricht daher von einer „neuartigen Form der ‚künstlichen Kommunikation‘“ und nicht von Intelligenz.

Unser KI-Ansatz ist holistisch. Für uns ist KI nicht nur ein technologisch-technisches Phänomen und auch nicht von nur einer Disziplin, etwa der Informatik, zu bearbeiten. KI ist beispielsweise auch tief ideologisch und politisch. Crawfords *Atlas der KI* [Crawford 2023] legt eindrucksvoll dar, wie die Entwicklung, z. B. von **Large Language Models (LLMs)** und KI-Systemen (▶ siehe Kapitel 3), immer auch Aspekte der Ressourcen, der Energie, der Daten, des Bias’ und der Ausbeute von Menschen beinhalten (▶ siehe Kapitel 4 und ▶ 5) sowie gesellschaftliche Fragen von Teilhabe, Macht und Normierungen adressieren müssen. Überdies lässt die massive politische Einflussnahme durch KI (z. B. **Fehl- und Desinformation**), die durch Social Media skaliert wird, sowie die Rolle von KI im *Cyberwarfare* das Ausmaß der Bedrohungen unserer Demokratien und die Erschütterung unserer geopolitischen Ordnungen sichtbar zu Tage treten: „Data and AI are being used as pawns and knights in the global game of geopolitical chess“ [Veliz 2024a: xv].

Es geht also auch um öffentliche Politik und politische Handlungen, Regulierungen und eine **digitale Ethik** in einem Feld, welches ebenso von einem mächtigen Privatsektor der Tech-Giganten beeinflusst ist. Somit ist klar, dass Fragen der digitalen Ethik auch KI in der Hochschulbildung betreffen. **Learning Analytics** oder personalisierte Assistent*innen, die im Kontrast zur analogen, verkörperten Lernwelt stehen, umfassen Aspekte der KI- und Daten-Ethik. Moralische und rechtliche Dilemmata dazu, was ein Computer tun oder nicht tun soll, welche Daten er über einen Lernfortschritt der Lernenden wo und wann speichern darf, welche Algorithmen darauf angewandt werden dürfen bzw. auch was Lernende und Bildungspraktiker*innen mit einem Computer, digitalen Technologien und KI tun oder nicht tun sollen, sind Fragen, die sowohl jede*r Einzelne als auch das System Hochschule zu diskutieren und zu regeln hat. Dies muss immer auch mit Blick auf das noch lange nicht ausgeschöpfte Potenzial des Informationserwerbs durch personalisierte KI-Tools UND der flankierenden Bildungsprozesse im analogen, verkörperten Diskurs geschehen.

In diesem Buch geht es um Hochschulbildung, die sich für uns insbesondere durch ihre Wissenschaftsbasierung und Forschungsorientierung auszeichnet. Für uns muss es heute an Hochschulen um den Erwerb von KI-Kompetenzen und um Professionalisierung gehen, auch zur Beförderung der Forschungsorientierung an sich und der interdisziplinären KI-Forschung. Gleichzeitig, und das ist wichtig, stehen Bildungsziele im Vordergrund. Es geht also um den Erwerb von KI-Kompetenzen, die sich durch Wissen, Fähigkeiten und Haltungen bzw. Werteeinstellungen auszeichnen. Es geht auch darum, ausgehend von dem, was wir einen wissenschaftlichen Habitus [Universität zu Köln 2022] nennen, zum kritischen Denken, zur Neugierde, zum Perspektivwechsel und zum wissenschaftlichen Arbeiten auf Basis von Fakten befähigt zu werden. Dies ist die Grundlage für das souveräne Gestalten und Agieren in der Welt (▶ siehe Kapitel 5).

Unsere Werte umfassen dabei weiterhin und gerade jetzt die Werte, die u. a. *Unique Selling Point* und das Korrektiv von Universitäten, Wissenschaft und Bildung sind: z. B. die Freiheit von Forschung und Lehre, die Freiheit der Rede, die gute wissenschaftliche Praxis, die demokratische Grundordnung sowie Diversität, Gerechtigkeit und Inklusion. Wir verschreiben uns daher dem Ansatz der verantwortlichen KI und dem ethischen Nutzen dieser Technologie.

Wir gehen außerdem davon aus, dass die künstliche, binäre Darstellung des Mensch-Maschine-Topos (▶ siehe Kapitel 3) angesichts der Allgegenwart von (generativer) KI in all unseren Lebensbereichen zu einem Ende kommen muss. Wir postulieren einen Ansatz der verantwortlichen Ko-Kreation mit (generativer) KI, in der Grenzen verschwimmen und die oben genannten Werte und Prinzipien unseren Umgang mit der KI bestimmen. Eine besondere Herausforderung besteht dabei darin, diesem Anspruch auf allen Ebenen, also auch bei strategischen Entscheidungen und nicht nur in der individuellen Nutzung gerecht zu werden.

Wir schreiben also, wie schon im Vorwort betont, dieses Buch mit einer „moralischen Ambition“ [Bregman 2024] für Modelle des guten Lebens, die menschliches und planetarisches Well-Being durchaus auf einer Ebene sehen. Dieses Buch versucht auch, die Frage danach zu beantworten, was der Zusammenhang zwischen digitalen Technologien, KI und dem guten Leben sein kann, wenn man sich Bildungsfragen widmet, denn KI verändert die Art und Weise, wie wir arbeiten, lernen und forschen und transformiert die Bildung.

KI und Bildung können dem Individuum und der Institution ermöglichen, die nötige Transformation für den Kompetenzerwerb herbeizuführen. Die Wettbewerbsfähigkeit wird dabei ebenso erhöht wie die Attraktivität des Standorts als Arbeitgeberin der Zukunft, trotz aller Sorgen und Ängste, die mit technologischem Wandel insgesamt verbunden sind.

Wir sind der Ansicht, dass unsere Demokratien, unsere Art zu leben und unser Well-Being jetzt davon abhängen, wie gut wir über KI informiert sind, über KI nachdenken, und sie dann wertegeleitet, strategisch, ressourcenachtsam und menschen- sowie umweltzentriert implementieren. Dazu braucht es Bildung in, für und mit KI. Für uns gibt es ein Recht darauf, KI-gebildet zu werden, KI in der Hochschulbildung zu erforschen und zu implementieren.

1.3 Zusammenfassung und Fazit

Wir rahmen die Inhalte bewusst im Publikationsformat des Buches, um im KI-Feld, das vielen, auch an den Hochschulen, Angst bereitet, mit einer etablierten und bekannten Publikationsform Halt zu geben und so die Auseinandersetzung mit den Inhalten jetzt zu fördern. Wir versuchen damit, einen stabilen Einstieg in ein instabiles Feld zu bieten.

Wissen zu KI in all ihren Dimensionen, Funktionen und Folgen zu vermitteln und Kompetenzaufbau für die Bildung zu betreiben, ist in dieser Welt unerlässlich. KI-Kompetenz ist dabei eine zentrale zukunftsrelevante Kompetenz. KI-Bildung ist Zukünftebildung.

Unsere Ziele sind es, Orientierung in einem komplexen, hochdynamischen Feld zu geben, Ängste abzubauen und für KI zu begeistern. Außerdem geht es darum, sich jetzt auf Basis verschiedener Komponenten der KI-Kompetenz und diverser Grundbedingungen zu bilden. Dies sehen wir als Basis, um Lehren und Lernen in der Wissenschaft neu zu denken, die vielfältigen Chancen für KI in der Hochschulbildung innovativ und wertegeleitet zu nutzen und die Gefahren zu erkennen und abzuschwächen.

1.4 Zusätzliche Materialien

Begleitend zu diesem Buch können Sie ein Glossar mit zentralen Begriffen sowie online für jedes Kapitel eine Reihe an Reflexionsaufgaben und -fragen finden. Wir möchten Sie einladen, diese alleine oder gemeinsam mit anderen – vielleicht auch ihren Lerner*innen – zu nutzen, um über KI und KI in der Hochschulbildung zu reflektieren. Im Zuge dessen hoffen wir, dass Sie sich auch kritisch mit unseren Positionen, die unweigerlich auch durch unsere Erfahrungen und Rollen geprägt sind, auseinandersetzen und so Ihre eigenen Positionen verfeinern und stärken können.

Neben diesem Hinweis auf das zusätzliche Material möchten wir Sie auch ermutigen, einen Blick in das Literaturverzeichnis zu werfen. Sie finden dort eine ganze Reihe an wertvollen Werken – andere Bücher, Artikel, Blogbeiträge etc. –, die es verdienen, betrachtet zu werden, und die zum Teil auch ganz andere Themen als wir in den Vordergrund stellen.

Nutzen Sie das Arbeitsblatt zum Kapitel, um anhand einer Reihe von Reflexionsfragen noch einmal aus Ihrer (angestrebten) Rolle über die Inhalte zu reflektieren. Neben der eigenen Auseinandersetzung eignen sich die Reflexionsfragen auch als Impulse für spannende Diskussionen zum Thema.

Die zusätzlichen Materialien zum Download finden Sie auf der Webseite zum Buch unter: www.pearson.de

Warum KI und Bildung?

2

2.1 **Die Welt ist anders** 22

2.2 **Was heißt das nun alles? – Triggerpunkte** . . . 29

2.3 **Zusammenfassung und Fazit** 31

Warum KI und Bildung? – Eigentlich stellt sich diese Frage nicht mehr. Schon in ▶ Kapitel 1 haben wir darauf hingewiesen, dass KI „überall auf einmal“ [Meckel und Steinacker 2024] angewendet wird und dem Menschen mehr als nur passiert. Wie schon gesagt, das Wissen darüber, warum dies so ist, und wie es geschieht, welche Dynamiken und Konsequenzen damit verbunden sind, variiert in einem hohen Maße allgemein und für die Hochschulbildung im Besonderen. Allein diese Zustandsbeschreibung rechtfertigt eine umfassende KI-Bildungsoffensive für die Hochschulen und speziell auch die Universitäten.

In diesem Kapitel werden wir darüber hinaus noch weitere derzeitige Kontexte beschreiben, die tiefgehend begründen sollen, warum KI und Bildung sowie die Bildung in KI jetzt unumgänglich sind und zum prioritären Thema der Hochschulen gemacht werden sollten.

Die Situation erweist sich, wie bereits erwähnt, als herausfordernd: In dem Moment, in dem wir dies schreiben, gehen wir davon aus, dass sich die KI-Landschaft bereits verändert, und das Geschriebene nicht mehr aktuell ist. Anders ausgedrückt und mit einem Beispiel illustriert: Was wir heute bezüglich der Anschaffung einer Software entscheiden, kann in der kommenden Woche veraltet oder sogar falsch sein. Es sind die parallelen, dynamischen Entwicklungen, die uns in Atem halten und uns bisweilen aus Überforderung resignieren lassen, sich überhaupt mit KI zu beschäftigen. Und wie es dabei immer so ist: Die KI-Entwicklungen sind für das Individuum, die Gesellschaft und damit auch eine Institution in komplexer Weise widersprüchlich bzw. haben unterschiedliche positive wie negative Wirkungen, je nach dem Umgang mit ihnen. Welche KI-Megatrends sich mit einem Fokus auf Bildung verbinden lassen, und wie wir versuchen können – allen Technikgigant*innen zum Trotz – eine souveräne, wertegeleitete, verantwortliche KI-Bildungsoffensive zu implementieren, die dem Menschen, dem „more-than-human“ und diesem Planeten gerecht wird, Lernen und Lehren innovativ fördert und damit auch neue Erkenntnisse in der Forschung generiert, sind Fragen, die sich wie ein roter Faden durch dieses Buch spinnen werden.

2.1 Die Welt ist anders

Zum Verständnis werden wir tiefer in die Komplexität der KI hineinzoomen, um zu erkennen, wie die Welt gerade anders ist. Und, wie immer, sind wir in den von uns identifizierten und miteinander interagierenden Themenfeldern damit weder vollständig noch absolut objektiv unterwegs.

2.1.1 Vom Wort zur Aktion

Während im Mainstream nach Kräften versucht wird, die Macht der Sprachmodelle sowie der Algorithmen, die die Modelle realisieren, und der Daten, mit denen sie trainiert werden, zu erfassen, geht die KI-Entwicklung rasant in Richtung agentischer Systeme. Das verwendete Label, um diesen Trend zu beschreiben, lautet: „From Word to Action“ [Future Today Strategy Group 2025]. **Agentische Systeme** sind KI-Systeme, die mehr oder weniger autonom fungieren und Aufgaben bewältigen können, indem sie Entscheidungen anhand von erlernten Daten treffen, und Werkzeuge sowie modellexterne Daten nutzen können. Die generative KI bewegt sich von der Text- und Inhaltsgenerierung hin zu solchen lernenden agentischen Systemen, die in Echtzeit und unter

Analyse von z. B. menschlichem Verhalten sowie externen Sensoren und Datenquellen Vorhersagen und Entscheidungen treffen und Aktionen ausführen können. In diesem Zusammenhang taucht auch immer häufiger, bisweilen aber stärker als Marketing-Begriff, das Konzept der „Large Action Models" auf, welches beschreibt, dass Modelle darauf trainiert werden, Arbeitsschritte zu planen und Aktionen auszuführen [Kelbert et al. 2024]. Sprachmodelle, die seit langem viel mehr tun, als Sprache zu „verstehen" und zu generieren, werden als multimodale Modelle KI-Systeme so zunehmend in den Stand versetzen, die physische Welt sowie komplexe Muster der Entscheidungsfindung zu verstehen.

Agent*innen planen, entscheiden und tun – mehr oder weniger personalisiert – folgerichtig Dinge, wie Flüge zu buchen, Mails zu organisieren, Software zu entwickeln oder Verträge zu verhandeln und abzuschließen. Sie erlernen bzw. folgen menschlichen Handlungen, Anweisungen und Präferenzen und setzen diese in agentisches Handeln um. Das revolutioniert alles, auch (für) die Bildung: von der Robotik hin zu personalisierten Assistent*innen. So können Roboter bereits jetzt ihre Umgebung wahrnehmen, sich an sie anpassen und in ihr vielfältige Aufgaben lösen und eigenständig Entscheidungen treffen. Dies alles geschieht in einer mehr und mehr menschenzentrierten Art und Weise. Bereits heute gibt es **KI-Systeme**, die auf Basis von **KI-Modellen** unser Verhalten am Bildschirm beobachten und uns etwa bei der Bearbeitung von Aufgaben helfen oder Fragen zu dem, was wir sehen und hören, beantworten.

Die Konsequenzen für die Bildung, z. B. im Bereich der Erstellung von Lehr-Lern-Gelegenheiten und Materialien, des Monitorings von Lernfortschritten sowie auch im Bereich der Learning Analytics und der Supervision, liegen auf der Hand und sind vielfältig. KI hat also das Potenzial, die Bildung selbst zu verändern, indem sie beispielsweise personalisierte Lernerfahrungen gestalten kann, Aufgaben automatisieren oder immersive Technologien mit KI kombinieren und analysieren wird. Zentral erscheint uns dabei die Frage zu sein, welche Rolle der*die menschliche Lehrende der Hochschule für das Lernen und die Aktivierung von forschungsbasierten Bildungsprozessen in Zukunft einnehmen wird. Zunächst wird dies die Arbeit des Menschen nicht ersetzen, sondern sie weiter in Wert setzen und stärken. Es werden neue KI-Rollen entstehen, für die wir neu ausbilden, bilden und professionalisieren müssen. Dennoch muss sich der Hochschulbildungskontext damit beschäftigen, wollen wir nicht abgehängt und völlig bedeutungslos werden.

2.1.2 Konvergieren von Technologieinnovationen

KI ist ohne Zweifel eine der wichtigsten Figuren im postdigitalen Zeitalter, aber nicht die einzige. Es wird viel über KI gesprochen, und meistens schafft es die generative KI in die Schlagzeilen, aber sie ist nur ein Teil einer größeren Transformation. Denn wir leben derzeit in einem Aufeinandertreffen von mehreren Technologien: KI, Biotechnologie und Sensorik, die zu einer sogenannten „living intelligence" [Future Today Strategy Group 2025] von Systemen werden, die fühlen, lernen, adaptieren und sich entwickeln. All dies in und mit der realen Welt. Webb [Future Today Strategy Group 2025] beschreibt diese Situation in ihrem aktuellen Zukunftsreport wie folgt: „The decisions we will make in the next five years will determine the long-term fate of human civilization [...] The convergence of tech is not just determining how we work or live, but also changing what it means to be human." Dieser Aufruf birgt Chancen und Bedrohungen zugleich. Auch wenn z. B. die Entwicklung von KI-Tools zum großen Teil in den Händen von US- und anderen Tech-Gigant*innen ist, kann ebenso von einer

Demokratisierung von Basistechnologie gesprochen werden: Der Zugang zu mächtigen (generativen) KI-Tools ist etwa für viele Menschen erschwinglich geworden, die Hoheit von einigen elitären Wissenschaftsbereichen lockert sich, und wie wettbewerbsfähig unserer Forschungslabore sind, wird mit der Bereitstellung von bezahlbarer, mobiler Hochleistungshardware wie Nvidias DGX Spark und Station zumindest infrage gestellt werden. Trotz der Hoheit privater und geschlossener Forschungseinrichtungen gewinnt die offene KI-Forschung, inklusive der Entwicklung und Bereitstellung offener KI-Modelle, zunehmend an Fahrt und Bedeutung. Gleichzeitig ist Rechenleistung kommodifiziert, und KI-Systeme treffen bereits in den unterschiedlichsten Bereichen und in großem Maße Entscheidungen. KI ist Wirtschaftsfaktor und Beschleunigerin für die Wissenschaft. KI kann Gesellschaft, Teilhabe und Demokratie genauso fördern wie auch zerstören. Und es geht noch weiter: Wir haben das KI-Feld bisher nicht durchdrungen, die Digitalisierung der Hochschulen – DIE Bedingung für die effektive Nutzung von KI – hinkt ebenfalls in vielen Bereichen hinterher, und wir dürfen nicht zu hyperfokussiert auf KI sein.

Diese konvergierenden Trends, die trotzdem fortschreiten, ändern den Weg der Zivilisation, denn wir überschreiten unsere menschlichen mentalen Modelle und biologischen Beschränkungen. Unsere bis jetzt existierenden sozialen Normen und Werte werden weiter infrage gestellt. Hinzu kommt, dass die Schere zwischen denen, die die Trends erkennen, Innovation betreiben und für sich nutzbar machen können, sowie denen, die nur zögernd agieren, exponentiell größer wird.

Eigentlich müssten wir also all diese zusammenwirkenden Technologien hier ebenso beschreiben. Wir werden hier jedoch nur auf das Phänomen des Konvergierens hinweisen. Für uns ist es derzeit wichtiger, die KI in der Hochschulbildung ins Zentrum zu rücken. Denn es gilt ebenso für KI in der Hochschulbildung: Zögern in der Vermittlung von KI-Bildung ist fahrlässig, denn dieser Prozess ist auch Basis für das Verständnis der anderen Transformationen. Hinzu kommt, dass die KI-Transformation sich nicht mehr von Generation zu Generation oder in Dekaden, sondern mit Höchstgeschwindigkeit, teils innerhalb von Wochen, vollzieht.

2.1.3 Digitale Ethik für Modelle des guten Lebens

Wir müssen nicht auf alles vorbereitet sein, aber bereit sein, jeder Veränderung zu begegnen. Aufgrund der derzeitigen komplexen KI- und anderen technologischen Entwicklungen, die, wie schon zitiert, uns fragen lassen müssen, „what it means to be human" [Future Today Strategy Group 2025], wandeln sich die Haltungen zum Digitalen, zu Praktiken von algorithmischer Entscheidungsfindung oder zur Kommodifizierung von persönlichen Daten. Die Herausforderungen, die wir bezüglich KI und digitaler Technologien zu bewältigen haben, sind immens. Hinzu kommt, dass die geopolitischen Disruptionen mit der zweiten Amtszeit Trumps eine erneute Veränderung in einer Geschwindigkeit erfahren, die der des KI-Wandels beinahe gleichkommt und auch durch die KI-Entwicklungen beeinflusst ist. Hier darf ebenfalls nicht unterschätzt werden, wie die sogenannten „Tech-Mogule" [Morozov 2025: 36] aufgrund ihres Reichtums und ihrer Prominenz derzeit ihre eigenen Visionen, Terminologien und Verschiebungen von Taxonomien der Zukunft der Welt entwerfen. Die Themen reichen von Entwürfen für die (Nicht-)Regulierung von KI (Sam Altmann) hin zu Modellen der KI-Kriegsführung. Diese zu verstehen und, noch viel wichtiger, kritisch und wissenschaftlich fundiert für die Lernenden einordnen zu können, verlangt KI-Wissen in der Gesamtheit ihrer Dimensionen. Auch aufgrund von Manipulation durch KI und Desinformation fußt die Weltordnung immer weniger auf demokratischen Regeln, Werten und Idealen. Sie hat sich an egoistischen Machtinteressen orientiert und Autokratien befördert. Im Kontext dieser Entwicklungen, die gleichzeitig durch „Westlessness" [Puri 2024] einerseits und radikalem „Westfullness" weißer Männer andererseits charakterisiert sind, werden sich darüber hinaus Europa und auch Deutschland eine KI-Position erarbeiten müssen. Wir hoffen, dass diese über einen wettbewerblichen und militärisch motivierten Ansatz allein hinausgeht, und auch andere Konzepte wie das Erreichen von mehr Well-Being für alle in den Blick nehmen. Die Hochschulen und insbesondere auch die Universitäten haben in ihrer Verantwortung für die Gesellschaft hier eine wichtige Rolle. Es geht darum, wie wir in Zukunft das gute Leben für alle gestalten wollen und können. KI und Bildung sind dabei eine zentrale Komponente.

In diesen Kontexten von Unsicherheiten, Krisen und technologischen Innovationen – Kontexten, in denen, wie gesagt „alles überall auf einmal passiert" [Meckel und Steinacker 2024] – ist eine digitale Ethik von allergrößter Bedeutung. Wollen wir Lösungen zu den moralischen Dilemmata finden, denen sich Individuen und die Gesellschaft bezüglich der Entwicklungen von KI gegenübergestellt sehen, gilt: Das Zusammenspiel zwischen technologischen Erneuerungen und ethischen Fragestellungen zu benennen und zu markieren ist nicht neu. Dieser Prozess diente schon immer der Bereitstellung einer Basis für ethisch-moralische Regelungen und von Best Practices. Themen der digitalen Ethik (siehe [Veliz 2024a]) stehen schon länger im Zentrum der praktischen Philosophie sowie auch weiterer Disziplinen und interdisziplinärer Forschung. Sie sind zum Glück auch ein priorisiertes Thema einiger industrieller Bereiche, wie die *Policies* von IBM eindrücklich zeigen [IBM 2024a, IBM 2024b]. Was ist also anders? Es ist die Vielfalt der Themen, und wie sie miteinander verwoben sind: Sie reichen von **Datenschutz** und Sicherheit, Souveränität und Governance, Gerechtigkeit und Fairness sowie Inklusion über Erklärbarkeit, Transparenz, Accountability, Social Impact, *Human and Moral Agency* sowie Falschinformation hin zu Machtgefügen, Machtungleichheiten sowie dem Einfluss von KI auf die Umwelt. Wir können nicht auf alle Themen eingehen (siehe aber [Véliz 2024b]), um zu zeigen, warum KI-Bildung jetzt und auch mit einem holistischen Ansatz notwendig ist. Allein die Datensätze, mit denen z. B. die Modelle von OpenAI, die dem Tool ChatGPT unterliegen, trainiert und *„aligned"* wurden, werfen zahlreiche Fragen auf, denn Autor*innenschaft und Urheber*innenrecht haben hier keine Rolle gespielt. Sie stammen darüber hinaus aus intransparenten Quellen und wurden nur erreicht, weil man Menschen des Globalen Südens mit Knebelverträgen, die dem Sklavenhandel gleichkommen, dazu verpflichtet hat, etwa als Klickarbeiter*innen tätig zu werden. Werden nun diese KI-Modelle und KI-Systeme in andere Anwendungen, z. B. zur Rechtsprechung, eingebunden, so kommt es bezüglich zahlreicher der oben genannten Aspekte zu Herausforderungen, denn die durch die **Trainingsdaten** vermittelten Werte entsprechen nicht einer objektiven Rechtsauffassung.

Zur weiteren Illustration wollen wir doch einen kurzen Blick auf ein bestimmtes Themenfeld werfen, welches ebenfalls stark durch das Zusammenspiel von KI, technologischer Weiterentwicklung und Social Media zu einer Herausforderung geworden ist, die nicht nur die nächste Generation beeinflusst, sondern auch eine Quelle des Demokratieverfalls und Ausdruck von **Cyberwar** ist. Schon jetzt tritt das Ausmaß der KI-Bedrohungen unserer Demokratien und der Erschütterungen unserer geopolitischen Ordnungen sichtbar zu Tage. *Cyberwar* ist ein Faktum. Unser Blick richtet sich daher auf KI-generierte Falschinformationen und Fake News. Fake News als teilweise fabrizierte Geschichten sind ein altes Phänomen des „yellow journalism" aus dem 19.

h. [Levy 2024]. Fake News und gezielte Desinformationen erleben vor allem seit 2014 ein Wiederaufleben. Anders ist jetzt, dass KI-Technologie, etwa mit Bot-Armeen und Deepfakes, ihre enorme Skalierung sowie eine qualitative „Aufwertung“ etwa durch Personalisierung und generierte Bilder und Videos erlauben. Betrüger*innen, staatliche Akteur*innen und dubiose Medien, denen Wahrheit nichts bedeutet, wollen das Pendel von Debatten zugunsten von wirtschaftlichen Gewinnen und politischen Interessen umschwenken. Fake News sind also nicht mehr nur episodisch oder haben lediglich einen geringen Einfluss. Sie sind omnipräsent. Es braucht KI-Wissen, KI-Können und KI-Kompetenzen, um Fake News von genuinen Nachrichten zu unterscheiden. Fake News korrumpieren unsere „epistemischen Umgebungen“ [Levy 2024: 104], also die Charakteristika, die die Entwicklung unserer Auffassungen dazu beeinflussen, was wir glauben. Die Formierung von akkuraten Überzeugungen ist unumgänglich für unser Well-Being, denn wir können gute Entscheidungen nur im Lichte von akkurater Information treffen.

Die Botschaft bleibt sehr klar: Um die Fragen zu beantworten, wie KI die Hebelwirkung für die Verstärkung des Lernens entfalten, gleichzeitig ethische Aspekte adressieren und den menschlichen Aspekt integrieren kann, müssen wir uns zumindest darüber bewusst sein, dass wir es gerade noch in der Hand haben zu entscheiden, was KI tut. Wir haben, zumindest in manchen Bereichen, noch die Chance, KI mit Werten und Komponenten von Fairness auszustatten. Wir wissen, welche Datentypen wie kuratiert und gelabelt werden müssen. Wir müssen alles tun, dass sie für die menschliche Kontrolle in einem wertebasierten *Social Alignment* zugänglich bleiben, auch wenn Forscher*innen sich sehr bewusst über das Eigenleben von lernenden KI-Systemen sind. Es ist möglich, Werte in KI-Modelle „einzubauen“ und nach Prinzipien zu arbeiten, indem man *top-down* ein Set an Werten integriert oder *bottom-up* eine Umwelt errichtet, welche es Agent*innen erlaubt, aus gutem menschlichem Verhalten zu lernen. Gleichzeitig müssen wir uns aber bewusst darüber sein, dass es nicht „die (kontrollierbare) KI“ gibt, sondern es mit ausreichend Ressourcen weitestgehend allen offensteht, eigene KI-Modelle nach eigenen Prinzipien zu trainieren.

2.1.4 KI ist politisch und braucht die Humanities

KI ist tiefgehend politisch und ideologisch und damit nicht nur technologisch [Crawford 2023]. Daher ist es unumgänglich, dass alle Disziplinen, vor allem auch die Humanities, in die Weiterentwicklung von KI einbezogen werden, sich selbst mit KI-Kompetenzen ausstatten und handlungsorientierter werden. Wir wollen sogar so weit gehen, dass die Einbindung sowie der KI-Kompetenzaufbau großer Bereiche der Humanities in das Themenfeld KI und Bildung prioritär zu behandeln ist, damit die Humanities ihre Alleinstellungsmerkmale einbringen können, den Anschluss nicht verlieren und sich nicht selbst abschaffen. Denn schaut man auf die Mächtigkeit von OpenAIs Deep Research, Perplexity oder anderer ähnlicher KI-Werkzeuge, dann ist klar, dass synthetisierende Aufgaben in der Wissenschaft, die vor allem charakterisierend in den Humanities sind, in beeindruckender Weise durch die KI-Systeme und KI-Tools gelöst werden können. Was ist also die Rolle der Humanities? Die Humanities sind unersetzbar in ihrem Fokus, Geschichte, Diskurse und menschliches Verhalten zu erklären, kritisch zu denken und durch Kreativität und Imagination Zukünfte und Welten, die es noch nicht gibt, zu erzeugen und diese Fähigkeiten zu bilden.

KI-Humanities erheben wir zu einem neuen wissenschaftlichen und professionellen Kern innerhalb der KI-Bildung. Methodische Entscheidungen in der Entwicklung von

KI-Modellen und die Entscheidung dazu, mit welchen Daten sie trainiert werden, haben politische und ethische Implikationen und müssen mit den Humanities geschehen. KI-Systeme lassen oftmals Transparenz, Nachvollziehbarkeit, Offenheit und Kontrolle vermissen. So ist z. B. bei großen Sprachmodellen nicht klar, warum ein bestimmter Text kreiert wird und auf welchen Kontext er sich bezieht. Dies ist relevant für die Bewertung der Qualität des Outputs. Im Kontext des Hypes um ChatGPT hat man allerdings den Eindruck, dass die Faszination angesichts der Mächtigkeit des Tools – Schnelligkeit, relative Qualität des Outputs, **Multimodalität** des Outputs – überwiegt, und man gewisse Intransparenz akzeptiert, sodass für Nutzer*innen die Gefahr der Täuschung besteht, wenn es ihnen an Willen oder entsprechenden Kompetenzen zur kritischen Einordnung des Outputs mangelt.

2.1.5 KI, Sprache und Kommunikation

Die „Kunst" von ChatGPT oder Midjourney ist die Erzeugung von sprachlichen und anderen Zeichen, wie z. B. Bildern. Als Linguist*innen, die wir uns mit der Analyse von Zeichen beschäftigen, wollen wir KI und Bildung auch aus der Sicht der Linguistik betrachten. Für uns kreieren und reflektieren Sprachen Realitäten, sie sind zentral für Information und Kommunikation. Sprachen tun dies in unterschiedlichen Mustern sowie mit Sprechakten, Textgenres etc. Bis jetzt war es ein exklusiv menschliches Merkmal, Sprache zu erzeugen, zu sprechen, durch Sprache zu reflektieren, die Gedanken zu artikulieren und sich in Beziehung zu anderen zu setzen. Es ist die Präzision, die „Echtheit" und die empathische Dimension generativer KI, die uns die Sprache verschlägt, auch wenn – zumindest bis jetzt – die Antworten auf Prompts auf der Basis von Wahrscheinlichkeiten gegeben werden, nicht auf der Basis von Verständnis, Reflexion oder Wissen im menschlichen Sinn. Wie wir in Zukunft kommunizieren und Sprache in jeder Form produzieren werden, ist eng mit der Weiterentwicklung von KI verbunden. Vor dem Hintergrund dessen, wie generative KI-Modelle funktionieren (▶ siehe Kapitel 3), und auf welche Grundlagen von Daten sie zurückgreifen, sind nun Fragen von Originalität eines Textbeitrags zu klären (auch wenn die Systeme neue Texte, Bilder, Videos etc. produzieren), und es ist der Moment zu erfassen, wann die Systeme nur noch aus den eigenen Texten Antworten auf weitere Prompts geben. Esposito nennt dies die doppelte Kontingenz [2024: 35f.]. Positiv gesprochen, kann der Mensch daher nicht aufhören, genuin neue und kreative Texte zu produzieren.

Hinzu kommt, dass aktuelle Tools wie Sesame AI [Iribe und Ankit 2025] zeigen, wie gesprochene Konversationen mit KI aussehen können, wenn die Systeme, bis zu einem gewissen Grad, mit Emotionen umgehen können, Gesprächsdynamiken verstehen und sich dynamisch dem Gesprächskontext anpassen. Auch dies kann positive wie negative Effekte haben: In der Einsamkeit Kommunikation und Community fördern, als Ratgeber*in funktionieren, auch wenn die Sprecher*innen – in Sesame AI derzeit geschlechterspezifisch als Miles und Maya benannt und gestaltet – nicht menschlich sind. Umgekehrt muss sichergestellt werden, dass die Kommunikation ethisch und wertebasiert bleibt, und dass wir uns der sozialen Dynamiken bewusst werden, die entstehen, wenn Menschen und Maschinen in Beziehungen zueinander eintreten.

Zum Komplex Sprache, Kommunikation und KI gehört auch, wie und durch wen in Zukunft Geschichten erzählt werden und wer ihnen zuhört. Wir sehen eine Fragmentierung der Medienlandschaft, die durch die sozialen, KI-gesteuerten Medien nochmals skaliert wird. Menschen begeben sich in für sie nützliche Echoräume und können so verhindern, dass sie mit diversen Meinungen konfrontiert werden, ihnen zuhören und sich fakten- und wissenschaftsbasiert mit verschiedenen Meinungen auseinandersetzen müssen.

Gleichzeitig erleben wir das, was Mau et al. [2024] als die Polarisierung von Diskursen bezeichnen, mit denen wir versuchen, Wandel, der entweder positiv oder negativ bewertet wird, narrativ zu begleiten oder durch sogenannte Triggerpunkte zu befeuern. Hochschulen und insbesondere Universitäten sollen Räume der verkörperten, freiheitlichen Rede bleiben. Angesichts der Entwicklungen von KI gilt es, Ebenen von Offenheit und Empathie sowie unser Vertrauen in Diskursräume weiter zu stärken, auch durch die bereits erwähnten Humanities.

In diesen Aspekten sind vielfältige und widersprüchliche Dimensionen von Teilhabe, Ungleichheit sowie Bildungsgerechtigkeit enthalten, die auch unsere sich wandelnde demokratische Ordnung betreffen: Das explosionsartige Aufkommen von digitalen Technologien und die gigantischen Nutzer*innenzahlen von sozialen Medien stellen uns vor große Herausforderungen im Kontext von Des- und Falschinformation, aber eröffnen auch Möglichkeiten für andere Formate der demokratischen Debatten und des Zugangs von bisher marginalisierten Gruppen und neuen Stimmen. Der Normierung von Erzählungen durch KI kann durch KI und Bildung Einhalt geboten werden: KI und Bildung sind in der Lage, linguistische Diversität, lokalen Ausdruck und verschiedene individuelle Formen der Selbstdarstellung neu zu fördern, und sie auch einzuüben. Die jüngeren Generationen haben neue Formate des Ausdrucks: Podcaster*innen, (virtuelle) Influencer*innen und selbst-publizierende Autor*innen sind nur einige der zahlreichen Beispiele, die KI und Bildung zu adressieren haben. KI in der Hochschulbildung hat die Möglichkeit, verschiedenen Communities, ihre Stimmen und ihre Erzählungen ins Licht zu rücken.

2.1.6 KI und Well-Being

KI und Bildung korrelieren mittelbar und unmittelbar mit dem Well-Being der*des Einzelnen, der Gesellschaft und des Planeten. Die planetarischen Auswirkungen auf den Wasser- und Energieverbrauch sowie die Tatsache, dass die großen Corporate-Giganten eigene Energie- und sogar Atomkraftwerke errichten, um ihre unvorstellbar ressourcenintensiven KI-Entwicklungen weiter zu betreiben, haben wir oben erwähnt und können hervorragend in Crawford [2023] weiter rezipiert werden.

Wir möchten hier exemplarisch die mentale Gesundheit der nächsten Generation in den Blick nehmen. Der World Happiness Report 2025 [Helliwell et al. 2025] zeigt erneut: Die Generation Z, also die Generation, die zwischen 1995 und 2010 geboren wurde und in die Arbeitswelt einsteigt bzw. eingestiegen ist, ist grundsätzlich weniger glücklich als die ältere Generation. Gründe dafür sind u. a. die Abhängigkeiten von der digitalen, KI-dominierten Welt. In seinem Buch *The Anxious Generation* erklärt Jonathan Haidt [2024], dass das sogenannte „Rewiring" der Kindheit der Generation Z zwischen 2010 und 2015 heute zu mehr Zukunftsangst und negativen Einschätzungen der mentalen Gesundheit dieser Generation geführt habe. Obgleich der von Haidt sehr stark gemachte Zusammenhang von Technologienutzung, insbesondere Social Media, und Mental-Health-Krise wissenschaftlich nicht gestützt ist [Odgers 2024], demonstriert der große Erfolg seines Buches die Unsicherheiten, die mit aktuellen Entwicklungen einhergehen, und die Notwendigkeit von Ratgebern sowie einer intensiveren Auseinandersetzung mit dem Zusammenspiel von Technologie und Well-Being. Auch hier kann die Rolle der Humanities für KI-Bildung nur nochmals betont werden. Die

Hochschulen und Universitäten müssen sich ebenfalls in ihren Bestrebungen, KI und Bildung zusammenzudenken, in der Pflicht sehen, den KI-Kompetenzerwerb fachlich und überfachlich zu priorisieren, Fragen zum Mental Health zu stellen, entsprechende Angebote zu schaffen und mit einem neuen Ansatz von Leadership und Ko-Kreation zu verbinden.

2.1.7 Wandel bedroht

Akteur*innen an Hochschulen sind sich grundsätzlich der Notwendigkeit von KI-Bildung bewusst. Wir würden auch behaupten, dass sie den *Return of Investment* und ihre Verantwortung für die Weiterentwicklung von Forschung und Bildung durch KI und den zu leistenden gesellschaftlichen Beitrag erkennen. Trotzdem stocken die Innovations- und Implementierungsprozesse in den Institutionen vielerorts, auch wenn die landes- und bundesweiten Initiativen wie der KI-Campus oder auch das Hochschulforum Digitalisierung zahlreiche weitere Initiativen anstoßen. Woran liegt das? Neben der mangelnden Digitalisierung, die Grundvoraussetzung für KI in der Hochschulbildung ist, fehlt es, wie schon betont, an KI-Kompetenzen sowie der Einbettung des komplexen Feldes in die Strategie einer Hochschule. Oftmals werden sowohl die Komplexität des Themas als auch mangelnde Ressourcen, träge Prozesse und Wettbewerbsnachteile – in Bezug auf Personal, Mittel, Tools, Strukturen – genannt. Hinzu kommt ein nie dagewesenes Spannungsfeld, welches agiles Handeln ebenso notwendig macht wie eine mehrjährige Planung, die alle Dimensionen von KI in der Bildung (▶ siehe Kapitel 5) adressiert und deren Realisierung ebenfalls ein großes Maß an Mut voraussetzt. Außerdem sind hochschulische Bildungslandschaften von Beharrungskräften sowie wenig Kenntnis in Projekt-, Prozess- und Changemanagement gekennzeichnet. Dies erschwert und verlangsamt Wandel und Transformation. Denn wer verliert schon gerne symbolisches Kapital, verlässt die Komfortzone oder begibt sich in eine Ko-Kreation, in der es um Expertise geht, die beim Thema KI vor allem von einer neuen Generation von Expert*innen eingebracht wird? Hinzu kommt, dass das Veränderungspotenzial auch zur Überforderung führt, wenn mit dem kontinuierlichen Wandel Gleichschritt gehalten werden muss. Im Aufbau einer KI-Bildungsinitiative verbirgt sich auch die Möglichkeit eines Kulturwandels, der grundsätzlich gut ist und weitere Kompetenzen erfordert: KI benötigt eine Kultur der Zusammenarbeit, des ständigen Lernens und der Neugierde, also grundsätzliche Kompetenzen von wissenschaftlichem Arbeiten und dafür, Zukünfte zu gestalten.

2.2 Was heißt das nun alles? – Triggerpunkte

KI muss auf die Agenden der Hochschulen und insbesondere auch der Universitäten, nicht nur in der KI-Forschung, sondern in der Bildung und für die akademische Freiheit. KI muss erlernt werden, denn die Entwicklungen und Innovationen in den Technologien ändern gerade die Disziplinen in ihrer Forschung und Lehre, ermöglichen und bedrohen die akademische Freiheit zugleich. Das Gleiche gilt für die Prozesse und Inhalte der Verwaltung von Bildung und das Management von Forschung und Lehre.

Die Verantwortung der Hochschulen und insbesondere auch der Universitäten wiegt angesichts der schon dargelegten Komplexitäten schwer. Als Horte von Kreativität und Innovation sowie finanziert durch öffentliche Mittel müssen sie das Potenzial von KI nutzen und durch klare Planung und kluges Ressourcenmanagement die Nutzung,

Entwicklung etc. von KI befördern und ermöglichen, auch um sich nicht selbst abzuschaffen. Das Verständnis von KI ist ein notwendiger Türöffner für Innovation und Kreativität. Außerdem kann es enorme Hebelwirkungen entfalten, um Talente anzuziehen, sie zu *empowern* und komplexe gesellschaftliche Herausforderungen interdisziplinär anzugehen.

Die KI-Enthusiast*innen sind die Innovationstreiber*innen von morgen, gleichzeitig werden sie in der Lage sein, die Fortentwicklung von KI inklusive der Applikationen und Implikationen kritisch zu betrachten. Sie haben teil an kritischen Diskussionen darüber, wie KI in Gesellschaften verwendet wird sowie verwendet werden soll und kann. Dies umfasst auch die Transformationen, die wir derzeit in Höchstgeschwindigkeit erleben und die neue Notwendigkeiten mit sich bringen: nicht nur die Prozesse ethisch verantwortungsvoll zu begleiten, sondern sich auch verantwortungsvoll und ethisch im digitalen Raum zu bewegen.

Die Entwicklung von KI-Bildung sowie **postdigitaler Bildung** für alle benötigt realisierbare und adaptive Konzepte, ko-kreative Gestaltung und einen strategischen Plan. Sicherzustellen, dass Bildungsprogramme und Lernerfahrungen sowohl zugänglich als auch tiefgehend genug sind, sowie mit KI in der Bildung und für die Bildung zu innovieren, kostet Geld, menschliche Ressourcen, Zeit, Mut und Expertise. Auch möchte man eine zu große Abhängigkeit von KI nicht riskieren. Eine der Befürchtungen vieler Lehrenden hinsichtlich der Rolle von generativer KI bei der Anfertigung von Essays, Zusammenfassungen und kreativen Aufgaben insgesamt ist es, dass so grundsätzliche menschliche Fähigkeiten eines Bildungs- und Denkprozesses verloren gehen könnten.

Es muss auch berücksichtigt werden, dass der Zugang zu KI-Lernangeboten abhängig vom sozioökonomischen Status ist. Die digitale Spaltung ist real, denn Zugänge bestimmen, wie eine Auseinandersetzung sowie ein KI-Kompetenzerwerb aussehen. Auch hier haben Hochschulen eine Verantwortung für die Fort- und Weiterbildung. Fehlverhalten – bewusst oder unbewusst, ursprünglich etablierte Normen sprengend – ist eine reale Bedrohung, vor allem auch dann, wenn Sicherheitsaspekte vernachlässigt und verletzt werden. Einzelne Expert*innen haben die Macht, die Potenziale in alle Richtungen auszunutzen.

Nötig wird es außerdem sein, in Teilen zwischen Adressat*innengruppen und domänen- sowie funktionsspezifischen Ausprägungen an Kompetenz und Professionalisierung zu unterscheiden. Unterschiedliche Personen benötigen für ihre Rolle unterschiedliche Kompetenzprofile (▶ siehe Kapitel 7).

Dabei sei auch angemerkt, dass das Zusammenspiel mit Bildungstechnologien sowie anderen Zukunftstechnologien wie dem *Internet of Things* eine große Rolle spielen wird. Sie sammeln, senden, empfangen und tauschen eine große Menge an Daten aus, die auch für die Potenziale von KI von größter Bedeutung sind. Wir wären nun in der Lage, so denn die jeweilige Digitalisierung und technische Umgebung es erlauben, Lerner*innen in innovativen Formaten und Formen des *Smart Classroom* mit neuen Technologien, inklusive der KI-gestützten Medientechnik, lernen und kreativ werden zu lassen, und dabei die Komponenten von Well-Being und Nachhaltigkeit wirksam umzusetzen.

Diese strukturierte Herangehensweise ist angesichts der großen Herausforderungen unumgänglich. Sie bietet mindestens das Potenzial für fachliche, überfachliche, inter- und transdisziplinäre sowie regionale und globale Ko-Kreation, Planung und Priorisierung sowie für den Austausch von funktionierenden Beispielen. Dabei gilt es, jetzt das Momentum zu nutzen. Die bemerkenswerte Begeisterung dafür, KI und Bildung zusammenzudenken, sowie die Bereitschaft zum Ausprobieren sollten wir nicht verpassen. Denn schon jetzt ist klar: KI erschafft uns Arbeitserleichterung: aus einem Text eine Tabelle zu erstellen, mit Stichwörtern eine Mail zu schreiben, aus einem eigenen Text den Entwurf eines Abstracts zu schreiben, einen Text zu korrigieren oder innovative Assessments zu erstellen.

2.3 Zusammenfassung und Fazit

KI ist keine technische Kompetenz allein. KI ist entscheidend für die Art und Weise, wie wir uns wertegeleitet in einer postdigitalen Welt bewegen, in der zahlreiche Technologien mit Höchstgeschwindigkeit konvergieren, in einer höchst fragilen Weltordnung, die unsere Demokratien bedroht, im Zeitalter pluraler Krisen und gesellschaftlicher Herausforderungen und Unsicherheiten.

Die derzeitigen KI-Trends rechtfertigen unseren Fokus auf KI und Bildung. Fundierte KI-Kompetenzen sind einer der Wege für ethisches, strategisches und innovatives Denken und Handeln. Dies gilt besonders, aber nicht ausschließlich, für die nächste Generation. Die Notwendigkeit von KI-Kompetenzen hat Parallelen zu der Rolle der Humanities. Sie ist kein *Nice-to-have* oder ein Luxus, sondern ein Muss in unserem Alltag, in unseren Professionen und der Bildung. Um KI in all ihren Ausprägungen zu begreifen und zu beschreiben, ist ein ordnendes Gerüst nötig, das gleichzeitig beweglich, inklusiv und offen für neue Trends sein muss. KI ist eine Kraft, die transformiert, wie wir agieren, denken und kreieren. Der Weg zu KI und Bildung ist ein Spurt und ein Marathon zugleich, der mutig und ko-kreativ geplant und umgesetzt und mit Ressourcen zu versehen ist. Er verbindet die Vorzüge und versucht, durch die Herausforderungen effektiv und vorsichtig zu navigieren – balanciert, inklusiv und kritisch. Zu KI-Expert*innen zu werden transformiert auch unsere ethischen, strategischen, innovativen, pädagogisch-didaktischen Ansätze und unsere eigenen Professionen.

Nutzen Sie das Arbeitsblatt zum Kapitel, um anhand einer Reihe von Reflexionsfragen noch einmal aus Ihrer (angestrebten) Rolle über die Inhalte zu reflektieren. Neben der eigenen Auseinandersetzung eignen sich die Reflexionsfragen auch als Impulse für spannende Diskussionen zum Thema.

Hallo KI – KI immer wieder kennenlernen

3

3.1 Was ist Künstliche Intelligenz? ... 34

3.2 Symbolische KI, Machine Learning, Deep Learning und generative KI ... 35

3.3 Die Rolle der Daten ... 39

3.4 KI-Modelle und KI-Systeme ... 41

3.5 Wie funktioniert ein*e generative*r KI-Tutor*in? ... 43

3.6 Die Kontextualität und Materialität von KI ... 48

3.7 Natürliche Intelligenz und künstliche Intelligenz ... 49

3.8 Zusammenfassung und Fazit ... 50

In diesem Kapitel werden wir KI näher kennenlernen und ein Verständnis dafür entwickeln, wie Maschinen lernen und Aufgaben lösen können. Dabei soll es bewusst nicht nur um die KI selbst, die KI-Modelle, sondern auch um die KI-Systeme, in denen diese Modelle zum Einsatz kommen, gehen. Insbesondere für Expert*innen direkt etwas Erwartungsmanagement: Im Folgenden versuchen wir eine gute Balance zwischen konzeptioneller und technischer Tiefe sowie Verständlichkeit zu finden. Dabei werden leider einige interessante, teilweise auch wichtige Aspekte ausgelassen. Das ist unserer Ansicht nach mit einem Fokus auf ein konzeptionelles Verständnis verkraftbar.

Zu verstehen, wie KI funktioniert, sie nicht nur anwenden zu können, ist im Kontext der Hochschulbildung aus mindestens zwei Gründen wichtig: Erstens hilft uns ein solides und in gewisser Hinsicht entzaubertes Verständnis dabei, gute und fundierte Entscheidungen über KI und ihren Einsatz zu treffen. Zweitens erscheint es uns unmöglich, Lern-, Lehr- und Forschungsprozesse über und mit KI zu begleiten, ohne selbst zu verstehen, was vor sich geht. So beschreibt die European Commission [2023] z. B. die Notwendigkeit umfassender Kompetenzen Lehrender, bevor diese über KI lehren sollten.

Bevor wir einsteigen, müssen wir eine bittersüße Wahrheit aussprechen. Obwohl viele zentrale Grundlagen gleich bleiben, müssen wir, gerade als Bildner*innen, „die KI" immer wieder neu kennenlernen. Das hat Vorteile, denn man kann auch jetzt beginnen, sich mit der Thematik zu beschäftigen. Es ist aber eben auch bitter, denn wer sich z. B. Anfang 2023 ein KI-Urteil anhand von ChatGPT gebildet und sich seither nicht mehr mit der Technologie auseinandergesetzt hat, wird dieser nicht nur unrecht tun, sondern den aktuellen Entwicklungsstand, geschweige denn auch mögliche Zukünfte, gänzlich falsch bewerten. Wir haben bereits erwähnt, dass die Geschwindigkeit, in welcher sich das Feld bewegt und etwa neue Tools auf den Markt kommen, ebenso wie die gestiegene Qualität so beeindruckend wie auch erschlagend sind. Gerade deswegen halten wir es für unumgänglich, den Fokus nicht auf einzelne Tools oder Funktionen, sondern auf möglichst universelle Grundlagen zu setzen, die es uns erleichtern, neue Entwicklungen einzuordnen. Der Frage danach, wie man (eigene) KI-Kompetenzen nachhaltig aufbauen und erhalten kann, widmen wir uns in ▶ Kapitel 7.

3.1 Was ist Künstliche Intelligenz?

Wie schon im ersten Kapitel beschrieben, gibt es tausende, teilweise vollkommen unterschiedliche oder widersprüchliche Definitionen des Begriffs Künstliche Intelligenz. Wir haben KI zuerst mit Karger [2025] definiert und wiederholen diese Definition hier erneut: „Künstliche Intelligenz ist die Digitalisierung menschlicher Wissensfähigkeiten mit dem Potenzial dass Maschinen Leistungen erbringen, für die man traditionelle menschliche Intelligenz vorausgesetzt hat und der Intention, Werkzeuge als physische und kognitive Verstärker für Menschen zu realisieren." Dann haben wir auch McCarthy [2007] zitiert, der KI als „science and engineering of making intelligent machines, especially intelligent computer programs" definiert, die nicht biologisch begrenzt sind.

Wie man sehen kann, wird KI häufig mit menschlicher Intelligenz und menschlichen Fähigkeiten verglichen. Das kann hilfreich sein, um KI zu konzeptualisieren, ist aber mit Blick auf die Praxis vielleicht nicht hilfreich. Wir werden später nochmals darauf eingehen. Schon jetzt möchten wir aber vorwegnehmen: Wir sprechen trotzdem immer wieder davon, dass man z. B. „mit einer KI spricht". In diesen Fällen meinen wir die

Interaktion mit einem (generativen) KI-System, das etwa in Form von **KI-Chatbots** mit Nutzer*innen dialogisch in Austausch treten kann.

Der breite Begriff Künstliche Intelligenz löst häufig eine Reihe von teils sehr unterschiedlichen Assoziationen aus: von überzogenem Optimismus bis zu dystopischen Weltuntergangsszenarien. Obendrein bleibt KI in diesem breiten Verständnis häufig schwer zu greifen. Das liegt nicht nur daran, dass KI, im Vergleich zu bisherigen Technologien, nicht nur probabilistisch – also basierend auf Wahrscheinlichkeiten und nicht vorbestimmt nach festen Regeln – agiert, sondern darüber hinaus häufig auch keinen eindeutigen Einsatzzweck hat.

Aus diesen Gründen und um die Präzision und den Bezug zur Realität zu wahren, vermeiden viele Expert*innen, von Künstlicher Intelligenz zu sprechen, sobald es um konkrete Anwendungsfälle geht. Stattdessen wird, ein ganzes Stück präziser, häufig auf unterschiedliche Klassen von Ansätzen zurückgegriffen, wie beispielsweise symbolische KI, maschinelles Lernen und Deep Learning. Eine besondere Rolle nimmt zudem der Teilbereich der generativen KI und der Einsatz von sogenannten Large Language Models (LLMs) ein: Gerade seit November 2022 und der Veröffentlichung von ChatGPT dominiert dieser Ansatz den Diskurs, und für viele ist KI gleichbedeutend mit generativer KI (geworden).

Neben dieser Unterscheidung ist es auch sehr hilfreich, zwischen sogenannter starker und schwacher KI zu unterscheiden. Es handelt sich hierbei um ein Spektrum, das versucht abzubilden, wie spezifisch die Fähigkeiten eines KI-Systems sind. **Schwache KI** kann einzelne, klar definierte Aufgaben erfüllen und geht nicht (selbstständig) über diese hinaus. Bei einem Übersetzungstool, auch wenn es sehr leistungsfähig im Übersetzen ist, handelt es sich um schwache KI, weil das Tool nicht universell einsetzbar ist oder autonom handeln kann etc. Solche KI-Systeme begegnen uns ständig: Ob als Empfehlungssysteme für Filme und Serien, als praktische Werkzeuge zur Übersetzung und Korrektur von Texten oder auch in der Bildungstechnologie. **Starke KI** zeichnet sich stattdessen dadurch aus, dass sie intelligent im Sinne menschlicher Intelligenz (siehe unten) ist. Sie ist z. B. kreativ, kann also neue Probleme und Aufgaben lösen und ist autonom. Die Extremformen starker KI sind *Artificial General Intelligence* **(AGI)**, allgemeine, menschenähnliche Künstliche Intelligenz, sowie *Artificial Superintelligence* (ASI), die über menschliche Fähigkeiten hinauswächst. Das Erreichen einer solchen allgemeinen künstlichen Intelligenz ist der „heilige Gral" [Boden 2018: 18] der KI-Forschung. Ob aktuelle generative und agentische KI-Systeme AGI erreicht haben oder erreichen können, steht zur Debatte. Viel wichtiger ist aber, dass diese Debatte zum ersten Mal wirklich geführt werden muss.

3.2 Symbolische KI, Machine Learning, Deep Learning und generative KI

KI-Systeme verarbeiten Daten, um z. B. Aufgaben zu lösen, Muster zu erkennen oder Entscheidungen zu treffen. Dazu kommen ganz unterschiedliche Verfahren zum Einsatz. Begonnen hat alles mit **symbolischer KI**, die sehr treffend häufig auch einfach regelbasierte KI genannt wird. Informationen werden in Form von Symbolen, etwa Worten oder Zahlen, deren Beziehung sowie Regeln abgebildet. Eine symbolische KI trifft also z. B. Entscheidungen ausgehend von vorher festgelegten, mehr oder weniger komplexen, Regeln. Eine adaptive Lernumgebung könnte symbolische KI z. B. nutzen, um Lernenden ausgehend von deren Antworten in Übungsaufgaben sowie festgelegten Regeln (z. B. Wenn-Dann-Regeln) zusätzliche Materialien vorzuschlagen. Symbolische KI-Systeme sind zwar relativ starr und begrenzt, überzeugen aber mit hoher Transparenz und Nachvollziehbarkeit.

Obwohl symbolische KI immer noch einen wichtigen Platz hat, meinen wir heute meistens das sogenannte Machine Learning (ML), wenn wir von KI sprechen. Hier werden Algorithmen genutzt, um aus Daten zu lernen, anstatt explizite Regeln zu befolgen. Im Zentrum steht hier meistens das **Supervised Learning**, bei dem aus konkreten Beispielen gelernt wird. Nehmen wir an, wir möchten eine KI trainieren, die Lernenden in einem Kurs ausgehend von ihrem Lernverhalten personalisierte Empfehlungen gibt. In einem ersten Schritt definieren und sammeln wir Daten. Wir könnten etwa erfassen, wie sich Lernende in vorhergehenden Semestern verhalten haben und wie erfolgreich sie waren. Beides müssen wir in Form sogenannter *Features* operationalisieren, also für eine Maschine „verstehbar" machen. Um das Verhalten abzubilden, könnten wir z. B. die Lernzeit im Lernmanagementsystem, die Ergebnisse in Übungsaufgaben und das Engagement im Kursforum betrachten. Den Erfolg könnten wir anhand der Abschlussnote bemessen. Nun nutzen wir diese Daten und einen ML-Algorithmus, um ein KI-Modell zu trainieren, das den Zusammenhang der drei Verhaltensfeatures und der Abschlussnote abbildet. Jetzt können wir neue Daten von neuen Lerner*innen in dieses Modell eingeben und eine Vorhersage über deren Leistung mit Blick auf das aktuelle Verhalten treffen. Ausgehend davon können wir dann entsprechende Empfehlungen, z. B. zur Erhöhung des Engagements, aussprechen.

Der große Vorteil zur symbolischen KI besteht darin, dass wir die zugrundeliegenden Zusammenhänge und Regeln nicht kennen und beschreiben müssen. Wir erlernen diese aus den vorliegenden Daten und können unsere KI-Modelle anhand neuer Daten immer wieder anpassen. Obwohl die Vorteile auf der Hand liegen, ist das ML damit aber natürlich zum einen viel stärker abhängig von der Auswahl der Features sowie den verfügbaren Daten. Zum anderen lässt sich nicht immer vollkommen nachvollziehbar machen, welche Zusammenhänge ein solches System gelernt hat und ob es z. B. **Bias** (Verzerrungen) gibt. Insbesondere dann, wenn hunderte Features für das Training genutzt werden, kann es z. B. passieren, dass das KI-Modell ungewollte Muster, etwa einen Zusammenhang zwischen Geschlecht und Leistung, erlernt, ohne dass wir es sofort merken würden.

Neben dem hier beschriebenen Supervised Learning, das mit gelabelten Daten arbeitet, gibt es auch klassische ML-Algorithmen für das sogenannte **Unsupervised Learning**. Hierbei geht es beispielsweise darum, Muster in den Daten zu finden, ohne vorher festgelegte Kategorien zu kennen. Im obigen Beispiel könnten solche Verfahren zum Einsatz kommen, um Gruppen von Lernenden mit ähnlichem Lernverhalten zu identifizieren. Das so entstehende Modell könnte dann eingesetzt werden, um neue Lernende in diese Gruppen zu sortieren. Die hier beispielhaft beschriebene Nutzung von Lernendendaten und KI ist übrigens ein Beispiel für Learning Analytics, auf das wir später noch zu sprechen kommen.

Eine weitere Kategorie stellt das sogenannte **Reinforcement Learning** dar. Hier führt eine KI, ein*e KI-Agent*in, innerhalb einer (simulierten) Umgebung Aktionen aus und wird ihrem Verhalten entsprechend „belohnt" oder „bestraft". Das funktioniert, stark vereinfacht, etwa über ein Punktesystem: Gute Entscheidungen führen zu Punkten, und für schlechte Entscheidungen werden Punkte abgezogen. Ausgehend davon lernt die KI über die Zeit zielführende Verhaltensweisen und Strategien, welche die Punktezahl optimieren. Ein adaptives Lernsystem könnte z. B. dafür belohnt werden, Inhalte und Aufgaben auszuwählen, die Lernende herausfordern, aber nicht überfordern. Konkret könnte man etwa Punkte für das korrekte Beantworten einer Frage geben und für das Überspringen einer Frage abziehen.

Den aktuell zu beobachtenden Durchbruch in der Leistungsfähigkeit von KI brachte das sogenannte Deep Learning, bei dem es sich genau genommen ebenfalls um eine Methode des maschinellen Lernens handelt. Beim Deep Learning wird auf sogenannte neuronale Netzwerke gesetzt, in denen künstliche Neuronen, die in Schichten geordnet sind, miteinander verbunden sind. Das *Deep* in Deep Learning bezieht sich dabei auf die Tiefe, die Zahl der Schichten, der Netzwerke. Der genaue Aufbau eines neuronalen Netzwerks wird mit dem Begriff Netzwerk-Architektur beschrieben.

Die vermutlich einfachste Architektur, an der man die Funktionsweise jedoch gut verstehen kann, ist das sogenannte Feedforward **Neural Network**. Ein solches Netzwerk hat drei Hauptkomponenten: Eine Eingabeschicht (*Input Layer*), mehrere sogenannte versteckte Schichten (*Hidden Layers*) und eine Ausgabeschicht (*Output Layer*). In allen Schichten gibt es Neuronen, welche miteinander verbunden sind. Jede der Verbindungen hat ein sogenanntes „Gewicht" (*Weight*), das bestimmt, wie stark das Signal von einem Neuron zum nächsten weitergeben wird. Die Neuronen selbst verfügen zusätzlich über einen Bias, einen einstellbaren Parameter, sowie eine Aktivierungsfunktion, die entscheidet, ob ein Signal weitergegeben wird. Das klingt alles sehr kompliziert. Am Ende kann man sich jedoch einfach vorstellen, dass wir ein Netzwerk aus verbundenen Knoten vor uns haben. In diesem können wir Stellschrauben, in der Fachsprache Parameter genannt, einstellen, die darüber bestimmen, wie Signale durch das Netzwerk fließen. Das Ziel des Trainings ist es, diese Stellschrauben so einzustellen, dass bei bestimmten Inputs passende Outputs erzeugt werden. Das eingestellte Netzwerk, d. h. die Werte für die Stellschrauben, bezeichnen wir dann als trainiertes KI-Modell.

Nehmen wir an, dass wir ein solches neuronales Netzwerk nutzen wollen, um ein Empfehlungssystem für Lernende zu entwickeln. Als Inputs dienen uns verschiedene Merkmale von Lernenden. Der Output soll eine Empfehlung für einen von mehreren möglichen Lernwegen sein. Wie auch schon im Beispiel oben benötigen wir für das Training einen entsprechenden Datensatz, anhand dessen wir das neuronale Netzwerk einstellen können. Die Merkmale der Lernenden werden über die Neuronen in der Eingabeschicht in das Netzwerk, das aktuell noch zufällig eingestellt ist, gegeben. Das Netzwerk erzeugt nun eine erste Vorhersage, indem die Eingabewerte das Netzwerk durchfließen. Die erste Vorhersage ist natürlich nicht richtig, denn bisher sind die Verbindungen zwischen den Neuronen noch zufällig. Jetzt wird der Output des Netzwerks mit dem gewünschten Output verglichen und ein Fehler bestimmt. An dieser Stelle kommen zwei zentrale mathematische Verfahren zum Einsatz, welche wir hier nur konzeptionell erklären. Der Backpropagation-Algorithmus erlaubt es uns herauszufinden, welche Neuronen wie stark zum Fehler beitragen und welche Neuronen wir anpassen sollten, um ein besseres Ergebnis zu erzielen. Jetzt nutzen wir ein zweites Verfahren, Gradient Descent, um herauszufinden, wie wir die jeweiligen Gewichte, die Verbindungen zwischen den Neuronen, optimal einstellen. Auf diesem Weg können wir das Netzwerk Stück für Stück anhand der Trainingsdaten einstellen. Mit jedem neuen Beispiel werden die Stellschrauben noch präziser angepasst, bis wir mit der Leistung unseres Modells zufrieden sind oder nicht mehr über genügend Trainingsdaten verfügen. An dieser Stelle wird auch deutlich, dass ein solches Netzwerk niemals abschließend trainiert ist: Es gibt immer nur eine aktuelle Konfiguration des Netzwerks, welche mit einer bestimmten Präzision, Genauigkeit etc. Vorhersagen trifft.

Nach Abschluss dieses Trainings haben wir nun also idealerweise ein Netzwerk, das ausgehend von bisher unbekannten Daten über Lernende einen passenden Lernweg vorschlägt. Im Vergleich zu anderen Verfahren aus dem ML sind neuronale Netzwerke dazu imstande, aus großen und unstrukturierten Datenmengen zu lernen. Besonders tiefe neuronale Netzwerke, mit Millionen von Neuronen, können zudem Zusammenhänge in Daten erkennen, die sonst kaum zu erfassen wären. Gleichzeitig erhöht sich so aber auch die Abstraktheit: Auch wenn wir verstehen, wie neuronale Netzwerke lernen, ist es in den meisten Fällen kaum möglich, nachzuvollziehen, wie eine bestimmte Vorhersage zustande kam. Die trainierten KI-Modelle sind häufig schlichtweg Blackboxen; ganz ähnlich, wie wir auch nur schwer verstehen können, was in Gehirnen exakt passiert.

Kommen wir nun noch zur generativen KI. Hierbei handelt es sich um KI-Modelle und KI-Systeme, welche neue Inhalte – Texte, Bilder, Videos, Audios oder auch Code – erzeugen und bis zu einem gewissen Grad auch „verstehen" können. Diese Form der KI dominiert aktuell den Diskurs. Technisch stehen dabei, ohne andere zentrale Verfahren abwerten zu wollen, insbesondere Large Language Models (LLMs) wie die GPT-Serie von OpenAI im Vordergrund.

LLMs sind abermals das Ergebnis von Deep-Learning-Trainingsprozessen. Anstelle der sehr einfach beschriebenen Architektur oben dominiert hier aktuell jedoch die 2017 im Paper „Attention is All You Need" [Vaswani et al. 2017] vorgestellte **Transformer**-Architektur die Entwicklung. Im Gegensatz zu vorhergegangenen Architekturen – Sprachmodelle sind keine neue Erfindung – können Transformer Daten gleichzeitig verarbeiten und zudem komplexe Zusammenhänge zwischen beispielsweise weiter auseinanderliegenden Wörtern erkennen. Im Ergebnis können wir heute sehr viel effizienter und besser mit sehr, sehr, sehr großen Mengen an Daten trainieren. Für Metas Llama 3.3 – ein Modell aus der Llama-Serie – wurden z. B. etwa 15 Billionen Wörter Text für das Training verwendet. Wie weit uns dieser Ansatz bringen kann, ist übrigens unklar. Yann LeCun, Metas leitender KI-Forscher, hat Anfang 2025 in Davos vorhergesagt, dass das aktuelle LLM-Paradigma in fünf Jahren keine zentrale Rolle mehr spielen würde: „I think within five years, nobody in their right mind would use them anymore, at least not as the central component of an AI system" [Newman et al. 2025].

Im Falle von LLMs geht es nicht darum, Lernende in Kategorien einzuordnen oder Lernpfade zu empfehlen. Stattdessen werden große Sprachmodelle mit dem Ziel trainiert, mögliche, wahrscheinliche nächste Worte für eine gegebene Eingabesequenz zu erzeugen. Das ist im Kern übrigens auch alles, was LLMs wie die aus den GPT-, Llama- oder DeepSeek-Serien tun: Sie erzeugen plausible Vervollständigungen für eine Eingabesequenz – den sogenannten **Prompt** (vgl. **Prompt Engineering**). Trotz dieses recht einfachen Trainingsziels verfügen LLMs über umfangreiche Fähigkeiten und zeigen Verhaltensweisen, die überraschen. So haben Lindsey et al. [2025] von Anthropic beispielsweise gezeigt, dass Claude 3.5 Haiku, ein recht kleines LLM, nicht nur einfach immer das nächste passende Wort generiert, sondern plant, was z. B. am Ende einer Gedichtzeile stehen sollte.

Spannend ist im Zusammenhang mit Sprachmodellen auch, dass es üblicherweise mehrere Trainingsschritte gibt. Im ersten Schritt (dem *Pre-Training*) wird ein Modell trainiert, welches, wie oben beschrieben, Textsequenzen vervollständigen kann. Dazu kommen riesige Datenmengen zum Einsatz. Damit diese Modelle aber in der Praxis nützlich sind, folgen nun üblicherweise mehrere sogenannte Finetunings, in denen LLMs so angepasst werden, dass sie spezifische Aufgaben erfüllen und sich an Regeln und Werte halten. Das sogenannte *Alignment* soll dabei sicherstellen, dass sich KI-Modelle so verhalten, wie wir es wünschen, und z. B. keine „gefährlichen" Informationen verbreiten. Bei diesem Trainingsschritt kommt häufig ein Verfahren zum Einsatz, das sich **Reinforcement Learning From Human Feedback (RLHF)** nennt. Wie aus dem Namen hervorgeht, wird hier menschliches Feedback genutzt, um dem Modell beizubringen, wie es sich verhalten soll. Dabei bewerten Menschen, ausgehend von festgelegten Regeln, die leider nur wenig transparent gemacht werden, die Qualität von Outputs und bringen dem KI-Modell so bei, Antworten zu erzeugen, die unseren Ansprüchen genügen. Insbesondere in sensiblen Kontexten wie der Hochschulbildung müssen wir uns selbstverständlich die Frage stellen, welches Alignment, welche Orientierung wir uns wünschen. Diese Frage könnte dabei auch zum Inhalt des Lernens in der Hochschulbildung selbst werden.

Dieses Buch handelt in erster Linie von genau dieser generativen KI und ihrem Einsatz. Auf der Oberfläche begegnet uns KI in erster Linie in zwei Formen: Als KI-Chatbots (z. B. OpenAIs ChatGPT, Anthropics Claude oder Googles Gemini) oder als Funktion innerhalb bestehender Software (z. B. Microsoft Office oder der Adobe Creative Cloud).

3.3 Die Rolle der Daten

In den vorhergegangenen Erklärungen ist schon angeklungen, dass es bei KI, ganz besonders beim Machine Learning, immer darum geht, aus Daten zu lernen, (KI-)Modelle aus Daten zu erzeugen und neue Daten, die auch ein menschlicher Prompt sein können, zu verarbeiten. Renée Cummings [2023], Professorin für Data Science an der University of Virginia und Expertin für KI-Ethik, hat es einfach auf den Punkt gebracht: „There is no AI without data."

Aus den unzähligen Themen, die man an dieser Stelle ansprechen könnte, möchten wir uns auf vier beschränken, die auch in besonderer Weise für die Bildung Relevanz entfalten können. Diese beziehen sich darauf, ein Verständnis für die Datenmenge und deren möglichen Bias zu entwickeln, auf die Qualität der Daten und den Datenschutz und die Datensicherheit und das Urheberrecht.

Zuerst ist es wichtig, ein Verständnis für die Menge an Daten zu gewinnen, die eingesetzt wird, um beispielsweise LLMs zu trainieren. Aktuelle LLMs werden mit Billionen Wörtern Text und, bei multimodalen Modellen, auch anderen Daten trainiert. Es wird angenommen, dass OpenAIs GPT-4 mit etwa 10 Billionen Wörtern trainiert wurde. Das entspricht ganz grob 200 Millionen Mal diesem Buch. Dementsprechend wird derzeit sehr ernsthaft die Frage diskutiert, wann wir das Limit an verfügbaren Trainingsdaten erreichen, und wie wir damit umgehen können. Ein besonders interessanter Weg besteht in der Nutzung von sogenannten synthetischen Daten – Daten, die von generativer KI für das Training anderer KIs erzeugt werden. Gleichzeitig gibt es aber auch nicht nur **Big Data**, um den zwischenzeitlich wieder untergegangenen Hype-Begriff der 2010er-Jahre aufzugreifen, sondern auch einen Bedarf nach spezialisierten, kuratierten Datensätzen. Gerade in der Hochschulbildung, die sich durch Wissenschaftlichkeit und Forschungsbezüge auszeichnet, sollte über die Nutzung, Herkunft und auch Genese von Daten kritisch reflektiert werden. Dies schließt die Frage ein, inwiefern Hochschulen auch (hochwertige) Daten zur Verfügung stellen. Ohne umfassenden Zugriff auf wissenschaftliche Erkenntnisse oder hochwertige Lehr-Lern-Materialien, die oft hinter Paywalls stehen, werden KI-Modelle nur kaum unseren Ansprüchen genügen können. Die Bedeutung des Zugangs zu relevanten und qualitativen Daten wird also auch hier wieder sehr deutlich. Es gibt heute KI-basierte Such- und Rechercheagent*innen, z. B. Perplexity, die technisch dazu imstande sind, Quellen zu finden und gewinnbringend zu synthetisieren. Ohne Zugriff auf wissenschaftliche Literatur werden diese Systeme aber immer nur wenig überzeugende Ergebnisse – zumindest im Hochschulkontext – erzeugen. Das sollten wir nicht als Schwäche der Technologie, sondern als Schwäche unserer Publikations- und Archivkulturen verstehen.

Das führt uns zur Frage nach der Qualität der Daten. In der Informatik gibt es das Prinzip „Garbage In, Garbage Out". Wer ein System mit schlechten Daten trainiert oder später solche Daten in ein gutes System eingibt, darf keine guten Ergebnisse erwarten. In den Worten von Jarrod Anderson [2025: 14.3]: „Without reliable, high-quality data, even the most advanced AI system is like a state-of-the-art machine without power – it simply won't run." Als Korpuslinguist*innen, die beide Autor*innen sind, befinden wir uns in einer faszinierenden Situation. Die Korpuslinguistik verwendet seit Jahrzehnten gut kuratierte Sprachdatensätze (Korpora), und es ist fest etabliert, dass eine gute Analyse von einem repräsentativen, „well-constructed unbiased corpus" [Brezina 2018: 36] abhängt. Lange Zeit herrschte sogar die Annahme, man müsse das Korpus kennen und wissen, welche Texte, Dokumente etc. sich darin befinden. Mit Blick darauf, dass wir heute KI-Modelle mit allen uns irgendwie zur Verfügung stehenden Daten trainieren, ist dieser Anspruch natürlich nur schwer zu vereinen.

Datenqualität lässt sich aus vielen Perspektiven betrachten. Im KI-Kontext sind aber insbesondere Bias von zentraler Bedeutung. Bias bezeichnet erst einmal eine systematische Verzerrung in Daten, die zu unfairen, unerwünschten oder auch schlichtweg falschen Ergebnissen führen kann. Bias entstehen meistens durch unausgewogene Trainingsdaten, die z. B. bestimmte Aspekte der Welt nicht oder nur unter- oder überrepräsentiert darstellen. Ein wichtiges Beispiel dafür ist der *Gender Data Gap*, der die Tatsache beschreibt, dass nicht-männliche Perspektiven, Erfahrungen etc. systematisch unterrepräsentiert sind [Perez 2019]. Wenn wir diesen Verzerrungen nicht bewusst entgegenwirken, erlernen und reproduzieren KI-Modelle diese Muster. Nicht deshalb, weil „die KI" misogyn, rassistisch, ableistisch etc. ist, sondern weil sie Muster aus den Daten erlernt, die wir für das Training nutzen. Diese Erkenntnis spielt jedoch nicht nur beim Training, sondern insbesondere auch beim Einsatz von KI-Systemen eine Rolle. Gerade im Bereich der Bildung, z. B. wenn wir KI-Systeme nutzen, um Inhalte zu recherchieren oder zu generieren oder um Lernende zu bewerten, müssen wir uns der Tatsache bewusst sein, dass KI-Modelle niemals neutral sind. Besonders heikel wird das bei einem Bias, der nicht sofort erkennbar ist. Wenn ein bildgenerierendes KI-System beispielsweise immer nur männliche, weiße Wissenschaftler generiert, ist der Bias relativ offensichtlich. Wenn ein Auswahl- oder Bewertungssystem aber versteckte Vorurteile gegenüber bestimmten Gruppen an Menschen hat, kann das langfristige und tiefe Folgen haben, die vielleicht erst Jahre später, wenn überhaupt, sichtbar werden.

Neben Fragen der Qualität und des Bias sollten auch die Sicherheit, der Datenschutz und das Urheberrecht nicht vergessen werden. Gerade bei KI-Systemen, die kontinuierlich lernen, bestehen erhebliche Risiken, dass personenbezogene oder sensible Daten abfließen. Werden geschützte Materialien für das Training verwendet, stellt sich überdies die Frage, ob z. B. Autor*innen oder Künstler*innen für ihre Arbeit vergütet wurden oder vergütet werden sollten. Neben diesen Aspekten wirkt sich KI aber auch auf bestehende Daten aus. Die Möglichkeiten, Daten zu analysieren, Muster zu erkennen etc., waren noch nie so ausgeprägt wie heute. In der Praxis kann das bedeuten, dass bestehende Daten, auf individueller Ebene, z. B. Gesundheitsdaten, Positionsdaten, politische Positionen, Social-Media-Posts, Bilder und Videos von Veranstaltungen etc., plötzlich an Gewicht gewinnen. Neben der Gefahr, dass Deepfakes generiert werden könnten, ermöglicht es KI, all diese Daten zu kombinieren und Menschen so sehr viel gläserner zu machen als jemals zuvor.

All diese Fragen sind von zentraler Bedeutung für die Hochschulbildung. Auf der eher administrativen Seite sollten wir uns darüber bewusst sein, wie wir Entscheidungen treffen und wie wir mit den Daten von Lernenden umgehen – gerade wenn es um Themen wie Bewerbungen, Bewertungen oder Learning Analytics geht. Gleichzeitig ist es unsere Aufgabe, uns mit Datenkompetenzen zu befassen und neben der wissenschaftlichen Nutzung von Daten auch zu vermitteln, welche Rolle und welchen Wert Daten in einer KI-bestimmten Welt haben. Dabei geht es auch darum zu reflektieren, wie Daten dazu beitragen können, Bildungsprozesse innovativ und individualisiert zu denken und zu gestalten.

Wie bereits angeklungen ist, geht es nicht nur um Trainingsdaten. Die Stärken von KI-Systemen, z. B. mit Blick auf die Automatisierung von Aufgaben, lassen sich nur ausspielen, wenn die digitale Transformation, gerade die Digitalisierung, weit genug vorangeschritten ist. Ein analoger Prozess lässt sich durch KI schlichtweg nur schwer optimieren. Gerade deswegen lässt sich KI auch nur zusammen mit anderen Digital- und Technologiethemen denken. Hier entstehen auch neue, faszinierende interdisziplinäre Lerngelegenheiten: Um einen Prozess mit KI zu optimieren, muss ich diesen Prozess in Teile zerlegen und im Detail beschreiben können. Dabei muss ich beispielsweise festlegen, wie bestimmte Aufgaben zu erfüllen sind, welche Bedingungen es dafür gibt und woran ich die Qualität messen kann. Erst dann kann ich anfangen, technische Fragen zu stellen.

3.4 KI-Modelle und KI-Systeme

Die Begriffe KI-Modell und KI-System sind bereits vielfach gefallen, ohne dass wir explizit definiert hätten, worum es sich handelt. Wir hoffen aber, dass Leser*innen bis hierher dennoch ein Gefühl dafür entwickeln konnten, worum es geht.

In der Wissenschaft ist ein Modell, etwas heruntergebrochen dargestellt, eine vereinfachte und reduzierte Abbildung eines Originals. Man benötigt aber gar keine wissenschaftliche Perspektive, um das Prinzip zu verstehen: Ein Modellauto teilt viele Eigenschaften mit einem echten Auto, und man kann an einem guten Modell nachvollziehen, wie ein Auto funktioniert. Je stärker wir uns aber auf die Details konzentrieren, desto weniger präzise ist das Modell. Uns fällt auf, dass das Modell doch nicht das Original in all seiner Komplexität ersetzt.

Ein KI-Modell ist das Ergebnis eines Trainingsprozesses, bei dem Algorithmen aus Daten Muster und Strukturen lernen, um z. B. Vorhersagen zu treffen. Das KI-Modell kann die Welt aber immer nur so gut abbilden, wie Daten und Algorithmen es zulassen. Sprache ist beispielsweise sehr viel mehr als nur das geschriebene Wort. Trotzdem werden LLMs, große Sprachmodelle, weiterhin fast ausschließlich mit geschriebener Sprache trainiert. Eine weitere wichtige Eigenschaft besteht darin, dass KI-Modelle, zumindest beim Machine Learning, probabilistisch und nicht deterministisch sind. Sie basieren auf Wahrscheinlichkeiten und nicht jede Eingabe führt zwangsweise zur selben Ausgabe, wie es bei einem strikt regelbasierten Modell der Fall wäre. An dieser Stelle sind moderne KI-Modelle fast menschlich. Man weiß nie genau, was passieren wird.

Ungeachtet ihrer Modellhaftigkeit sind KI-Modelle wertvoll, denn sie erlauben es uns, einen Teil der Wirklichkeit abzubilden und damit zu arbeiten. LLMs sind wertvoll, obwohl sie keine perfekte Repräsentation von Sprache und Sprachen, erst recht nicht von Wissen sind. Das führt zu einem letzten wichtigen Punkt: Wenn wir KI-Modelle einsetzen, müssen wir im Kopf behalten, wie und wofür diese trainiert worden sind. LLMs sind, zumindest ursprünglich, so trainiert, dass sie Sequenzen von Wörtern sprachlich möglichst gut vervollständigen. Sie sind nicht darauf trainiert, Wahrheit zu produzieren. Streng genommen sind sogenannte halluzinierende, „lügende" Sprachmodelle also vollkommen normal und erwartbar. Problematisch wäre es, wenn ein Sprachmodell, das eben in erster Linie kein Wissensmodell ist, sprachliche Fehler machen würde.

Zur Entzauberung von KI kann jetzt noch ein Verständnis dessen beitragen, was ein KI-Modell am Ende des Tages ist: ein paar ziemlich große Dateien. Wenn man etwa ein LLM wie „Llama-3.3-70B-Instruct", hier mit ganzem Namen, herunterlädt, erhält man mehrere Dateien, die die eingestellten, trainierten Gewichte des neuronalen Netzes beinhalten. Diese Gewichte können dann mit entsprechender Software geladen und für Inferenz, also für das Generieren von Outputs, genutzt werden.

An diesem Beispiel sehen wir, dass KI-Modelle ohne entsprechende KI-Systeme oder KI-Anwendungen wenig Nutzen bringen. Um wieder eine Auto-Analogie zu verwenden: Ein Auto (KI-System) benötigt einen Motor (KI-Modell), oftmals mehrere Motoren, um zu funktionieren. Gleichermaßen ist ein starker Motor alleine zwar eine beeindruckende Sache, aber im Alltag wenig nützlich.

Ein greifbares Praxisbeispiel ist ein KI-Chatbot wie ChatGPT. ChatGPT ist ein KI-System, welches auf eine Vielzahl von KI-Modellen, u. a. die DALL-E-Serie (und seit März 2025 auch z. B. GPT-4o) für Bildgenerierung, zurückgreift. Der Erfolg von ChatGPT liegt aber nicht nur in diesen Modellen – die auch z. B. andere Unternehmen nutzen können –, sondern in der komplexen Software rund um die Modelle, welche generative KI einfach zu nutzen und praxisrelevant machen.

Gerade mit Blick auf die Beschaffung und Nutzung von KI-Tools an Hochschulen sind diese Überlegungen von großer Bedeutung. Der KI-Markt hat sich ausdifferenziert, und wir müssen uns genau überlegen, welche Features wir wofür einsetzen möchten. Gleichzeitig dürfen wir die Rolle von KI-Modellen nicht überbewerten – auch wenn das sehr schwer ist. Die Bereitstellung einer eigenen Chatoberfläche für die Nutzung von OpenAI-Modellen entspricht nicht einer Lizenzierung von ChatGPT. Das heißt nicht, dass dieser Ansatz nicht richtig oder wertvoll ist, aber es ist wichtig, dass wir in diesem ohnehin schon extrem unübersichtlichen Feld so klar wie möglich bleiben.

3.5 Wie funktioniert ein*e generative*r KI-Tutor*in?

Wir sind überzeugt, dass ein tieferes Verständnis dafür, wie diese Systeme funktionieren, notwendig ist, um diese verantwortungsbewusst einzusetzen und um Entscheidungen zu ihrem Einsatz zu treffen.

Im Folgenden werden wir deswegen Stück für Stück zentrale Komponenten eines mittelmäßig komplexen, teilagentischen KI-Systems kennenlernen. Als Beispiel soll uns dabei ein*e hypothetische*r **KI-Tutor*in** dienen. Wir stellen uns vor, dass Lernende in einem Lernmanagementsystem per Chat in den Dialog mit einer KI treten können, die ihnen dabei hilft, sich mit den Inhalten eines Kurses auseinanderzusetzen. Lernende können dabei etwa Fragen zu den Kursinhalten stellen, über Inhalte diskutieren, sich Feedback zu ihrer Arbeit einholen oder anhand von Fragen und Übungen ihr Verständnis überprüfen oder sich auf eine Prüfung vorbereiten. Das KI-System soll imstande sein, auf Informationen über die Lernenden zurückzugreifen und bei Bedarf Informationen im Internet zu recherchieren.

In der Konzeption beziehen wir uns im Folgenden auf den Kern des im März 2025 vorherrschenden State-of-the-Art und auf Entwicklungen, z. B. agentische KI, die wir als besonders relevant und in der Entwicklung befindlich wahrnehmen. Gleichzeitig verzichten wir aber auf viele technische Details und gehen beispielsweise nicht auf unterschiedliche RAG-Architekturen und deren Vor- und Nachteile ein. Gerade für Entscheidungsträger*innen ist es jedoch wichtig, im Kopf zu behalten, dass solche technischen Detailfragen komplex, wichtig und oftmals auch einflussreich auf andere Bereiche sind.

Sollten Sie noch nie mit einem KI-Chatbot wie ChatGPT, Gemini, Claude, Le Chat oder Perplexity interagiert haben, wäre es nun ein guter Zeitpunkt, diese auszuprobieren. Das folgende Beispiel wird sehr viel leichter zu verstehen sein, wenn Sie ein vergleichbares System einmal in der Praxis erlebt haben. Wählen Sie also einen beliebigen KI-Chatbot aus und stellen Sie eine Frage! Falls Sie mögen, laden Sie ein Dokument oder ein Foto hoch und stellen Sie ebenfalls Fragen dazu. Sie können dem KI-System auch, per Prompt, eine Rolle und Aufgabe geben: „Du bist meine KI-Tutorin, die mir Schritt für Schritt komplexe Themen erklärt und Rückfragen stellt, um mein Verständnis zu prüfen. Ich habe kaum Vorkenntnisse. Fangen wir an: Was ist agentische KI?"

Wir beginnen absichtlich nicht bei den KI-Modellen, sondern bei der Benutzer*innenoberfläche. Diese bestimmt, wie unsere Lerner*innen mit dem KI-System interagieren und welche Möglichkeiten sie haben. Für unser Beispiel entscheiden wir uns für ein einfaches Chatfenster im Lernmanagementsystem. Neben der Eingabe von Nachrichten können Lernende einzelne Dateien, Fotos und PDF-Dokumente hochladen. Es wird keine Möglichkeit geben, per gesprochener Sprache mit dem System zu interagieren.

Bevor wir nun zu den KI-Modellen kommen, benötigen wir einige Komponenten im Hintergrund, auf die wir hier aber nicht näher eingehen möchten. Namentlich sind das unter anderem APIs, Datenbanken und Software, welche das Zusammenspiel der Komponenten sicherstellen. Insbesondere der Begriff API wird immer wieder auftauchen: Dabei handelt es sich um Schnittstellen zwischen Software, über die Daten ausgetauscht werden können. Unsere Bedienoberfläche kommuniziert etwa per **API** mit den Systemen im Hintergrund. Im KI-Kontext stolpert man auch immer wieder über Begriffe wie OpenAI API oder API-Preise. Dabei geht es um kommerzielle Schnittstellen von etwa OpenAI zu KI-Modellen. So kann man z. B. OpenAI Geld, abgerechnet per Tokens, dafür geben, dass man per API Modelle wie GPT-4o verwenden und in eigener Software nutzen kann. Die Bereitstellung von KI-Modellen in diesem Sinne wird umgangssprachlich häufig als Inferenz-Angebot bezeichnet. Das hängt damit zusammen, dass der Begriff Inferenz den Prozess beschreibt, in welchem ein trainiertes KI-Modell Vorhersagen generiert oder Entscheidungen trifft.

Für ein sehr einfaches System benötigen wir jetzt ein LLM, welches Antworten auf die Fragen der Lernenden, die per Chatfenster und API zum Modell kommen, beantworten. Am Markt gibt es zwischenzeitlich tausende von kommerziellen und offenen LLMs, aus denen wir auswählen können.

Wir sind oben beispielsweise über „Llama-3.3-70B-Instruct" gestolpert. Dabei handelt es sich um ein Modell aus Metas Llama-3.3-Serie. Diese spezielle Variante hat 70 Milliarden Parameter – Stellschrauben – und wurde so trainiert, dass sie besonders gut mit Instruktionen umgehen kann. Die Zahl der Parameter ist dabei ein Indikator für die Größe und damit auch für die Leistungsfähigkeit des Modells. Wer ein günstiger zu betreibendes Modell sucht, könnte dementsprechend z. B. auch auf „Llama-3.2-3B-Instruct" zurückgreifen.

Die Auswahl von geeigneten Modellen ist nicht einfach, wird aber in einem sich ausdifferenzierenden Markt immer wichtiger. Die drei wichtigsten Komponenten dieser Entscheidung sind die Leistungsfähigkeit, die Kosten und der Betriebsmodus eines Modells. Die Leistungsfähigkeit wird üblicherweise mit sogenannten Benchmarks, Tests wie dem Measuring Massive Multitask Language Understanding (MMLU), gemessen. Dabei gibt es zwischenzeitlich Hunderte dieser Tests für ganz unterschiedliche Zwecke, und die Entwicklung guter Benchmarks ist eine Wissenschaft für sich. Der Preis wird ebenfalls ein zunehmend wichtiger Faktor, und es ist heute üblich, nicht mehr einfach nur das beste, sondern das passende Modell zu wählen. Im März 2025 kosteten eine Million Output-Tokens von OpenAIs GPT-4.5 150 Dollar. GPT-4o mini kostete im Vergleich nur 60 Cent pro Million Tokens. Für die Entscheidung muss man sich die Frage stellen, wie und wo das Modell betrieben werden soll. Bestimmte Modelle sind nur über die Anbieter*innen und in der Cloud nutzbar, andere kann man, z. B. mit größerem Datenschutz, auch auf eigener Hardware betreiben.

Wir haben dabei jetzt aber zwei wichtige Überlegungen übersprungen. Wir erlauben es Lernenden, Fotos hochzuladen. Daher brauchen wir entweder ein multimodales Modell, welches auch Fotos „verstehen" kann, oder wir benötigen mehrere spezialisierte Modelle. Falls wir uns für mehrere Modelle entscheiden, müssen wir diese natürlich koordinieren. Zweitens müssen wir uns überlegen, ob wir ein traditionelles LLM oder ein Reasoning Model verwenden. Während traditionelle LLMs eine Sequenz an Wörtern vervollständigen, führen Reasoning Models zuerst eine Art internen Monolog und „denken nach". Das macht sie zwar sehr viel leistungsfähiger, aber auch langsamer und teurer.

Natürlich müssen wir uns auch überlegen, ob wir unsere Modelle selbst anpassen möchten, also ein sogenanntes **Fine-Tuning** vornehmen möchten. Das wäre z. B. dann notwendig, wenn wir ganz bestimmte Anforderungen an den Output der Modelle hätten. Es wäre etwa denkbar, ein bestehendes Modell an ein bestimmtes Fach anzupassen und das Modell mit Fachliteratur nachzutrainieren. Selbstverständlich ist das kostspielig und erfordert entsprechende Trainingsdaten.

Wir entscheiden uns für eine einfache Lösung und setzen, trotz möglicher Datenschutz- und Kostenbedenken, auf OpenAIs GPT-4o. Das Modell ist günstig, leistungsfähig und kann sowohl mit Texten als auch Bildern umgehen. Wir entscheiden uns außerdem gegen das Fine-Tuning und für den Einsatz von **Retrieval-Augmented Generation (RAG)**. Dazu gleich mehr.

Jetzt benötigen wir einen sogenannten System-Prompt, der dem Modell sagt, wie es agieren soll. Ein einfaches Beispiel könnte lauten: „Du bist eine KI-Tutorin und unterstützt Lernende, die z. B. Fragen zu den Kursinhalten haben. Du äußerst dich nicht zu Themen, die nichts mit dem Kurs zu tun haben."

Wer schon einmal mit einer generativen KI interagiert hat, kennt das Konzept eines Prompts: Wir geben der KI in natürlicher Sprache einen Auftrag. Dieser Prompt ist die Eingabe in das Sprachmodell, welches dann einen passenden Output erzeugt. In Wirklichkeit ist der Prompt aber sehr viel umfangreicher als das, was wir als Nutzer*innen eingeben. Der gesamte Prompt umfasst normalerweise den angesprochenen System-Prompt, vorhergegangene Nachrichten sowie zusätzliche Kontextinformationen (vgl. **Context Engineering**).

An dieser Stelle ist ein technisches Detail wichtig: LLMs sind zustandslos. Das heißt, dass jede Eingabe in das LLM aus Sicht des KI-Modells eine vollkommen neue Eingabe ist. Wenn wir also eine Konversation mit mehreren Nachrichten führen möchten, müssen wir jedes Mal die gesamte Konversation über den Prompt an das LLM geben. Hier wird ein zweites Detail wichtig. LLMs haben ein sogenanntes Kontextfenster, das bestimmt, wie lange die Eingabe – der Prompt – und die Ausgabe sein können. Man kann das in etwa mit dem Kurzzeitgedächtnis eines Menschen vergleichen: Wir können nicht unendlich viele Informationen gleichzeitig präsent haben. Obwohl moderne Modelle ein zunehmend großes Kontextfenster haben, kann es durchaus sein, dass nicht alle Nachrichten oder relevanten Informationen in den Prompt passen. In diesem Fall wenden KI-Systeme verschiedene Tricks an. So werden alte Nachrichten bei längeren Konversationen z. B. automatisch zusammengefasst.

Die eben angesprochenen Kontextinformationen im Prompt sind auch wichtig, wenn wir daran denken, dass Lernende auch PDF-Dokumente hochladen können. Wir müssen dem LLM den Inhalt des Dokuments zur Verfügung stellen, damit es damit arbeiten kann. Im einfachsten Fall, den wir hier erst einmal wählen, wird der Inhalt des hochgeladenen Dokuments einfach in den Prompt kopiert. Unser gesamter Prompt sieht jetzt also wie folgt aus: <System Prompt>, <Vorhergegangene Nachrichten>, <Text aus dem PDF-Dokument>, <Frage des*der Lernenden>.

Diese Art der Bereitstellung von Informationen hat einen weiteren großen Vorteil für uns. Informationen, die dem LLM per Prompt bereitgestellt sind, werden im Gegensatz zum antrainierten „Wissen" priorisiert verwendet. Wir können dem LLM auf diesem Weg also spezielles Wissen geben, auf das es zurückgreifen kann. Das nennt man in der Fachsprache auch *Grounding*, und es wird eingesetzt, um die Qualität und Passung der Antworten zu erhöhen und gleichzeitig **Halluzinationen** zu vermeiden. Im Grunde kennt man das auch aus der alltäglichen Nutzung von KI-Chatbots: Wenn ich eine sinnvolle Antwort auf eine E-Mail generieren möchte, muss ich dem KI-Modell die ursprüngliche E-Mail zeigen.

An diesem Punkt haben wir ein KI-System, das mit Lernenden sprechen und Fragen zu hochgeladenen Fotos und Dokumenten beantworten kann. Eine echte Anbindung an den Kurs und seine Materialien fehlt aber noch. Hier kommt das oben angesprochene RAG zum Zug. Anstelle dessen, dass wir unser Modell kostspielig und kompliziert auf die Inhalte des Kurses trainieren, wählen wir dynamisch passende Inhalte aus und stellen sie, wie auch die hochgeladene PDF, per Prompt zur Verfügung. Das ist die Kernidee von RAG, einem der zentralsten Ansätze, die aktuell zum Einsatz kommen.

Konkret bedeutet das, dass wir die Inhalte des Kurses, z. B. Skripte und Foliensätze, als Wissensdatenbank verstehen. Jetzt kommt ein System zum Einsatz, das ausgehend vom Prompt der*des Lernenden passende Dokumente, etwa ein solches Skript, auswählt, und in den Prompt einfügt. Das LLM kann jetzt die Inhalte aus dem Kurs nutzen, um Lernende zu unterstützen und dabei möglichst fakten- bzw. materialtreu zu bleiben.

Dieses Verfahren ist gerade im Bereich der Bildungstechnologie bedeutungsvoll, da es uns erlaubt, bestehende Lehr-Lern-Materialien dynamisch mit KI-Modellen zusammenzubekommen, ohne diese neu trainieren zu müssen. So ist auch gar nicht mehr so wichtig, ob das gewählte Modell über Wissen zum Thema verfügt: Wir setzen das Sprachmodell in erster Linie als Sprachmodell ein, das mit den bereitgestellten Inhalten arbeitet.

Aufmerksame Leser*innen haben vielleicht bemerkt, dass wir oben von einem teilagentischen KI-System sprechen. Wie bereits kurz dargestellt, können agentische KI-Systeme nicht nur auf Eingaben reagieren, sondern planen, Entscheidungen treffen oder Werkzeuge und Daten verwenden, um ihre Ziele zu erfüllen. In gewisser Weise sind agentische KI-Systeme das, was sich die meisten unter KI vorstellen: mehr oder weniger autonom agierende Maschinen, die komplexe Aufgaben erfüllen und mit der Außenwelt interagieren. In den Worten OpenAIs [2025] handelt es bei Agent*innen schlichtweg um „systems that independently accomplish tasks on your behalf". Stärker aus einer technischen Perspektive heraus definiert kann man sagen, dass ein KI-System umso agentischer wird, je stärker KI-Modelle (LLMs) den Kontrollfluss, die Steuerung, im System bzw. der Anwendung übernehmen und bestimmen [Chase 2024].

Im Bildungs- und Forschungskontext sind zum Zeitpunkt des Schreibens dieses Buches insbesondere Recherche-Agent*innen ein großes Thema. KI-Systeme wie OpenAIs DeepResearch oder Perplexitys Deep Research nehmen Rechercheaufträge entgegen, recherchieren und synthetisieren selbstständig und stellen am Ende einen umfassenden Forschungsbericht zur Verfügung. Darüber hinaus gibt es aber viele *Use Cases* für agentische Systeme in der Bildung, angefangen bei der Automatisierung von Alltagsaufgaben bis hin zur Konzeption und Umsetzung von Lernerfahrungen.

Technisch handelt es sich bei agentischen KI-Systemen aktuell vor allem um KI-Systeme, bei denen LLMs verwendet werden, um Arbeitsschritte zu planen und dann „Werkzeuge" und Datenquellen nutzen zu können. Agent*innen basieren daher typischerweise auf einem LLM, mehreren Werkzeugen sowie Instruktionen zum gewünschten Verhalten [OpenAI 2025]. Unser*e KI-Tutor*in wird kein autonomes System, soll aber das Internet und eine Lernendendatenbank, also zwei Werkzeuge bzw. Datenquellen, nutzen können.

Die technische Umsetzung ist im Detail relativ kompliziert, aber im Grunde wird dem LLM im System-Prompt erklärt, welche Werkzeuge es nutzen kann und wie die APIs anzusprechen sind. Das LLM generiert dann eine Anfrage an die API, welche von der

Software im Hintergrund ausgeführt wird. Die Antwort geht dann per Prompt zurück an das LLM. In der Realität kommen hier komplexe Frameworks und Standards wie das **Model Context Protocol** [Anthropic 2024] zum Einsatz, welche KI-Modelle, Werkzeuge etc. miteinander verbinden.

Wir nehmen jetzt also an, dass es im Hintergrund zwei APIs gibt: Eine kann eine Internetsuche auslösen, die andere kann Informationen aus einer Lernendendatenbank abrufen. Wenn das LLM sich nun dazu „entscheidet", eine Internetsuche auszulösen, generiert es eine passende API-Anfrage. Vereinfacht z. B. so etwas wie: {„tool": „search", „query": „Wann war die Dartmouth-Konferenz?"}. Im Hintergrund, ganz ohne KI, wird jetzt eine Suchmaschine bemüht. Die Antworten der Suchmaschine, z. B. die Inhalte der ersten fünf Ergebnisse, werden dann über den Prompt an das LLM zurückgespielt. Identisch würde es sich mit Informationen zu Lernenden verhalten.

Wie bereits in ▶ Kapitel 2 angesprochen, wird in diesem Zusammenhang auch manchmal von sogenannten *Large Action Models* (LAM) [Kelbert et al. 2024] gesprochen. Im einfachsten Fall ist ein solches LAM ein LLM, das gelernt hat, APIs anzusprechen oder Funktionen aufzurufen. Im komplexeren Fall handelt es sich um ein Reasoning Model, das zusätzlich darauf optimiert ist, ausgehend von (multimodalen) Inputs, Arbeits- und Prozessschritte zu planen und durchzuführen [Wang et al. 2024].

Zusammengefasst haben wir jetzt also ein KI-System, das im Kern auf einem multimodalen LLM basiert, das Text und Bilder verstehen und etwa Fragen beantworten kann. Um das KI-System an den Kontext, hier einen Kurs, anzupassen, kommt ein RAG-System zum Einsatz, das dem LLM relevantes Wissen per Prompt bereitstellt. Das teilagentische System kann außerdem zwei Werkzeuge – die Internetsuche und die Suche in einer Lernendendatenbank – verwenden, um zusätzliche Informationen zu gewinnen.

Wie an diesem stark vereinfachten Beispiel deutlich wird, spielen KI-Modelle, gerade LLMs, eine zentrale Rolle. Sie sind aber Teil von hochkomplexen KI-Systemen, die die Modelle erst zum Leben erwecken. An dieser Stelle sei aber nochmals angemerkt, dass auch nicht-generative KI eine wichtige Rolle im Kontext des Lehrens und Lernens spielt. Im Bereich der Unterstützung von Lernenden setzen wir in einem Chatbot-Projekt z. B. ganz bewusst nur untergeordnet auf generative KI, um maximale Kontrolle über die Gesprächsführung und die Informationen zu haben, die der Chatbot weitergibt [Busse et al., eingereicht].

Aus einer Kompetenzperspektive verdeutlicht dieses Beispiel auch, wie wichtig es ist, komplexe Systeme und Abhängigkeiten zu verstehen. Hinter einer auf den ersten Blick einfachen Anwendung können mehrere miteinander interagierende KI-Modelle stehen, die komplexe Entscheidungen treffen und Nutzer*innen vollkommen verborgen bleiben.

3.6 Die Kontextualität und Materialität von KI

Bisher haben wir KI in diesem Kapitel in erster Linie aus einer methodologisch-technischen Perspektive betrachtet. Gerade mit Blick auf ein holistisches (Bildungs-)Verständnis erscheint es uns wichtig zu betonen, dass KI nicht nur ein neues, gewissermaßen neutrales Werkzeug ist.

Wie bereits erwähnt, stellt Kate Crawford in ihrem *Atlas of AI* [2021] z. B. eindrücklich dar, dass KI materiell, *embodied* und komplex in z. B. sozialen und kulturellen Strukturen verwoben ist. Sie betont damit außerdem, dass KI nichts ist, was uns als Menschen passiert, sondern etwas, das wir gestalten: „Artificial intelligence is not an objective, universal, or neutral computational technique that makes determinations without human direction“ [Crawford 2021: 211]. Ganz konkret sollten wir uns etwa bewusst machen, welchen ökologischen Einfluss die Technologie hat – angefangen bei den Minen, aus denen die notwendigen seltenen Erden abgebaut werden. KI ist, ganz konkret in Form von z. B. Rechenzentren, Servern und Grafikkarten, materiell. Neben den materiellen Ressourcen geht es aber auch um Menschen. Die Menschen, die die Ressourcen abbauen, aber auch um die Menschen, die in prekären Verhältnissen als Klickarbeiter*innen KI-Modelle trainieren [Perrigo 2023].

Überdies sollten wir auch auf keinen Fall vergessen, dass KI-Modelle und KI-Systeme das Ergebnis von komplexen Macht- und Entscheidungsprozessen sowie das Produkt bestehender Ungleichheiten etc. sind. So sind, wie oben bereits angedeutet, bereits die Daten nicht neutral: Die Dominanz männlicher Perspektiven ist das Ergebnis misogyner Strukturen, die Dominanz bestimmter Sprachen ist das Ergebnis (post-)kolonialer Strukturen usw.

Gleiches gilt auch für die Zugänglichkeit und die Anwendung der Technologie. Wenn wir davon ausgehen, dass KI eine Zukunftstechnologie mit größtem disruptivem Potenzial ist, müssen wir uns fragen, wer Zugriff zu ihr hat und wozu sie genutzt wird. In der aktuellen Situation kann man dem Science-Fiction-Autor William Gibson nur beipflichten, der Anfang der 1990er-Jahre in einem Interview sagte: „The future is already here — it's just not very evenly distributed.“

Neben global-gesellschaftlichen Implikationen ergeben sich aus alledem aber auch handfeste Fragen für die Hochschulbildung. Wie bewerten wir den Einsatz von KI vor z. B. sozialen und ökologischen Fragen? Wie stellen wir sicher, dass sich die Bildungsungerechtigkeit durch den ungleich verteilten Zugang zu KI-Systemen nicht erhöht? Wie können wir im Hochschulkontext dazu beitragen, bessere, gerechtere etc. KI zu fördern?

Die Einsicht, dass KI nicht unabhängig vom sozialen, kulturellen, geschichtlichen etc. Kontext existiert, ist für ein holistisches Bildungsverständnis von zentraler Bedeutung. KI ist kein neutrales Werkzeug, sondern muss, ob in der Begleitung und Planung von Lehre, beim Lernen und auch als Gegenstand des Lernens, immer auch vor diesem Hintergrund gelesen werden. Darin sehen wir insbesondere auch eine Chance für inter- und transdisziplinäres Lehren und Lernen: KI ist definitiv nicht nur technisch, sondern explizit auch geistes- und sozialwissenschaftlich zu betrachten (siehe ▶ Kapitel 3).

3.7 Natürliche Intelligenz und künstliche Intelligenz

Wie bereits in der Einleitung beschrieben, gehen wir davon aus, dass der stetige Vergleich von menschlicher Intelligenz (MI) und künstlicher Intelligenz (KI) außerhalb wissenschaftlicher Debatten wenig zielführend und vermutlich eher der Versuch einer Versicherung und Verortung der eigenen Rolle ist. Das wird auch daran deutlich, dass KI zwar häufig mit Menschen, aber nur selten mit der natürlichen Intelligenz (NI) nichtmenschlicher Tiere verglichen wird.

Wir möchten in diesem Buch erst einmal davon ausgehen, dass sich KI und MI unterscheiden und schließen uns Crawford [2021: 4] an, die die Analogie von KI-Systemen und menschlichen Gehirnen als Mythos beschreibt. Ebenso auch Esposito [2023]. Völlig ungeachtet der Gleichheit oder Nicht-Gleichheit können wir aber feststellen, dass KI-Modelle, die in KI-Systemen wirken, wertvoll mit Blick auf kognitive und kreative Aufgaben für uns sein können. Wir nutzen KI-Systeme bereits, um Ideen zu generieren und zu validieren, Gedanken zu strukturieren, Informationen zu finden und zu strukturieren, Texte zu schreiben und zu übersetzen, Medien zu erzeugen oder auch, um zu lernen. Ob KI nun intelligent im menschlichen Sinne ist oder nicht, spielt keine Rolle: Wir sehen, dass MI und KI gemeinsam, in Ko-Kreation, wirksam werden können (vgl. auch **KI-Orchestrierung**). Im Sinne der „Intelligence Augmentation“ [Dede et al. 2021] treten Menschen und Maschinen in eine Partnerschaft ein, in der sie voneinander profitieren und gemeinsam eine größere Leistung erzielen. Dabei kann die Zusammenarbeit ganz unterschiedliche Formen annehmen. So kategorisieren Holstein et al. [2020], die von „human–AI hybrid adaptivity in education“ sprechen, mögliche gegenseitige Stärkung in die Kategorien „Goal Augmentation“, „Perceptual Augmentation“, „Action Augmentation“ und „Decision Augmentation“. Darüber hinaus betonen sie, dass es nicht nur um Performanzsteigerung gehen muss, sondern dass auch Co-Learning, langfristiges gegenseitiges Wachsen, stattfinden kann.

Mairéad Pratschke [2024: 39] beschreibt dieses Zusammenwachsen treffend als „the new hybrid“ und argumentiert, dass Lehre bzw. Lernerfahrungen jetzt gemeinsam mit generativer KI entwickelt und durchgeführt werden. Dieser Modus des Lernens sei neu für Hochschulen und die Adaption von Hochschulen an diesen Modus sei ein bestimmender Faktor mit Blick auf die zukünftige Beziehung von künstlicher und menschlicher Intelligenz [Pratschke 2025: 14].

Wenn man Salman Khan [2024: 107] folgt, der beschreibt, dass generative KI zunehmend fähig ist, Empathie zu simulieren und als echte*r Gesprächspartner*in aufzutreten, wird diese Zusammenarbeit weit über die Erstellung von Materialien oder das Beantworten von Fragen hinausgehen. In diesem Zusammenhang können wir uns auch fragen, ob die von Weizenbaum [1984[1976]], einem KI-Pionier, formulierte Regel, dass Computer keine wichtigen Entscheidungen treffen sollten, weil es ihnen an menschlichen Qualitäten fehlt, weiterhin uneingeschränkt Gültigkeit hat, bzw. ab welchem Punkt wir KI-Systemen ausreichende, z. B. reflektive und abwägende, Fähigkeiten zuschreiben, sodass sie relevante Entscheidungen treffen dürfen.

Diese ko-kreative Sichtweise, die auch eine fundamentale Veränderung der Rollen in Bildungskontexten nach sich ziehen wird, ist an eine Reihe von Konzepten anschlussfähig, die uns dabei helfen können, den neuen Modus einzuordnen. Ethan Mollick [2024] beschreibt KI als Ko-Intelligenz und ruft dazu auf, gemeinsam mit KI zu arbeiten, dabei aber klaren Regeln zu folgen und, zumindest noch, als Mensch „in the loop“ zu bleiben. Der etwas ältere Ansatz der verteilten Kognition [Hutchins 1995; Salomon

1997] gibt uns dazu einen weiteren Rahmen, der auch direkt zu Bildungsprozessen passt. Kognition, also u. a. die Verarbeitung und Speicherung von Informationen, findet hier nicht nur in einem Gehirn, sondern in verteilten menschlichen und nichtmenschlichen Systemen statt. Das kann bedeuten, dass ich mir Notizen mache, aber auch, dass ich ein generatives KI-Systeme einsetze, um gemeinsam ein kognitives Problem zu bearbeiten. Spannagel [2023] beschreibt generative KI, speziell ChatGPT, als Werkzeug, das Lernende beim Lernen unterstützt, betont aber, dass es „ihnen [...] den Lernprozess [nicht] abnehmen“ dürfe, und Lehrende gefordert seien, „KI-Werkzeuge als weiteres kognitives Tool in Lehre und Prüfungen zu berücksichtigen“.

Schließlich sollte auch der von Siemens und Downes stark gemachte **Konnektivismus** [Siemens 2005, Downes 2010], eine Lerntheorie für die (post-)digitale Welt, nicht vergessen werden. Hier wird Lernen als dynamischer und auch sozialer Prozess verstanden, der in Netzwerken stattfindet und fundamental davon beeinflusst wird, wo und wie Informationen und Wissen zu finden sind. Siemens argumentiert [2005: 7], „Learning [...] can reside outside of ourselves (within an organization or a database), is focused on connecting specialized information sets, and the connections that enable us to learn more are more important than our current state of knowing.“

Aus der Perspektive der Hochschulbildung müssen wir es also schaffen, ko-kreativ mit KI als vernetzte Ko-Intelligenz zu lernen und zu arbeiten, ohne unser Lernen zu kompromittieren und unsere Agency ab- oder gar aufzugeben. Diesen neuen Modus, „the new hybrid“, zu erlernen, zu leben und zu vermitteln, wird eine der großen Herausforderungen der Hochschulbildung werden. Die Möglichkeiten, die **KI-Ko-Kreation** zu ignorieren, kann mit Blick auf die gelebte Realität – generative KI ist definitiv hier, um zu bleiben – auf keinen Fall der Weg sein.

Die Frage ist also weniger, ob KI natürlicher oder menschlicher Intelligenz ähnelt, sondern vielmehr, wie wir diese Intelligenzen möglichst gut und mit Bildungszielen im Zentrum vereinen können. Die Frage, ob KI-Modelle einmal wirklich, also im Sinne menschlicher Intelligenz, intelligent sein können, bleibt derweil offen. Ebenso bleibt offen, ob sie das sollen. So schließen Roth et al. [2024: 223] ihren Vergleich von natürlicher und künstlicher Intelligenz wie folgt: „Ob man solche wirklich intelligenten KI-Systeme haben will, ist eine andere Frage.“

3.8 Zusammenfassung und Fazit

In diesem Kapitel haben wir ein grundlegendes und zugleich differenziertes Verständnis von Künstlicher Intelligenz und ihrer Bedeutung für die Hochschulbildung gewonnen. Es geht nicht nur um KI-Modelle, sondern auch um die Systeme, in denen sie eingesetzt werden. Ein besonderes Augenmerk liegt auf der Frage, warum ein fundiertes Verständnis von KI für Lehrende und Lernende essenziell ist.

Wir haben die Entwicklung von KI aus verschiedenen methodischen Perspektiven beleuchtet: von symbolischer KI über maschinelles Lernen und Deep Learning bis zu generativer KI, die derzeit den Diskurs dominiert. Dabei haben wir gesehen, dass der Erfolg von KI-Systemen nicht nur auf leistungsfähigen Modellen, sondern auf ihrer Einbettung in komplexe Anwendungen beruht. Wir haben uns auch damit auseinandergesetzt, was eine schwache KI von einer starken KI, oder sogar von einer allgemeinen künstlichen Intelligenz, unterscheidet.

Ein weiteres Kernthema war die zentrale Rolle von Daten: Ohne Daten keine KI. Wir haben gesehen, dass KI nicht nur ein technologisches, sondern auch ein soziales und politisches Phänomen ist, und wir neben Fragen wie dem Datenschutz auch z. B. bestehende Machtstrukturen, Ungleichheiten sowie den ökologischen Einfluss beachten sollten.

Abschließend haben wir das Verhältnis zwischen natürlicher (menschlicher) und künstlicher Intelligenz reflektiert. KI kann als Ko-Intelligenz betrachtet werden, die in komplexe Lehr- und Lernprozesse integriert werden kann, und mit der wir in Ko-Kreation treten. Die Hochschulbildung steht dabei vor der Herausforderung, diesen neuen hybriden Modus aktiv zu gestalten und die Kompetenzen zu vermitteln, um gut und verantwortungsbewusst mit KI zusammenzuarbeiten.

Abschließend zu diesem Kennenlernen von KI sei schließlich gesagt, dass wir Menschen KI und ihre aktuellen Potenziale und Grenzen am besten durch Ausprobieren kennenlernen können. Das kann man alleine tun, aber z. B. auch im Team oder gemeinsam mit anderen Lernenden in Lehr-Lern-Veranstaltungen. Wichtig erscheint uns dabei mit Blick auf mögliche Risiken aber, dass Experimente in Experimentierräumen stattfinden und echte Anwendungen mit Kompetenz und Bedacht entwickelt werden sollten, insbesondere dann, wenn sie das Leben von Menschen beeinflussen können.

Nutzen Sie das Arbeitsblatt zum Kapitel, um anhand einer Reihe von Reflexionsfragen noch einmal aus Ihrer (angestrebten) Rolle über die Inhalte zu reflektieren. Neben der eigenen Auseinandersetzung eignen sich die Reflexionsfragen auch als Impulse für spannende Diskussionen zum Thema.

4

Viel Lärm um KI – Diskurse über KI in der Bildung

4.1 **Metadiskurse über KI** 54

4.2 **KI und Hochschulen** 59

4.3 **KI und das Lehren und Lernen** 63

4.4 **Zusammenfassung und Fazit** 71

Die Veröffentlichung von ChatGPT Ende 2022 hat die Hochschulwelt aufgerüttelt und innerhalb von wenigen Wochen eine Debatte über KI in Studium und Lehre sowie auch in der Wissenschaft insgesamt entfacht. Dabei reichten die initialen Reaktionen von apokalyptischen Warnungen – etwa, dass KI die (Hochschul-)Bildung zerstören könnte – bis hin zu visionären Hoffnungen auf revolutionäre und disruptive Veränderungen und Erfindungen. Parallel dazu wurde das Ende jeglicher Haus- und Abschlussarbeiten berufen, und der einzige echte Konsens bestand darin, dass generative KI die Hochschulbildung nachhaltig verändern würde.

In diesem Kapitel wollen wir den Versuch unternehmen, einige der zentralen Diskurse über KI in der Welt der Hochschulbildung zu benennen und zu umreißen. Es geht uns dabei nicht darum, wichtige Diskussionen zu beenden oder die Deutungshoheit einzunehmen. Beides wäre vermessen, unwissenschaftlich und kontraproduktiv. Stattdessen möchten wir versuchen, einige zentrale Punkte der Diskussion zu beleuchten und damit einen Beitrag zur Einordnung dieser Diskurse zu leisten sowie eine kritische Auseinandersetzung mit den Diskurspositionen zu ermöglichen.

Wir werden daher im Folgenden zuerst auf Metadiskurse über KI, dann auf Diskurse auf Ebene der Hochschulen und schließlich auf Diskurse, die direkt das Lehren und Lernen betreffen, eingehen.

Wir führen diese Diskurse im Folgenden anhand von Aussagen ein, die für uns den Kern der jeweiligen Debatte treffen. Ob wir dabei eher positiv oder negativ beginnen, hängt davon ab, welche Position uns aktuell als dominant erscheint. Wenn wir also z. B. schreiben, dass Lernende mit KI betrügen, gehen wir davon aus, dass diese Haltung den Diskurs dominiert.

4.1 Metadiskurse über KI

Im Folgenden werden wir zunächst auf einige übergreifende Diskurse eingehen, welche für viele Überlegungen und Entscheidungen grundlegend sind. Dabei geht es vor allem um die Rolle und Einordnung von KI.

4.1.1 Der Mensch ist die Norm

Wir haben bereits im Vorangegangenen herausgestellt, dass die künstliche und binäre Darstellung des Mensch-Maschine-Topos nur noch schwer zu halten ist. Das zunehmende produktive Verschmelzen und Zusammenwirken von menschlicher und künstlicher Intelligenz (▶ siehe Kapitel 2 und ▶ 3), zumindest in der Ko-Kreation mit KI-Systemen, deutet darauf hin, dass beide Modi ihre Stärken und Schwächen haben.

Ungeachtet dessen wird der Mensch weiterhin als Norm, z. B. wenn es um die Qualität von Produkten oder die Vertrauenswürdigkeit von Entscheidungen geht, angelegt. Ganz deutlich wird das auch daran, dass wir die Leistungsfähigkeit von KI-Systemen sehr häufig mit Benchmarks testen, die eine direkte Vergleichbarkeit mit Menschen zulassen. Das ergibt natürlich insbesondere vor dem Hintergrund Sinn, dass wir menschliche Fähigkeiten relativ gut einschätzen können und dass menschliche Intelligenz und auch menschliche Kreativität die höchsten Formen der Intelligenz und Kreativität sind, die wir bisher kennenlernen durften.

Faszinierend ist in diesem Zusammenhang die Frage, ob man menschliche und künstliche Intelligenz vergleichen oder als zwei unterschiedliche, aber komplementäre Dinge verstehen sollte. Zumindest aktuell sieht es so aus, als gäbe es kognitive Aufgaben, für die das menschliche Gehirn zugeschnitten ist und solche, die sich besser mit KI bearbeiten lassen. Auch die schnellsten menschlichen Leser*innen tun sich schwer damit, die Kernaussagen eines ganzen Buches in wenigen Sekunden zu erfassen oder komplexe Datensätze in Echtzeit zu analysieren. Gleichermaßen tun sich auch die besten multimodalen KI-Systeme sehr schwer damit, die Komplexität der Welt in all ihren Modalitäten und Facetten adäquat zu erfassen oder auf sozial-kommunikative Nuancen zu reagieren. Mit diesen Beschreibungen sollte man jedoch vorsichtig sein und Regel vier von Mollick [2024: 60] beachten, die besagt, dass man immer davon ausgehen sollte, gerade mit der schlechtesten KI zu arbeiten, mit der man jemals arbeiten wird.

Aus der Perspektive der Bildung und des Lehrens und Lernens ergeben sich daraus natürlich unmittelbar komplexe Kompetenzfragen (▶ siehe Kapitel 7). Wie sieht eine gute und zukunftsorientierte Bildung in der postdigitalen, KI-dominierten Welt aus? Welche Kompetenzen werden in Zukunft (wieder) wichtiger, welche weniger wichtig? Über welches Wissen und über welche Kompetenzen müssen wir verfügen, um die unterschiedlichen Intelligenzen gewinnbringend zu vereinen? Wie sieht eine Hochschulbildung aus, die konsequent menschliche Intelligenz und positive menschliche Eigenschaften stärkt, aber gleichzeitig im Blick hat, welche großen Chancen sich durch KI und die Ko-Kreation mit KI ergeben? Und wie ist die Rolle des sogenannten Lehrenden in diesen Prozessen?

Neben der Frage der Qualität, der kognitiven Leistungsfähigkeit und der Kompetenzen wird der Mensch häufig auch als verlässlicherer und moralisch-ethisch besserer Entscheider beschrieben. Wir möchten, dass wichtige Entscheidungen von Menschen getroffen oder zumindest am Ende verantwortet werden. Das ist im Übrigen auch ein wichtiges Kriterium für die Risikobewertung von KI-Systemen im **europäischen AI Act**. Darüber hinaus gewinnt das Thema **Explainable AI (XAI)**, also Methoden und Ansätze, die dabei helfen, KI transparenter zu machen, zunehmend an Bedeutung (vgl. [Longo et al. 2024]). Diese können auch direkt in Bildungskontexten Anwendung finden. Katharina Weitz [2023] unterscheidet dabei zwischen dem „Lernen mit Erklärbarer KI" und dem „Lernen über (Erklärbare) KI" und weist darauf hin, dass XAI zur Reflexion über KI einlädt und für den Kompetenzaufbau genutzt werden kann.

Diese Entwicklungen zeigen, dass wir, also die menschlichen Leser*innen dieses Textes, ein Misstrauen gegenüber KI-Systemen haben und menschliche Entscheidungen bevorzugen. Dafür kann es verschiedene Gründe geben: Menschen sind nicht nur *„aligned"* (▶ siehe Kapitel 3), sondern verfügen über komplexe und dynamische Wertkonstrukte. Menschen können, aktuell immer noch besser als Maschinen z. B. emotionale Faktoren bedenken. Darüber hinaus können wir Menschen und ihre Entscheidungen, zumindest denken wir das, besser einschätzen. Natürlich spielt auch eine Rolle, dass Maschinen nur schwerlich Verantwortung übernehmen können. Zumindest ist es schwer, sie zur Rechenschaft zu ziehen.

Auf der anderen Seite gibt es Argumente, die dafür sprechen, sich in die Hände von KI-Systemen zu begeben. Ein gut trainiertes und getestetes KI-Modell hat keine schlechten Tage, es bewertet nicht aus einer Laune heraus schlechter oder besser, und es folgt, zumindest üblicherweise, keiner versteckten Agenda. Ein spannendes Beispiel sind hier Prüfungen: Möchten wir, als Prüflinge, dass eine Klausur von einem KI-System oder von Menschen bewertet wird? Gobrecht et al. [2024: 1] haben ausgehendend von ihren Erfahrungen mit einem neuen Assessment-System festgehalten, „leveraging AI enhanced grading can reduce human subjectivity, improve consistency and thus ultimately increase fairness". Erwartbarerweise ist das Bild aber natürlich nicht so eindeutig und die Ergebnisse variieren abhängig von den eingesetzten Werkzeugen, dem Assessment, dem Kontext etc. (vgl. z. B. [Tate et al. 2024, Kooli und Yusuf 2024, Almegren et al. 2024]). Alles in allem ist es aber in jedem Fall schon heute möglich, qualitativ hochwertiges Feedback und verlässliche Bewertungen mit KI zu erzeugen, wenn auch nicht in allen Kontexten.

Selbstverständlich sind wir jetzt wieder in der Bias-Debatte. Dabei ist die Frage wichtig, ob wir dieselben Standards, z. B. die *Explainability*, an Menschen anlegen, die wir an KIs anlegen: Fordern wir von Menschen ein, dass sie ihre Entscheidungen, z. B. für eine Note oder Bewertung oder für oder gegen eine*n Kandidat*in, transparent und nachvollziehbar darlegen? Prüfen wir regelmäßig, dass ein MI-System weiterhin in den gewünschten Parametern entscheidet? Hinterfragen wir kritisch, mit welchen Trainingsdaten ein Mensch sozialisiert wurde, bevor er oder sie wichtige Entscheidungen treffen darf? Die Antworten auf all diese Fragen lauten „nein".

Dabei darf natürlich nicht vergessen werden, in welchem Umfang Entscheidungen getroffen werden. Ein diskriminierendes KI-System, welches tausende von Entscheidungen pro Stunde trifft, ist ganz offensichtlich ein größeres Risiko als ein einzelner Mensch in seinem oder ihrem begrenzten Wirkungsfeld.

Im Kontext der (Hochschul-)Bildung spielt aber natürlich bei alledem ein weiterer Faktor eine zentrale Rolle: Bildung hat immer den Menschen im Fokus – zumindest bis jetzt. Wenn wir Bildung, im klassischen Sinne, auch als Menschwerden verstehen, muss der Mensch die Norm bleiben. Bildungsprozesse, die z. B. eine kritische, erforschende, neugierige, selbstbestimmte und *menschliche* Haltung herausbilden, brauchen, davon gehen wir aus, Menschen und menschliche Intelligenz, inklusive all ihrer Schwächen.

Teil der Bildung, gerade auch in und an Hochschulen, muss es jedoch heute sein, ein Verständnis für die Ko-Existenz von menschlicher und künstlicher Intelligenz sowie deren Beziehung zu entwickeln. Dabei ist es vermutlich nicht dienlich, den Menschen als Goldstandard anzulegen, sondern wir sollten versuchen, z. B. herauszuarbeiten, an welchen Stellen KI eine gute Ergänzung für uns sein kann. Auch sollten wir offen dafür sein, dass KI und in bestimmten Bereichen und in bestimmten Dimensionen, vielleicht irgendwann auch in allen, uns überholt. Das ist in Ordnung, solange wir den Rahmen ganz explizit auch durch eine umfassende und humanistische Bildung schaffen, in dem diese neue Intelligenz uns dabei hilft, bessere Zukünfte zu gestalten. Das alles wird allerdings fast selbstverständlich mit komplexen und vielleicht auch schmerzhaften Rollenverhandlungen einhergehen. So beantworteten wir 2023, gemeinsam mit unserer Kollegin Kathrin Andree, die Frage „Macht KI den Menschen überflüssig?" so: „Der Mensch wird nicht überflüssig, Rollen müssen aber ständig und proaktiv verhandelt werden" [Busse et al. 2023: 3].

4.1.2 KI ist etwas Neues

Als OpenAI ChatGPT im November 2022, eigentlich in erster Linie als technische Demonstration, veröffentlichte, veränderte sich alles; es kam zum „ChatGPT Effect" [Chan und Colloton 2024] in der Hochschulbildung. Generative KI, die plötzlich auch überzeugend sprechen konnte und sich fast menschlich anfühlte, war in den Händen der Menschen angekommen und ihnen zugänglich. Obwohl GPT-3.5, das ursprüngliche ChatGPT-Modell, nicht wirklich fundamental besser oder anders war als das 2020 veröffentlichte GPT-3, fühlte es sich so an, als wäre generative KI in diesem Moment geboren worden.

In der Folge, und dieses Buch ist lebendiger Beweis dafür, ist generative KI zu einem der Hype-Themen im Bildungsbereich geworden. Innerhalb von kürzester Zeit entstanden Positionspapiere, Best-Practice-Beispiele und Einordnungen. Die Zahl der KI-Bildungs-Expert*innen explodierte über Nacht. Wenngleich all das berechtigterweise passiert ist – generative KI in der aktuellen Form ist disruptiv für das Lehren und Lernen –, fühlte es sich zuweilen so an, als würden wir bei null anfangen.

Ein Blick in die Geschichte zeigt aber, dass weder KI noch die Auseinandersetzung mit KI in der Lehre und dem Lernen neu sind. Bei vielen Expert*innen, die von ChatGPT so beeindruckt waren, hatte man den gleichen, etwas irritierenden Eindruck, als Angela Merkel 2013, 30 Jahre nach Geburtsstunde des Internets, verkündete, dass das Internet „für uns alle Neuland" sei. Die Geschichte der KI beginnt wahlweise in den 1840ern mit Ada Lovelace und der Analytical Engine, 1950 mit Alan Turing und seinem Turing-Test oder auch im Sommer 1956 mit der Dartmouth Conference. Parallel dazu befasst sich die Didaktik und Bildungswissenschaft schon ähnlich lange mit dem Thema. So sind z. B. bereits Anfang der 1920er-Jahre intelligente Tutoring-Systeme (ITS) erdacht worden. 1984 betont Yazdani, dass es Zeit werde, sich mit der Frage auseinanderzusetzen, welche Implikationen KI für Bildungskontext habe: „More than 25 years' findings from AI are now beginning to affect other human endevours. In this „essay"? we explore the implications of subjecting the educational environment to the spotlights of AI theories of learning, communication and intelligence" [Yazdani 1984: 13].

Diese zwei Beispiele, die hier für eine lange und reiche Forschungs- und Praxisgeschichte stehen, sollen verdeutlichen, dass die Auseinandersetzung mit KI in der (Hochschul-)Bildung nicht erst mit ChatGPT begonnen hat. Außerdem hatten wir bereits erwähnt, dass wir als Linguist*innen schon lange mit Sprachmodellen arbeiten – wie auch viele andere Disziplinen. Selbstverständlich ist die Qualität heutiger KI, gerade auch mit Blick auf die generativen und kommunikativen Fähigkeiten, eine vollkommen andere. Dennoch sind viele der als neu erscheinenden Fragen und Themen – z. B. Prüfungskultur, adaptives Lernen und Prüfen, Mensch-Maschine-Interaktion, KI-Tutor*innen oder Rollenverschiebungen – bereits lange etabliert und diskutiert. Daher möchten wir dazu aufrufen, auch einen Blick in die Vergangenheit zu werfen und nicht zu vergessen, dass wir auf eine reiche Ideengeschichte zurückgreifen können, welche uns Impulse für das Heute und mögliche Zukünfte geben können. Das ist gerade für Hochschulen und die Hochschulbildung, deren Kern die Wissenschaft ist, eine besondere Aufgabe. Als Alternative oder als interdisziplinäre Ergänzung bietet sich übrigens auch ein Blick in die Science-Fiction an. So gibt es beispielsweise in Neil Stephensons *The Diamond Age* [1995] KI-basierte interaktive Lehrbücher, die Lernende individualisiert und personalisiert begleiten. In Orson Scott Cards [1985] *Ender's*

Game kommt ein KI-System zum Einsatz, welches in der „Battle School“ adaptive und personalisierte Trainings steuert und kontinuierlich Daten über Lernende sammelt.

Gerade hierfür zeigt das ChatGPT-Beispiel und mindestens der initiale Umgang damit auch eine Schwäche der Hochschulbildung, die wir bereits in der Einleitung angedeutet haben. Wir haben es, gerade auch in der Hochschuldidaktik, trotz der reichen Geschichte nicht geschafft, vor die Entwicklung zu kommen. Ohne zu hart mit uns, den Hochschulen, umgehen zu wollen, müssen wir dennoch konstatieren: Wir haben mehrere Chancen verpasst, die Entwicklung vorauszusehen oder gar mitzugestalten. Spätestens 2017, mit der Veröffentlichung von „Attention is All You Need“ [Vaswani et al. 2017], war für Sprachwissenschaftler*innen absehbar, wohin die Reise generativer KI-Modelle gehen könnte. Seit 2020 war es möglich, mit GPT-3 zu experimentieren, zu prompten und Inhalte zu erzeugen. Wir haben das in unseren Lehrveranstaltungen selbst mit Studierenden gemacht, leider ohne zu bemerken, welches Potenzial für die Hochschulbildung entstehen würde. Wir möchten das als Erinnerung daran verstehen, dass wir uns in der Hochschulbildung auch aktiv mit Zukünften auseinandersetzen sollten, gerade dann, wenn wir diese aktiv mitgestalten möchten.

4.1.3 KI ist wichtig für die Hochschulbildung

Die Hochschulbildung ist eigentlich bekannt dafür, sich nicht zu sehr von aktuellen Trends oder Hypes treiben zu lassen. Das hängt zu einem großen Teil daran, dass (hochschulische) Bildungsziele, z. B. die Ausbildung einer kritischen, forschenden und wissenschaftlichen Haltung, verhältnismäßig stabil bleiben. Zum anderen hängt es aber sicherlich auch am relativ langsamen, wenig agilen Hochschulsystem. Wenngleich sich die Inhalte und Erkenntnisse, die im Idealfall an Hochschulen gewonnen werden, stetig weiterentwickeln, ist die Lehre 2025 doch in vielen Fällen recht ähnlich zu dem, was wir vor 20, 30 oder auch 40 Jahren gesehen haben.

Wenn wir auf das Thema KI blicken, sieht die Situation aber plötzlich ganz anders aus: KI ist wichtig, und KI wird, und muss, die Hochschulbildung reformieren. Zumindest wird das politisch, ökonomisch und auch von Bildungsexpert*innen, inklusive der Autor*innen dieses Buches, so postuliert. Die Gründe dafür sind sicherlich vielschichtig.

KI hat bereits die (Arbeits-)Welt verändert, und wir müssen sicherstellen, dass die Hochschulbildung Menschen dazu befähigt, souverän in der Welt zu agieren und diese mitzugestalten. Selbstverständlich nehmen auch ökonomische Zwänge eine zunehmend große Rolle ein – die Hochschulen sollen, auch in der Fort- und Weiterbildung, sicherstellen, dass „wir“ wettbewerbsfähig sind und bleiben. KI, gerade mit Blick auf die (Re-)Produktion von Wissen, bedroht die Hochschulbildung aber auch: Zum ersten Mal, gerade auch global gedacht, ist es möglich, in umfassender und sehr ernst zu nehmender Form auch hochkomplexe Sachverhalte zu durchdringen. Aktuelle generative KI-Systeme können als persönliche Tutor*innen auftreten, und wir werden vermutlich und hoffentlich eine wahnsinnige Demokratisierung des Zugangs zur Ressource „Lehrende“, genauer gesagt zu den Lernbegleitenden, sehen [Khan 2024: 8f.]. Darüber hinaus ist absehbar, dass KI das Potenzial hat, das Lehren und Lernen fundamental zu verändern. KI schafft gleichzeitig Zwänge zur Veränderung. Wir müssen jetzt beispielsweise, und jetzt vermutlich wirklich, die Prüfungskultur in den Blick nehmen und grundlegend hinterfragen, wie Lernende ihre Kompetenzen demonstrieren.

Ungeachtet all dessen sollte sich die Hochschulbildung, die sich durch ihre kritische und reflexive Haltung auszeichnet, aber auch nicht durch externe Zwänge treiben lassen. KI ist wichtig für die Hochschulbildung, aber noch wichtiger erscheint es, dass wir als Hochschulbildende ein klares und reflektiertes Konzept inklusive einer Strategie und das Wissen davon haben, was all dies bedeutet. Diese Aussage möchten wir dabei auf keinen Fall als reaktionär oder bremsend verstanden wissen. Vielmehr möchten wir betonen, dass es die Aufgabe der Hochschulen als Orte des Erkenntnisgewinns ist, voranzugehen und unabhängig von volatilen Trends, unsicheren Zukünften und akuten wirtschaftlichen Bedarfen Orientierung zu bieten und zu entscheiden, worauf der Fokus liegen sollte.

4.2 KI und Hochschulen

4.2.1 Die Hochschule ist hinten dran

Wie oben bereits angedeutet, sollten Hochschulen der Entwicklung im Bereich KI nicht nur hinterherlaufen, sondern diese aktiv und federführend, auch im Sinne der Wissenschaftlichkeit, mitgestalten. Für diese Aufgabe sind Hochschulen eigentlich bestens gerüstet. Sie haben den Auftrag, neues Wissen zu generieren, und sie verfügen, zumindest in der Theorie, auch über die entsprechenden Köpfe, die den Fortschritt durch ihre Forschung möglich machen.

Dennoch sieht es so aus, als wären Hochschulen, zumindest einmal öffentliche Hochschulen in Deutschland, hinten dran und würden ihre Potenziale nicht nutzen. Dieses Narrativ wird sowohl innerhalb der Hochschulen als auch medial vorangetrieben. So stellt etwa Christian Füller [2024] fest: „Generative KI breitet sich rasend schnell unter Studierenden aus. Bei den Hochschulen hakt es allerdings.“

In gewisser Art und Weise stimmt das auch. Gerade wenn wir auf generative KI und den Einsatz in der Lehre an Hochschulen schauen, stehen wir vielerorts aus ganz unterschiedlichen Gründen noch am Anfang. Es hat lange gedauert, wenn es schon erfolgt ist, angemessene Zugänge zu KI-Systemen zu schaffen. Die rechtlichen Rahmenbedingungen sind immer noch schwammig und der Bedarf (oder: „Wunsch nach“) an Regulierung und Orientierung weiterhin groß. Die fehlende Digitalisierung haben wir ebenfalls schon genannt. Aus didaktischer Perspektive gibt es zwar eine Masse an Ideen und Best Practices, der Weg in die breite Praxis ist aber, wie so oft in der Hochschulbildung, sehr viel komplizierter und länger als erwartet. Nichtsdestotrotz attestiert der Monitor Digitalisierung 360°, dass „(generative) KI … einen Platz in Studium und Lehre an deutschen Hochschulen gefunden hat“ [Budde und Tobor 2024: 65].

Ein ähnliches Bild offenbart sich auch, zumindest auf den ersten Blick, wenn wir auf die (KI-)Forschung schauen. Die Innovation, so scheint es zumindest, findet in der Privatwirtschaft, bei den OpenAIs, Googles und Metas dieser Welt, statt. Die eingesetzten Mittel, z. B. das 2025 angekündigte Stargate-Programm der US-Regierung mit 500 Milliarden Dollar, wenn auch zu einem Teil inszeniert, sind im Vergleich zu den Forschungsbudgets öffentlicher Hochschulen unvorstellbar. Gleichzeitig hat der Fall DeepSeek, ungeachtet einer Reihe an ungeklärten Detailfragen, gezeigt, wie schnell Innovation – hier das sehr viel sparsamere Training von extrem leistungsfähigen KI-Modellen – feststehende Annahmen und Märkte ins Wanken bringen kann.

Bei alledem fallen aber eine Reihe von wichtigen Punkten hinten über. KI ist sehr viel mehr als der Einsatz von generativer KI und die Nutzung von KI-Tools wie ChatGPT. Zentrale KI-bezogene Kompetenzen, z. B. in der Data Science, werden an Hochschulen seit Jahrzehnten gelehrt, und gelernt und auch Machine-Learning-Kurse gibt es nicht erst seit gestern. Selbiges gilt für die Forschung. Die deutsche KI-Forschung ist international renommiert (vgl. [OECD 2024]), und ohne die (Grundlagen-)Forschung an den Hochschulen gäbe es viele der heute im Fokus befindlichen Systeme gar nicht. Auch in den einzelnen Fächern, wie eben in der Linguistik, die wir hier auch vertreten, spielt (generative) KI, ohne dass es immer so prominent benannt werden würde, bereits in vielen Fällen sowohl in der Forschung als auch in der Lehre eine große Rolle.

Die Frage danach, ob Hochschulen also hinten dran oder vielleicht ganz vorn mit dabei sind, ist also zu großen Teilen auch eine Frage der Perspektive. Wenn wir KI in erster Linie als generative KI und als Anwendung generativer KI-Tools, inklusive z. B. Prompting-Kompetenz, verstehen, sind Hochschulen hinten dran. Gleiches mag auch für die Verfügbarkeit von KI-Tools und den Stand der digitalen Transformation gelten. Wer sich bereits daran gewöhnt hat, jederzeit mit KI-Assistent*innen zu arbeiten und komplexe Aufgaben von KI-Agent*innen lösen zu lassen, wird Anfang 2025 an vielen deutschen Hochschulen enttäuscht werden. Das gilt allerdings leider auch, wie gesagt, für viele sehr viel grundlegendere Themen der Digitalisierung. Gleichzeitig, gerade wenn wir das KI-Thema etwas tiefer beleuchten, sind Hochschulen aber auch ganz vorn mit dabei: Hier findet Grundlagenforschung statt und viele zentrale Kompetenzen, z. B. im Bereich der Daten, der Algorithmen, der Sprach- und Medienwissenschaft oder der Technikphilosophie, werden seit langer Zeit auf höchstem Niveau gelehrt und gelernt; nur eben nicht immer unter dem Label „Künstliche Intelligenz".

4.2.2 Unsere Hochschule muss die Erste sein

Dieser Diskurs schließt direkt an den vorhergegangenen an. Jetzt geht es aber nicht mehr darum, ob *die Hochschulen* im Vergleich vorne mitspielen, sondern es geht darum, welche der vielen Hochschulen im nationalen oder gar internationalen Wettbewerb gewinnt.

Für das Lehren und Lernen lassen sich selbstverständlich ganz unterschiedliche Maßstäbe dafür anlegen, was es bedeutet, die Erste zu sein. Im Zusammenhang mit generativer KI und dem ChatGPT-Hype ging es z. B. sehr schnell darum, welche Hochschule, und wenn auch nur im Marketing-Sprech, es als erste schafft, breitflächig generative KI-Tools bereitzustellen. Dabei wurde und wird ein immenser Druck aufgebaut: Lehrende hatten Sorge, etwas zu verpassen; Lernende hatten Angst, den Anschluss zu verlieren; Hochschulleitungen hatten Angst, nicht zu denen zu gehören, die innovativ und mutig voranschreiten. Infolgedessen wurden leider auch immer wieder echte Erfolge z. B. der Testbetrieb eigener Chatbot-Oberflächen, in irreführenden Marketing-Sprech übersetzt, welcher die Erwartung geschürt hat: „Hochschule XYZ stellt ChatGPT für alle zur Verfügung!"

Sehr ähnlich verhält es sich auch mit dem Lehr-Lern-Angebot. Inmitten des 2022 losgetretenen KI-Hypes witterten viele die Chance, sich mit dem Thema profilieren zu können. Wer würde die erste Hochschule sein, die entsprechende Studiengänge anbietet? Wer gewinnt das Rennen um die Deutungshoheit des Einflusses (generativer) KI auf die Hochschule? Wer kann sich als Erstes mit einer umfassenden KI-Strategie profilieren? Wer schafft es, die Talentschmiede für einen der potenziell lukrativsten

Märkte der Welt zu werden? Und welche Rolle spielen die geistes- und sozialwissenschaftlichen Disziplinen in diesen Prozessen, wenn die Expertise stark über die Natur- und Lebenswissenschaften sowie die *Computer Sciences* konstruiert wird?

Ungeachtet der Tatsache, dass es gut ist, dass Hochschulen mit der gebotenen Geschwindigkeit agiert haben, führte und führt diese Situation aber zu mindestens zwei großen Problemen. Zum einen sehen wir, dass das *KI-Rat-Race*, der Kampf, die erste Hochschule zu sein, gerade auch in einem föderalen System, zu fehlender Kollaboration und einer Vielzahl von parallelen Projekten führt. So baut z. B. fast jedes Bundesland an eigener KI-Infrastruktur für die jeweils eigenen Hochschulen. Dort, wo es Kooperationsprojekte gibt, fragen sich die einzelnen Hochschulen, ob man nicht doch schneller als die Partner*innen sein könnte, wenn man alleine agieren würde. Das führt, aufgrund der fast immer gleichen Anforderungen, leider in den meisten Fällen nicht zu mehr Innovation, sondern zu einer Verschwendung von Ressourcen, die ohnehin schon knapp bemessen sind. Hinzu kommt, dass die Arbeitsebenen, die sehr kooperativ unterwegs sind, keine Chancen haben, ihre Expertise zu teilen.

Zum anderen lässt sich beobachten, dass die eingeforderte Geschwindigkeit und die Sorge davor, zu langsam zu sein, nur schwer mit dem Qualitäts- und Reflexionsanspruch von Hochschulen zusammenpassen. Einerseits postulieren wir die Notwendigkeit einer kritischen und reflektierten KI-Bildung, welche die komplexen Chancen, Herausforderungen und Interdependenzen bedenkt, während wir gleichzeitig Qualitäts-, Sicherheits-, Nachhaltigkeits- oder Ethikbedenken verargumentieren, um nicht in ein von uns selbst konstruiertes Hintertreffen zu geraten.

Die Hochschulbildung steht hier vor einer großen Herausforderung und vor einer Reihe an potenziellen Widersprüchlichkeiten. Auf der einen Seite ist es dringend notwendig, KI als Teil der Hochschulbildung zu verstehen und schnellstmöglich die Rahmenbedingungen – technisch, rechtlich, didaktisch etc. – zu schaffen, um KI in ihr zu verankern. Auf der anderen Seite ist es gerade die Aufgabe der Hochschulbildung, bedacht, wissenschaftsgeleitet, wertegeleitet, zukünfteorientiert und auch mit hohem normativem Anspruch zu agieren. Beides zu vereinen kann unserer Ansicht nach nur gelingen, wenn wir es schaffen zu kollaborieren, Kompetenzen aufzubauen und strukturiert, nicht von der Goldgräber*innenstimmung geleitet, vorzugehen.

4.2.3 KI macht uns produktiver und effizienter

KI wird nahezu in allen Kontexten aus einer Produktivitäts- und Effizienzperspektive gelesen: Wie können wir mit und durch KI den Output vergrößern, und wie können wir mit weniger (Ressourcen-)Aufwand denselben Output erzeugen?

(Generative) KI kann diesem Wunsch in der Hochschulbildung sicherlich nachkommen. Wie Doris Weßels [2024: 8] beschreibt, ist KI wie „ein Tausendsassa“, der bei Routineaufgaben entlasten kann, aber auch „zugleich ganz neue Lehr- und Lernszenarien, z. B. durch ihre Multimodalität, aufzeigen kann“. KI-Tools können dabei in der Lehr- und Lernpraxis eine ganze Reihe an Aufgaben übernehmen bzw. im Sinne der Ko-Kreation unterstützen: angefangen bei der Ideengenerierung über die Gestaltung von Lehr-Lern-Materialien und die Beantwortung von Standardfragen bis hin zur Generierung von Übungs- und Prüfungsaufgaben und deren „Befeedbackung“ und Bewertung. Im Idealfall kann so Zeit gespart werden, die in die Begleitung von Lernenden und die Gestaltung von Lernprozessen fließen kann. Dabei geht es aber nicht nur um quantitative oder zeitliche Gewinne, sondern auch um eine Steigerung der Qualität. Mithilfe von generativer KI, z. B. in Kombination mit Learning Analytics, lässt sich etwa die Personalisierung des Lernens in bisher kaum zu erreichender Art und Weise vorantreiben.

Gleichzeitig müssen wir bei alledem aber darauf achten, dass die Produktivitäts- und Effizienzsteigerung durch KI nicht mit einer Rückkehr, genauer gesagt, einem Stehenbleiben, in alten didaktischen Mustern einhergeht. Die Versuchung, so Pratschke [2025: 23], „to replace learning design based on sound pedagogy with automated content generation from LLMs has the potential to be deeply damaging".

Das automatische Erzeugen von Lernvideos mit KI-Avataren spart Zeit, nimmt uns aber nicht ab, darüber nachzudenken, ob und wann ein Lernvideo das richtige Medium ist. Die Möglichkeit, gute Multiple-Choice-Aufgaben aus Lehr-Lern-Materialien zu generieren, spart viel Zeit, stellt aber mit Sicherheit keine Revolution der Prüfungskultur dar. Von KI generierte Lernziele, Seminarkonzepte oder Stundenverlaufspläne sind mit Sicherheit besser als keine Lernziele, Konzepte und Pläne, aber im Idealfall nur ein Startpunkt für die Arbeit. Kurz gesagt: Wir sollten aufpassen, die Produktivitäts- und Innovationskraft aktueller KI nicht mit didaktisch-pädagogischer Innovationskraft gleichzusetzen. Ebenfalls sollten wir den Einsatz von KI nicht mit Bildung oder Lernen gleichsetzen. Bildung und Lernen sind aktive Leistungen: „Auch KI ‚macht' keine Bildung, kann aber sehr wohl Bildung ermöglichen und Bildungsprozesse unterstützen" [Wollersheim 2023: 20].

Die Frage danach, wie KI in Arbeitskontexten wirkt – als neues Werkzeug oder als grundsätzliche Veränderung –, treibt nicht nur die Hochschulbildung um. In einer aktuellen Harvard Business Review Studie [Dell'Acqua et al. 2025], die mit 776 Mitarbeitenden von Procter & Gamble durchgeführt wurde, zeigte sich, dass der Einsatz generativer KI (GPT-4 oder GPT-4o) als „Cybernetic Teammate" die Performanz signifikant steigert, und KI bestimmte Vorteile menschlicher Kooperation replizieren kann. Überdies hat sich gezeigt, dass die Arbeit mit KI zu einem positiven emotionalen Effekt bei den Mitarbeitenden führt, die mit KI arbeiten. Für Ethan Mollick, der an der Studie beteiligt war, geht es daher weniger darum, KI als Werkzeug zu verstehen, sondern darum, fundamental über Arbeit und Arbeitsprozesse nachzudenken: „The future of work isn't just about individuals adapting to AI, it's about organizations reimagining the fundamental nature of teamwork and management structures themselves" [Mollick 2025]. Zu einer ähnlichen Einsicht kommen auch Chan und Colloton [2024: 83], die betonen, dass das wahre Potenzial von KI „its capacity to revolutionise" und nicht (nur) Wirksamkeit und Effizienz sei.

KI macht uns als Lehrende und Lernende produktiver und effizienter. Beides führt aber nicht automatisch zu besseren Bildungs-, Forschungs- oder Arbeitsergebnissen. Es scheint uns auch mit Blick auf das transformative Potenzial der Technologie daher wichtig, die gewonnene Zeit für die qualitative Verbesserung zu nutzen, und KI nicht nur als Werkzeug sondern als Moment der Veränderung und als Partner*in zu verstehen.

4.3 KI und das Lehren und Lernen

4.3.1 Lernende betrügen mit KI

Als ChatGPT das Licht der Welt erblickte, reagierten die Hochschulen und mit ihnen die Presse sofort. Es ging aber erst einmal nicht darum, welche neuen didaktischen Möglichkeiten entstehen könnten, oder welche Rolle generative KI beim Lernen spielen würde. Stattdessen standen drei Dinge offenbar fest: Generative KI kann genutzt werden, um zu betrügen – z. B. bei Haus- und Seminararbeiten oder bei Fernprüfungen. Studierende werden generative KI vor allem anderen nutzen, um zu betrügen. Wir als Hochschulen müssen ganz dringend Wege finden, um diesen Betrug aufzudecken und ihn zu verhindern. Infolgedessen war gerade die „Anfangszeit" der generativen KI vom Betrugsdiskurs bzw. der Frage nach Halt- und Vertretbarkeit sowie einem „‚Wettrüsten' zwischen Generierung und Erkennung" [Busse et al. 2023] geprägt.

Besonders eindrücklich wurden diese Reaktionen durch eine wachsende Zahl an Werkzeugen zur Erkennung von KI-generierten Inhalten und sogenannten *Humanizern* – KI-Tools, die KI-generierte Texte so anpassen, dass sie von Erkennungswerkzeugen nicht mehr als solche erkannt werden. Pratschke [2024:106] beschreibt diese Versuche sehr schön als „misadventures in AI detection" und weist darauf hin, dass es beim Assessment im Kern darum gehen sollte, relevante Kompetenzen zu demonstrieren und nicht darum, alte Assessmentformate irgendwie KI-sicher zu gestalten.

Bei alledem ist es wichtig, kurz darüber zu sprechen, was „Betrügen" in diesem Zusammenhang eigentlich bedeutet. In vielen Fällen wird fälschlicherweise davon gesprochen, dass Lernende generative KI nutzen würden, um zu plagiieren. Eigentlich bezieht sich dies jedoch auf eine Form des Ghostwriting: Teile einer Arbeit werden durch eine generative KI angefertigt. Ob diese Arbeit nun Plagiate, also von Dritten ungekennzeichnet übernommene Inhalte enthält, hängt davon ab, wie das KI-System arbeitet. Es geht hier also weniger um Plagiate als um die Frage, wo die Eigenständigkeit beginnt und endet. Diese Frage ist sehr viel schwieriger zu beantworten als die, ob jemand aus einer Quelle abgeschrieben hat. Im Kern gilt es also zu beantworten: Wie viel Ko-Kreation mit Dritten – ob Menschen oder KIs – ist zulässig? Wo sehen wir die Grenzen zwischen Systemen, die einen Text nur verbessern, und solchen, die einen Text schreiben? Wie geht man damit um, wenn man z. B. im Gespräch mit anderen eine kluge Idee entwickelt hat?

Die andere Art des Betrugs, der Einsatz von generativer KI zur Lösung von Prüfungsaufgaben, ist hingegen sehr viel einfacher zu benennen. Zahlreiche generative KI-Systeme können ohne Probleme Multiple-Choice-Tests lösen, Wissensfragen beantworten oder auch komplexe Übungs- und Prüfungsaufgaben lösen. War es früher z. B. in Open-Book-Klausuren noch notwendig, selbst nachzuschlagen, können agentische Systeme Prüfungen heute direkt im Browser für ihre Nutzer*innen ablegen. Eine Interpretation dessen besteht darin, dass solche Assessments nicht mehr ohne *Proctoring* durchgeführt werden können. Die andere Interpretation besteht darin zu hinterfragen, ob diese Assessmentformate dann überhaupt noch relevante Kompetenzen prüfen bzw. ob es sich jemals um gute Assessmentformate gehandelt hat.

Die „Lösung" für diese Herausforderungen ist eine, die von Hochschuldidaktiker*innen schon seit vielen Jahren gefordert wird: die Assessmentkultur zu erneuern und neue Formate des Assessments zu erproben und einzuführen. Im Zusammenhang mit KI wird dabei eine zentrale Herausforderung darin bestehen, KI-Kompetenzen zu messen bzw. die immer alltäglicher werdende Ko-Kreation mit KI im Assessment abzubilden. Wie kann und sollte also z. B. eine „Abschlussarbeit" aussehen, in der Lernende gleichzeitig demonstrieren können, dass sie über Forschungskompetenzen verfügen, eigenständig eine wissenschaftliche Arbeit anfertigen können und über die Kompetenzen verfügen, im Sinne der guten wissenschaftlichen Praxis mit KI-Systemen zusammenzuarbeiten?

Die Forschung zu Assessment bietet auf diese Fragen eine Fülle an Antworten und eine reiche Ideengeschichte, die lange vor moderner generativer KI beginnt. Selbstverständlich existieren auch bereits komplexe Frameworks wie das „AI Assessment Integration Framework" oder die „Six Assessment Redesign Pivotal Strategies", die versuchen, Assessment im Kontext generativer KI systematisch zu bearbeiten [Chan und Colloton 2024].

Eine Lösung kann darin bestehen, stärker auf sogenanntes **authentisches Assessment** [Elkhoury 2023], das einen starken Bezug zu echten Situationen aufweist, zurückzugreifen. Hier wird versucht, Kompetenzen in möglichst authentischen Situationen zu demonstrieren – im KI-Zeitalter beinhaltet das selbstverständlich auch die authentische Nutzung von KI-Tools durch Lernende und Prüfende. Hier ist es möglich, generative KI auch zu nutzen, um authentische Assessments durchzuführen: Es kann mündliche Prüfungen oder Debatten mit KI-Prüfer*innen geben, oder es können KI-generierte Szenarien und Simulationen genutzt werden (vgl. [Pratschke 2024: 103]). Barbara Geyer [2025], die auch auf den Unterschied zwischen Prüfungen in Präsenz und außerhalb der Präsenz hinweist, betont drei zentrale Punkte des KI-resilienten Assessments, die in der Debatte eine Rolle spielen. Es sind die prozessorientierten Ansätze, auf die wir setzen sollten. Die Dokumentation eines Schreib*prozesses*, mit oder ohne KI, zeigt, wie gearbeitet wurde. Das (KI-begleitete) Endprodukt steht damit nicht mehr im Fokus. Personalisierte und praxisorientierte Aufgaben, z. B. mit kleinen Forschungsprojekten im eigenen Umfeld, sind extrem authentisch und lassen sich kaum vollständig durch ein KI-System erledigen. Wie viele Kolleg*innen weist Geyer [2025] schließlich auf multimodale Elemente hin. Wenngleich es leistungsfähige **multimodale KI-Modelle** gibt, werden die Hürden erhöht, und z. B. Videos als Lernprodukte von und mit den Lernenden sind weiterhin schwer ohne jegliche Eigenleistung zu erzeugen. All diese Gedanken eignen sich, wie Geyer auch herausstellt, für den Einsatz im Kontext von z. B. projekt- und problembasiertem Lernen. Ein umfassendes Projekt lässt sich kaum „mal so" mit KI bearbeiten. Gleichzeitig können Lernende innerhalb der Projektarbeit demonstrieren, dass sie KI-Tools sinnvoll und reflektiert einsetzen können.

Ansätze im Assessment zu reformieren ist eine Notwendigkeit. Generative KI zwingt uns aber auch dazu, darüber nachzudenken, wie wir Assessments neu entwickeln und durchführen. Lehrende können generative KI nutzen, um Aufgaben zu generieren und auch, um z. B. Arbeiten zu bewerten. Gleichzeitig erweitert sich der Assessment-Werkzeugkasten. Wir sind heute etwa zum ersten Mal in der Lage, auch in asynchronen Onlinekursen komplexe Assessments automatisiert durchzuführen. Wir können z. B. Freitexte und multimediale Inhalte bewerten, Prüfungsgespräche mit Chatbots führen oder sogar Szenarien, z. B. mit simulierten Charakteren, durchspielen. Trotz dieser Möglichkeiten besteht aber die Gefahr, dass die Verfügbarkeit generativer KI traditionelle Assessmentformate stärkt. Wenn Multiple-Choice-Aufgaben generiert und Hausarbeiten automatisch bewertet werden können, ist es verlockend, die Formate gleich zu halten und die Zeitersparnis dankend anzunehmen. Pratschke [2024: 93] spricht in diesem Kontext auch von „Stop-Gap Measures" und weist darauf hin, dass auch etwa die Rückkehr zu Stift und Papier in erster Linie einen Versuch darstellt, die Integrität von Prüfungen zu erhalten, anstatt über neue Assessmentformate nachzudenken.

Generative KI hat es einfacher gemacht, in traditionellen Assessmentformaten einen (illegitimen) Vorteil zu erlangen. Dabei könnte man aber auch behaupten, dass es sich um eine Demokratisierung handelt – auch wenn dies etwas polemisch ist: Ghostwriting ist wahrlich kein neues Phänomen, und gerade Studierende aus bildungsnahen Familien haben sicherlich auch in der Vergangenheit schon Lektorate erfahren, die nicht nur Rechtschreibfehler und Satzstruktur korrigierten. Im Kern der Debatte steht aber die notwendige Reform der Lern- und Assessmentkultur sowie die Erprobung und Etablierung von authentischen, kompetenzorientierten und lernförderlichen Assessmentformaten. Diese Debatte ist durch die KI nochmals stark befeuert worden.

4.3.2 KI führt zu mehr Bildungsgerechtigkeit

Bildungsgerechtigkeit wird üblicherweise im Sinne der Chancengleichheit in einem Bildungssystem verstanden. Diese kann sich auf den Zugang zu und die aktive Teilhabe an Bildung, aber auch z. B. den Umgang mit individuellen Bedingungen beziehen. Johannes Giesinger [2007: 379] denkt zudem die Bildungsresultate mit und hält fest: „Gerechtigkeit in Bezug auf Bildung ist hergestellt, wenn jedes Kind ein Bildungsniveau erreicht, das ihm ein gutes Leben in einer modernen Gesellschaft ermöglicht." Mit Blick auf die postdigitale KI-Welt ergibt sich damit natürlich auch ein inhaltlicher Anspruch an Bildung: Diese muss es allen Menschen, nicht nur Kindern, ermöglichen, ein gutes Leben in der KI-Welt zu führen. Das ist hier aber nur ein Nebengedanke.

KI hat in mehreren Hinsichten das Potenzial, Bildung gerechter zu machen und Bildung zu demokratisieren. Erstens kann KI das Lernen verändern: Lernprozesse können flexibler, adaptiver und personalisierter gestaltet werden. Dabei kann sowohl eher traditionelle KI, z. B. mit Blick auf Learning und Assessment Analytics, als auch generative KI, z. B. zur Personalisierung von Lerninhalten, zum Einsatz kommen. Zweitens kann mithilfe von KI die Barrierefreiheit massiv erhöht werden. Es war noch nie so einfach, Untertitel oder Alternativtexte zu erzeugen, Metadaten zu erzeugen, das Niveau von Inhalten anzupassen (z. B. einfache Sprache) oder (Bildungs-)Technologie mit der Stimme zu steuern. Drittens kann durch Zeitgewinne, gerade für Lehrende, Raum für die individuelle Auseinandersetzung und die echte Begleitung von Lernprozessen gewonnen werden. Schließlich gibt es insbesondere durch generative KI zum ersten Mal die Möglichkeit, alleine und doch gemeinsam zu lernen. So können KI-Tutor*innen etwa die Lücke zwischen denen schließen, die Zugriff zu Nachhilfe, Expert*innen etc. haben, und denen, die das nicht haben. So können wir auch an großen Institutionen dem Traum von individueller und personalisierter Betreuung und Begleitung ein Stück näher kommen.

Salman Khan [2024: xxviii] denkt diese Entwicklungen zudem auch global: „AI might hasten learning globally and even get us closer to realizing a world in which every person on earth had access to affordable world-class learning." Damit eröffnet er eine wichtige Perspektive, denn der Einfluss von KI auf die Hochschulbildung ist mit relativ großer Wahrscheinlichkeit nicht gleich verteilt. Einerseits gibt es die oben angesprochene Schere zwischen denjenigen mit KI-Zugang und KI-Kompetenzen und denjenigen ohne die Perspektive, die mindestens auch eine globale und postkoloniale Perspektive hat. Gleichzeitig stellt KI aber gerade für Regionen mit weniger gut ausgestatteten Bildungssystemen eine potenziell größere Chance und Disruption dar als für „uns", die Hochschulbildung meist im Kontext hoch entwickelter und gut ausgestatteter Bildungssysteme denken. Für KI gilt: „[It] can revolutionize the educational landscape within resource-constrained settings" [Khan et al. 2024: 6]. Außerdem kann KI einen echten Hebel darstellen, gerade wenn es nicht um die Frage geht, wie (institutionelles) Lernen besser gemacht werden, sondern ob es überhaupt stattfinden kann.

Bei allen beschriebenen Chancen ist die Erhöhung der Bildungsgerechtigkeit durch KI aber kein Selbstläufer, und es bestehen auch konkrete Risiken, dass wir das Gegenteil sehen werden. Dabei müssen wir zum einen auf den Zugang zur Technologie und zum anderen auf die Kompetenzen von Lehrenden und Lernenden blicken. Es besteht ein echtes Risiko, dass sich die Schere, gerade aufgrund des Potenzials der Technologie, vergrößern wird, wenn der Zugang zu (generativer) KI nicht gleich verteilt ist. Das betrifft sowohl Institutionen als auch individuelle Lernende – etwa mit Blick auf die Frage, welche Lernenden sich teurere Zugänge leisten können und welche nicht. Gleiches gilt für die Kompetenzen: Wer verfügt über die digitalisierungsbezogenen Kompetenzen bzw. KI-Kompetenzen, um die Vorteile möglichst gut auszuspielen, und was passiert mit denen, die diese nicht oder nur in geringerem Maße haben oder erwerben können? Auch aus diesem Grund sehen wir den Kompetenzerwerb als einen der größten Hebel zur Erlangung von Souveränität und mehr Bildungsgerechtigkeit. Wir haben diesem Bereich daher auch ein ganzes Kapitel gewidmet (▶ siehe Kapitel 7). Denn gerade im Kontext der Hochschulbildung können sich diese Effekte potenziell verstärken, wenn man die Bedeutung von KI für die Forschung bedenkt. Wenn Hochschulbildung insbesondere auch auf den Aufbau von Forschungs- und Wissenschaftskompetenzen abzielt, und Forschungsprozesse zunehmend KI-lastig werden, ist es umso wichtiger, dass der Umgang mit KI und entsprechenden KI-Tools Bestandteil der Hochschulbildung ist.

Neben den genannten Faktoren ist zudem zu bedenken, dass KI auch außerhalb der Lehre und des Lernens auf die Bildungs(un)gerechtigkeit Einfluss haben kann. In dem Moment, in dem KI-Systeme verstärkt in Benotungs- und Auswahlprozessen zum Einsatz kommen, besteht zunehmend die Gefahr, dass ungewollter Bias (▶ siehe Kapitel 3) die Bildungschancen von Menschen beeinflusst.

Mara Fischer [2024: 32] bringt die Komplexität im folgenden Zitat mit Blick auf die Schule auf den Punkt: „Auf der einen Seite kann KI den individuellen Lernprozess fördern und überwindet dabei die traditionellen Einheitsgrößen-Ansätze, auf der anderen Seite kann sie jedoch auch die Unterschiede durch den Mangel an Zugang und digitaler Kompetenz vieler Schüler verschärfen." Wichtig dabei ist aus unserer Sicht aber v. a., dass es in der Hand der Hochschulen liegt, die Potenziale auszunutzen, denn die angesprochenen Risiken sind größtenteils nicht „der KI" inhärent, sondern das Ergebnis einer institutionellen Depriorisierung von KI. Privilegierte Studierende (und Lehrende) werden KI, die schon heute extrem kommodifiziert ist, unabhängig von der Hochschulstrategie, wenn es sie überhaupt gibt, nutzen. Dafür kann man ihnen keinen Vorwurf machen. Jedoch wird sich die Kluft zwischen denen mit Zugriff und Kompetenzen und denen ohne vergrößern, vor allem mit Blick auf die Chancen, aber auch den Lernerfolg.

4.3.3 KI führt zu einem Verlust von Kompetenzen

1986 demonstrierte eine Gruppe von Mathematiklehrer*innen in den USA gegen die Einführung des Taschenrechners in der Grundschule. Sie waren überzeugt, dass der Einsatz der Technologie dazu führen würde, dass Schüler*innen wichtige Kompetenzen nicht mehr erwerben würden (vgl. [Hochman 1986]). Die Sorge darum, dass menschliche Fähigkeiten durch die Einführung neuer Techniken einen Verfall erleiden, hat tiefe historische Wurzeln. So zitiert Esposito [2024: 18] Platons *Phaedrus*, in dem Platon seine tiefe Beunruhigung über die Einführung eines neuen Kommunikationstools, der Schrift, zum Ausdruck brachte. Er befürchtete, dass damit eine grundlegende Fähigkeit des Menschen, nämlich durch das Gedächtnis zu memorieren, verloren ginge, würde man dies einem externen Medium anvertrauen. Eine ähnliche Debatte erleben wir aktuell zum Thema KI: Unter dem Begriff des „Deskilling" [Deutscher Ethikrat 2023] wird verhandelt, welche individuellen und gesellschaftlichen Folgen der Wegfall von Kompetenzen haben kann, wenn die sogenannte Maschine alles kann.

In einer KI-Welt scheint es so, als würden bestimmte Kompetenzen nicht mehr im selben Maße notwendig sein und infolgedessen nicht mehr erlernt (werden müssen). Die nicht mehr oder nur noch weniger notwendigen menschlichen Kompetenzen „werden dann nämlich nicht mehr ein- und ausgeübt und gehen in der Folge faktisch oder als Möglichkeit verloren – für die Gesellschaft und für den Einzelnen" [Reinmann 2023: 2]. Warum sollte man noch lernen, im Kopf zu rechnen, wenn man einen Taschenrechner (oder ein Smartphone) hat? Warum sollte man noch einüben, wie man Texte zusammenfasst, wenn LLMs das sehr viel schneller und z. T. besser können? Warum sollte man noch lernen, selbst nach Informationen zu recherchieren, wenn Systeme wie die von Perplexity oder OpenAI in Kürze ganze Forschungsberichte anfertigen können?

Solche Fragen sind, wie das Taschenrechner-Beispiel und auch das historische Beispiel zeigen sollen, nicht neu. „Technologically induced deskilling" [Rafner et al. 2021: 26] ist kein neues Phänomen. Technologischer Fortschritt hat schon immer dazu geführt, dass bestimmte Kompetenzen und Aufgaben weniger wichtig wurden, und andere an Bedeutung gewonnen haben. Im Vergleich zu vorhergehenden disruptiven Veränderungen stehen wir im Kontext der (generativen) KI aber vielleicht zum ersten Mal einem „Angriff" auf im Kern menschliche Fähigkeiten gegenüber. Es steht zur Frage, ob wir zentrale Aufgaben, die auch, wie die Wissensproduktion, tiefe soziale und gesellschaftliche Folgen haben, abgeben wollen und sollen. Das ist wichtig zu erläutern, denn es handelt sich hier nicht um mechanistische Tätigkeiten, die wir gerne und relativ unkritisch an Maschinen abgeben können. Dementsprechend ist der „Deskilling"-Diskurs auch besonders wichtig, auch wenn er im Vergleich zur Diskussion zu (Up-)Skilling eine viel kleinere Rolle einzunehmen scheint.

Die Hochschulbildung muss es also schaffen, Ansätze dafür zu finden, die Kompetenzentwicklung in KI-Zeiten sinnvoll zu gestalten. Dabei darf weder ignoriert werden, dass es KI gibt, noch darf einfach der Rotstift angesetzt werden. Wir müssen die Kompetenzen ausbilden, die es uns ermöglichen, KI-Systeme sinnvoll (zur Ko-Kreation) zu nutzen, diese zu überwachen und notfalls auch einzuspringen, sollte die Technik versagen (▶ siehe Kapitel 7). Gerade der erste Punkt kann auch ein starkes Argument für den Aufbau von Wissen und Basiskompetenzen sein: Wer produktiv mit einem KI-System arbeiten möchte, muss ein Grundverständnis von der Thematik mitbringen und beschreiben können, was gewünscht ist.

Derzeit existiert eine Reihe an Lösungsansätzen. Diese reichen von Regulation (z. B. einer Beschränkung der Nutzung von KI) über die Förderung der KI-unabhängigen Kompetenzentwicklung inklusive einer passenden Prüfungskultur bis hin zu einer Betonung der menschlichen Vernunft und der Aufwertung sozialer Beziehungen (vgl. [Reinmann 2023]). Wichtig erscheint es uns jedoch, dabei immer im Bewusstsein dessen zu handeln, dass es KI gibt. Das bedeutet auch, dass wir Lernenden (und vermutlich auch uns) gute Argumente liefern müssen, warum es weiterhin unumgänglich ist, sich Wissen anzueignen und Kompetenzen aufzubauen, die in der Theorie auch per Knopfdruck verfügbar sind.

Am Ende geht es vermutlich immer um die Reflexion der Beziehung von dem, was gerne als Mensch-Maschine-Interaktion bezeichnet wird, sowie der jeweiligen Rollen, Ziele und Erwartungen. Besonders relevant erscheint uns dabei zu sein, dass wir die Frage danach, welche Kompetenzen wichtig sind, nicht mehr wichtig sind oder (wieder) wichtiger werden, nicht ausschließlich an z. B. ökonomischen Bedarfen festmachen. Stattdessen sollte es darum gehen, welche Kompetenzen notwendig sind, um in einer postdigitalen KI-Welt souverän und ko-kreativ mit KI leben und handeln zu können. Auch dies beschreiben wir ausführlicher in ▶ Kapitel 7.

4.3.4 KI-Kompetenz ist die Zukunftskompetenz

Wie oben bereits beschrieben, ist ein zentrales Bildungsziel der (post-)digitalen Bildung die Befähigung zum souveränen Handeln in einer postdigitalen KI-Welt (vgl. [Busse et al. 2021]). Dementsprechend steht immer wieder die Frage im Raum, welche Kompetenzen besonders zukunftsrelevant sind und auf die Förderung welcher Kompetenzen Hochschulen ihr Augenmerk legen sollten. Diese Überlegungen reihen sich selbstverständlich auch in die lange Diskussion über sogenannte **Future Skills** (vgl. z. B. [Koch et al. 2024]) ein.

Spätestens im Zuge des KI-Booms der letzten Jahre hat sich der Diskurs dahingehend bewegt, dass KI-Kompetenzen als zentrale, wenn nicht sogar *die* „Zukunftskompetenzen" verstanden werden. Das wird, etwa in einer Studie des Stifterverbandes, auch wirtschaftlich begründet: „Deutschland muss erheblich in seine KI-Kompetenzen investieren, um international wettbewerbsfähig zu bleiben" [Rampelt et al. 2025: 13]. Der europäische AI Act, der in Artikel 4 explizit „ein ausreichendes Maß an KI-Kompetenz" [Europäische Union 2024] einfordert, befeuert die Diskussion ebenfalls weiter und macht deutlich, dass wir nun rechtlich dazu verpflichtet werden, diese Kompetenzen für alle auszubilden.

Völlig ungeachtet dessen, dass der kompetente Umgang mit KI oder die Einordnung von KI etc. größte Bedeutung haben, steht die Frage im Raum, wie dezidierte „KI-Kompetenzen" (oder, je nach Ansatz, **KI-Literacy**) aussehen und inwiefern sie sich von anderen Kompetenzmodellen abgrenzen lassen. Die Frage ist, so Černý [2024: 6], „whether AI literacy is a new literacy, a component of a multiliteracy structure, or something completely new."

Die UNESCO, die hier beispielhaft steht, begründet ihre neuen Kompetenzmodelle mit der Besonderheit von KI: „AI is distinct from other digital technologies due to its potential to profoundly reshape societies, economies and education systems" [UNESCO 2024a]. Ehlers et al. [2024a:4] haben auf der Basis des disruptiven Transformationspotenzials der KI in ihrer AIComp-Studie und dem daraus resultierenden Kompetenzmodell Future Skills mit folgendem Schwerpunkt erforscht: „Future Skills essential for shaping a living and working environment influenced by artificial intelligence". In ▶ Kapitel 7 legen wir weitere Ansätze dar, die einen ähnlichen Weg gehen und betonen, dass KI als eigenständiges Phänomen betrachtet werden sollte.

Im „Kompetenzendiskurs"„ haben diese Ansätze ihre Berechtigung und leisten einen wichtigen Beitrag dazu, das Themenfeld KI besser zu verstehen und Kompetenzen vermitteln und aufbauen zu können. Innerhalb dieses Diskurses steht auch die Frage im Raum, welche Kompetenzen wirklich neu sind. Ohne in die sehr komplexe Kompetenzdiskussion einzusteigen, sind die Grenzen hier nicht immer klar zu fassen. Während Kompetenzfelder wie „System-design Competence: Design AI-Systems" [Ehlers et al. 2024b], „Understanding AI Concepts" [Chan und Colloton 2024] oder „Understanding AI and Data" [Digital Education Council 2025] auf den ersten Blick nachvollziehbar sind, adressieren nahezu alle Kompetenzmodelle auch z. B. kritische Medien-, Daten- und Ethikkompetenzen. Hier könnte man kritisch fragen, ob es sich um alten Wein in neuen Schläuchen handelt. Gerade in der Hochschulbildung sind die kritische Auseinandersetzung mit Quellen und Wissensprodukten, die ethisch-moralische Hinterfragung der (technologischen) Praxis oder die Kommunikation und Kollaboration seit jeher zentrale Bildungsziele.

Selbstverständlich bietet es sich an, etablierte Fragen auch dezidiert aus der KI-Perspektive zu lesen und zu beschreiben. Es ist wichtig, die Kompetenz auszubilden, den Output von KI-Systemen kritisch hinterfragen und nutzen zu können. Dazu braucht es auch z. B. ein Verständnis über die Funktionsweise des KI-Systems. Dennoch erscheint es uns wichtig, zukunftsrelevante Kompetenzen nicht ausschließlich anhand aktueller Trends – z. B. gestern die digitale Transformation, heute KI – zu definieren, sondern den Blick auf übergreifende Bedarfe und Muster zu werfen und dabei zukunftsrelevante Kompetenzen auch immer im Sinne des Foresight im Blick zu haben (vgl. [Kleiber et al. 2024]).

Schließlich zeigt sich im Diskurs über die Bedeutung und Definition von KI-Kompetenzen auch die Komplexität des Themas sowie der Einfluss der Technologie. Man könnte KI-Kompetenzen ganz eng an der Methodik, Technik oder auch Nutzung entlang denken. Gleichzeitig bedarf es, wenn wir vom souveränen Handeln in einer postdigitalen KI-Welt sprechen, aber eben auch ganz anderer Kompetenzen, die z. B. auf rechtliche, soziale, ethische, politische, wirtschaftliche, nachhaltigkeitsbezogene etc. Fragen abzielen. Diese sowie die inhaltlich-thematischen Komponenten der KI-Kompetenz werden wir im Detail in ▶ Kapitel 7 darlegen.

4.3.5 KI verändert das Lehren und Lernen vollständig

Priten Shah [2023: 221] schließt ihr Buch über die Zukunft der Bildung in Zeiten von KI mit den Worten: „It is certain that teaching will always play a central role in our society, but what and how we teach will never look the same again in the age of AI." Salman Khan [2024] beantwortet die Frage nach der Rolle von KI in der Bildung schon im Untertitel seines Buches „How AI Will Revolutionize Education (and Why That's a Good Thing)".

KI hat, und hier würden wir uns anschließen, definitiv das Potenzial, die Bildung und das Lehren und Lernen vollständig und tiefgreifend zu verändern. Eine zentrale Frage bleibt dabei aber, wo, in welcher Form und durch wen dies passieren wird. Das individuelle Lernen, gerade auch in informellen Lernsituationen, wird sich vollkommen transformieren. Denken wir nur allein an die Möglichkeit, einem KI-System Fragen zu stellen, Bilder zu zeigen oder in den Dialog zu treten. Dies und weiteres verändert alles. Khan [2024: 8] stellt daher auch zurecht die Frage, was passieren möge, wenn alle Lernenden dieser Welt Zugriff auf personalisierte KI-Tutor*innen haben könnten und werden.

Diese Möglichkeiten und weitere generelle Veränderungen, die sich auf die Wissensproduktion und den Umgang mit Wissen auswirken, werden Bildungseinrichtungen, gerade auch Hochschulen, unter Druck setzen. Noch weniger als bisher werden Lehrende Wissensautoritäten sein. Hochschulen werden ebenso wenig als einzige Orte fungieren, an denen weiterführende Bildung stattfinden kann. Beide sind Teil eines komplexen und hybriden Bildungssystems, in welchem sich ihre bisherigen Rollen fundamental verändern. Diese Transformation interagiert mit dem bisherigen Wandel in Bildung und den dazugehörigen Rollenverständnissen, so z. B. „dem Shift from Teaching to Learning“ [Barr und Tagg 1995]. Wie schon gesagt, müssen wir uns jetzt auf eine Welt einstellen, in der Menschen und Maschinen in Symbiose arbeiten und lernen [Pratschke 2024: 6]. Selbstverständlich verändert sich auch das ganz praktische Lehren und Lernen, wenn z. B. KI-Tools omnipräsent sind. Ungeachtet der wichtigen Debatten darüber, ob es auch beispielsweise KI-freien Unterricht braucht, erscheint uns dies eine gute Entwicklung zu sein: Warum sollten Lehrende nicht KI einsetzen, um das Lernen vielfältiger, inklusiver oder personalisierter zu gestalten? Warum sollten Lernende nicht KI einsetzen, um Antworten auf ihre Fragen zu bekommen, Inhalte zu wiederholen oder auf eine Prüfung zu lernen? Warum sollten wir nicht auf Learning Analytics zurückgreifen, um Lernprozesse zu optimieren und Lehrende und Lernende zu unterstützen?

All diese Veränderungen, die Revolution der Bildung, werden und müssen aber nicht von selbst geschehen. Insbesondere Hochschulen, die mit ihrem Forschungsbezug an der Spitze der Entwicklung stehen könnten, sollten und können mitbestimmen, inwiefern KI das Lehren und Lernen und die Bildung verändern wird. Unserer Auffassung nach ist es die Aufgabe von Hochschulen und von Lehrenden, das Lehren und Lernen besonnen, wissenschaftsbasiert und im Sinne der Menschen und des Planeten zu gestalten. Das bedeutet auch, nicht aus dem Blick zu verlieren, dass KI zwar disruptives Potenzial hat, aber nicht verändert, was gute Didaktik ausmacht, wie gutes Lernen aussieht, und uns auch nicht abnimmt zu bestimmen, welche Kompetenzen heute und in Zukunft wichtig sind. Ebenso ist es notwendig, dass gerade Lehrende kontinuierlich didaktisch-pädagogische Abwägungen treffen, z. B. wann der Einsatz von generativer KI sinnvoll ist, und Lernende dabei begleiten, in einer KI-Welt gute Entscheidungen zu treffen und nicht den Überblick zu verlieren.

Auch wenn oder gerade weil sich Hochschulen häufig langsamer bewegen, müssen Hochschulen herausarbeiten, weshalb ihre Bildungsmodelle auch trotz KI wertvoll sind und wie diese durch KI noch besser werden können. Es ist ihre Aufgabe, die technologische Entwicklung zu begleiten, aber gleichzeitig sicherzustellen, dass die menschliche Interaktion, die Kern von vielen Bildungsprozessen ist, nicht marginalisiert wird.

4.4 Zusammenfassung und Fazit

Wir haben dieses Kapitel bewusst „Viel Lärm um KI" genannt, weil wir beobachten, dass sich die Hochschulbildung – wie eigentlich die gesamte Gesellschaft – weiterhin in einem Diskussions- und Aushandlungsprozess zur Rolle von KI in der Hochschulbildung befindet. Das ist erwartbar und ein Zeichen der Wissenschaftlichkeit, die bestimmend für die Hochschulbildung ist.

Wir haben an den beispielhaften Diskursen gezeigt, dass es auf ganz unterschiedlichen Ebenen Diskussionen und zum Teil auch widersprüchliche Standpunkte gibt. Das beginnt bei der Rolle des Menschen und der Bedeutung von KI und geht über die Positionierung der Hochschulen und der Chancen und Risiken hin zu Fragen, die direkt das Lehren und Lernen betreffen.

Selbstverständlich handelt es sich hier nur um einen kleinen und selektiven Einblick. Dieser soll zum einen die Komplexität des Themenfelds aufzeigen und zum anderen für die Vielfalt der Positionen sensibilisieren. KI ist auch im Kontext der Hochschulbildung auf verschiedenen Ebenen politisch und von unterschiedlichsten Interessen geprägt, z. B. an individueller und institutioneller Profilierung oder der Goldgräber*innenstimmung. Dazu passend gibt es einen weiteren Diskurs über die Deutungshoheit, den wir nicht im Detail ausgeführt haben. Die Zahl der selbst ernannten KI-(Bildungs-) Expert*innen und Anbieter*innen von magischen KI-Tools für die Bildung ist rasant angewachsen. Viele davon mit wertvollen Ideen und Beiträgen, andere mit dem klaren Ziel, den KI-Hype mitzunehmen. Sie alle treffen auf ein Umfeld, das weiterhin von Unsicherheiten, fehlenden Kompetenzen und der Angst, zu spät oder falsch zu handeln, geprägt ist.

Umso wichtiger erscheint es uns, gerade für Entscheidungsträger*innen und Lehrende, einen klaren Blick auf unterschiedliche Perspektiven zu haben. Dieser Blick, der sich nicht auf einzelne Perspektiven, Ideen und Erzählungen beschränkt, wird notwendig sein, um in diesem hochdynamischen Feld gute Entscheidungen zu treffen und Lernprozesse zu gestalten und zu begleiten.

Nutzen Sie das Arbeitsblatt zum Kapitel, um anhand einer Reihe von Reflexionsfragen noch einmal aus Ihrer (angestrebten) Rolle über die Inhalte zu reflektieren. Neben der eigenen Auseinandersetzung eignen sich die Reflexionsfragen auch als Impulse für spannende Diskussionen zum Thema.

Perspektiven auf KI in der Bildung

5

5.1 **KI muss multiperspektivisch betrachtet werden** 74

5.2 **Perspektiven auf KI** 75

5.3 **Zusammenfassung und Fazit** 93

Eines der Hauptziele dieses Buchs ist es, Orientierung zu geben und das breite Felder KI in der Hochschulbildung, zumindest in einem ersten Versuch, zu strukturieren. Vor dieser Aufgabe stehen wir auch in unserer täglichen Arbeit, jüngst bei dem Unterfangen, eine umfassende und möglichst zukunftssichere KI-Strategie für die Universität zu Köln zu entwickeln.

5.1 KI muss multiperspektivisch betrachtet werden

Wir haben bereits in den vorangegangenen Kapiteln gesehen, dass KI, gerade auch im Kontext der Hochschulbildung, ein komplexes Phänomen ist. Um KI verantwortungsbewusst und reflektiert einzusetzen oder auch weiterzuentwickeln, bedarf es einer multiperspektivischen Betrachtung. Das mag, insbesondere wenn es um kommodifizierte und extrem nutzer*innenfreundliche generative KI-Tools geht, erst einmal gar nicht so erscheinen. Es gibt nur wenige Technologien, die auf den ersten Blick so intuitiv zugänglich sind wie ein generativer Chatbot. Ich frage ein KI-Tool wie ChatGPT nach einem Bild, nach einem interessanten Beispiel, einer Zusammenfassung eines Textes oder auch einer Stundenplanung für eine Seminarsitzung und innerhalb weniger Sekunden erhalte ich ein Ergebnis. Ich benötige das Ergebnis dann doch in englischer Sprache, und dazu stört mich eine Formulierung. Kein Problem, einen Prompt später ist das Problem gelöst.

In dieser Form der gerade dargelegten Strukturierung sowie einfachen Handhabe gilt das selbstverständlich nicht für alle KI-Anwendungen in der Hochschulbildung. Learning-Analytics-Systeme, KI-gestütztes Assessment, adaptive Lernsysteme oder auch KI-gestützte Medientechnik haben höhere Einstiegshürden als eine Konversation mit einem Chatbot. Nichtsdestotrotz ist KI zugänglich geworden, und gerade auch durch die Integration in bekannte Tools wird es dies immer mehr.

Während darin ein großes Potenzial für die Nutzung von KI in der Hochschulbildung steckt, besteht das Risiko, wichtige Perspektiven und Fragen in den Hintergrund zu rücken. Ein KI-Chatbot wie ChatGPT kann wertvolles Feedback zu einem Essay geben. Es ist aber nicht sofort ersichtlich, ob das Feedback wirklich treffend und frei von Bias ist, was mit den Lernendendaten passiert, wie die Nutzung aus der Perspektive der Nachhaltigkeit und des Well-Being zu betrachten ist oder, was es mit den Beziehungen und den Rollen macht, wenn eine Maschine die (Erst-)Bewertung vornimmt.

Gerade in Lehr-Lern-Kontexten müssen wir aber auch noch einen Schritt weiter gehen, und auch die Lehre und das Lernen bzw. ihre Gegenstände selbst aus KI-Perspektive reflektieren: „Es geht nicht ausschließlich darum, mit KI-Anwendungen Probleme gegebener Lehrszenarien und -ziele zu bearbeiten, sondern insbesondere auch darum, diese Szenarien und Ziele vor dem Hintergrund einer zunehmend KI-geprägten Gesellschaft auf ihren funktionalen Sinn und Mehrwert zu prüfen und selbst zum Gegenstand einer didaktischen Transformation zu machen“ [Wannemacher et al. 2025: 57].

Die umfassende Betrachtung von KI, ihrer Nutzung – auch im ganz praktischen (wissenschaftlichen) Alltag –, sowie der heutigen und zukünftigen Folgen ist eine notwendige Bedingung für einen sicheren, verantwortungsbewussten und informierten Umgang mit der Technologie. Sie ist selbstverständlich auch eine Bedingung dafür, andere in der Nutzung dieser mächtigen Technologie zu begleiten. Daher verstehen wir die multiperspektive Betrachtung von KI auch als Teil der zentralen KI-Kompetenzen, die es auszubilden gilt. Es ist wichtig, einen Gegenstand aus verschiedenen KI-Perspektiven kritisch betrachten zu können und damit den Einsatz von KI zu reflektieren.

5.2 Perspektiven auf KI

In der oben angesprochenen Strategieentwicklung an der Universität zu Köln haben wir uns auf die Suche nach einem Weg gemacht, um die Komplexität des Themas verstehbar und greifbar zu machen. Ein Resultat davon ist es, mit den schon zuvor angesprochenen KI-Perspektiven zu arbeiten. Eine KI-Perspektive, z. B. diejenigen, die wir als „KI aus der Perspektive des Lehrens" bezeichnen, ist dabei jeweils ein spezifischer Blickwinkel, den wir betrachten, sowohl hinsichtlich der Inhalte als auch der Priorisierung von Fragen auf das große Thema „KI in der Hochschulbildung" bzw. auch „KI in der Hochschule".

Die Perspektiven können dabei eine Doppelrolle einnehmen: Wir können uns fragen, welche Perspektiven notwendig sind, um ein konkretes Thema möglichst gut zu beleuchten. Dabei schließen wir z. B. Perspektiven ein, die es braucht, wenn wir uns mit Assessment auseinandersetzen. Sicherlich wären hier u. a. die Lehr- und Lernperspektiven, die Complianceperspektive und die Gerechtigkeitsperspektive wichtig. Gleichzeitig kann ein Thema wie Assessment aber auch eine Perspektive sein. Aus der Perspektive des KI-Assessment würde man z. B. anders auf Selbstlernangebote blicken, weil sich durch KI-gestützte Assessments Kompetenzen überprüfen lassen, die ansonsten menschliche Prüfer*innen brauchen würden.

Die Perspektiven erlauben es uns also, den Blick zu weiten, aber auch zu fokussieren. Sie können uns auch dabei helfen, die Sichtweise proaktiv zu verändern. Es kann z. B. sehr interessant sein, einfach einmal alle anstehenden Entscheidungen radikal aus der Perspektive des idealen Lernens und dann aus der Perspektive des Compliance-Risikos zu betrachten. In der Arbeit in Gruppen – ob in einer Lerngruppe oder auch mit Stakeholder*innen, die Entscheidungen treffen müssen – kann es auch gewinnbringend sein, die Perspektiven bewusst zu verteilen, um sich nicht zu sehr auf einen Blickwinkel zu begrenzen. So werden auch Konflikte und Diskussionspunkte deutlich. Ein Beispiel: Dass es Diskussionen zwischen denjenigen Vertreter*innen geben wird, die die Perspektive der Wirtschaftlichkeit betonen, und denjenigen, die die Perspektive der Experimentierfreude, inklusive einer entsprechenden Fehler- und Scheiternskultur, einnehmen, ist vorhersehbar.

Selbstverständlich ist in der Betrachtung der Perspektiven auch zu beachten, aus welcher Position und Rolle die jeweilige Perspektive beachtet wird. Lehrende werden nicht nur andere Perspektiven priorisieren als Hochschulleitungen, sie werden auch andere Fragen stellen. Daher ist es in der Arbeit mit den Perspektiven lohnenswert, auch über die (eigene) Positionierungen und Rollen, die eigenen Ziele und mögliche Zielkonflikte zu sprechen.

Im Folgenden werden wir eine Reihe von ausgewählten Perspektiven vorstellen. Dabei wird auch direkt eine Schwäche des Ansatzes deutlich: Es gibt eine sehr große Menge an möglichen Perspektiven, und diese lassen sich kaum überschneidungsfrei und mit absoluter Konsistenz beschreiben. Wir haben uns hier dazu entschlossen, Perspektiven zu wählen, die wir als besonders relevant für die unterschiedlichen Bereiche und Aspekte der Hochschulbildung sehen. Diese umfassen z. B. die Bildung, das Lehren und Lernen, aber auch etwa die Hochschulstrategie oder die Offenheit.

Wir werden jede Perspektive kurz einführen und neben einem Beispiel auch zentrale Fragen benennen, die man aus der jeweiligen Perspektive stellen könnte. Dabei ist es wichtig zu beachten, dass es sich um einen Ausschnitt handelt und die Perspektiven ergänzt sowie auf- und unterteilt werden können.

5.2.1 Zentrale Perspektiven für die Hochschulbildung

Im Folgenden beschreiben wir zuerst zentrale und vielleicht auch offensichtliche KI-Perspektiven auf die Hochschulbildung. Hier geht es in erster Linie um das Lehren und Lernen sowie die dazu notwendigen Bedingungen.

KI aus der Perspektive der Bildung

Bildung ist mehr als Lehren und Lernen – insbesondere mehr als Didaktik – und der Aufbau von Kompetenzen. Bildung hat, in der älteren begrifflichen (Humboldt'schen) Tradition, die Menschwerdung und in der modernen Lesart die „Förderung der Eigenständigkeit und Selbstbestimmung eines Menschen" [Raithel et al. 2009: 36] zum Ziel. So setzt sich die Bildungsperspektive erst einmal mit der Frage nach den Bildungszielen auseinander.

Ein Bildungsziel ist, wie oben schon beschrieben, die Befähigung zum souveränen Handeln in einer postdigitalen KI-Welt. Mairéad Pratschke [2025: 37] bringt es auf den Punkt und sagt: „Those who are AI literate have agency." Sie geht sogar noch weiter und leitet daraus ab, dass es Bildungsziel sei, Menschen zu befähigen, mit KI Gutes zu tun und zu schaffen – daher auch unser übergreifendes Ziel dieses Buches, durch KI und Bildung das Well-Being des Einzelnen, der Gesellschaft und des Planeten zu fördern. Damit geht die Bildungsperspektive natürlich weit über Fragen der didaktisch-technischen Nutzung von KI in der Hochschulbildung hinaus und stellt immer auch die Frage nach dem Zweck und der Wirkung von Bildung.

Neben der Definition der Bildungsziele verhandeln wir jedoch auch wichtige Fragen, die die Bildung und die Bildungswissenschaft selbst betreffen. So braucht es beispielsweise, Rapp et al. [2023: 33] folgend, „eine kritische Auseinandersetzung mit den in KI eingeschriebenen Werten, Normen und Annahmen sowie deren Reflexion im Zusammenhang mit bildungswissenschaftlichen Überlegungen". Kurz gesagt: Wir können und sollten uns die Frage stellen, wie sich unser Verständnis von Bildung als auch unsere Bildungstheorie verändert, wenn wir sie durch die KI-Brille sowie aus der Perspektive einer postdigitalen KI-Welt betrachten.

Die hier skizzierte Bildungsperspektive ist zum Beispiel wichtig, wenn wir über die Gestaltung und Profilierung des Lernangebots sowie die übergeordneten Bildungsziele der Hochschule nachdenken. Dabei geht es weniger um die Gestaltung einzelner Studienprogramme oder Lehr-Lern-Veranstaltungen, sondern z. B. auch um die systematische Förderung von Haltungen und Kompetenzen ungeachtet fachlicher Spezifitäten und Lernziele oder wirtschaftlicher Bedarfe. Wir müssen uns damit beschäftigen, wie Bildungsverständnisse und Bildungsprozesse gedacht, gestaltet und gelebt werden.

Beispielhafte Fragen für diese Perspektive könnten sein: Wie verändert KI das Bildungsverständnis und die Bildungsziele der Hochschule? Wie muss das Studium – inhaltlich, strukturell, sozial etc. – gestaltet sein, sodass es Menschen der KI-Welt souverän werden lässt? Wie verändern sich Bildungsprozesse mit Blick auf „human–

AI hybrid approaches“ [Holstein et al. 2020] und die Ko-Kreation von Mensch und Maschine?

KI aus der Perspektive des Lehrens

KI, insbesondere generative KI, kann Lehrende nicht nur entlasten, sondern auch die Lehre verändern und hoffentlich auch verbessern. Es ist dabei aber nicht einfach, klar zwischen Lehren und Lernen zu trennen – insbesondere, wenn wir von dem bereits erwähnten „Shift from Teaching to Learning“ [Barr und Tagg 1995] ausgehen. Aus diesem Grund betrachten wir „KI aus der Perspektive des Lehrens“ in erster Linie mit der Brille der Lehrenden und Learning-Experience-Designer*innen. KI kann Lehrende bei vielen ihrer Aufgaben und Tätigkeiten unterstützen. Bowen und Watson [2024] sprechen in diesem Zusammenhang von „AI-Assisted Faculty“ und halten fest, dass sich immer mehr und immer schneller neue Möglichkeiten herausbilden. KI kann uns als Lehrende z. B. bei der Recherche, der Erstellung, Optimierung und Anpassung von Lehr-Lern-Materialien, der Interaktion und Kommunikation mit Lernenden, der Gestaltung von (Prüfungs-)Aufgaben oder auch der Gestaltung von ganzen Veranstaltungs- und Sitzungskonzepten helfen.

Bowen und Watson [2024: 105] betonen in all dem den auch von uns postulierten Ansatz der KI-Ko-Kreation: „Maybe the most challenging thing is simply remembering to ask AI for assistance for things you've always done yourself.“ Dabei geht jedoch verloren, dass es durch die KI-Unterstützung möglich wird, Dinge zu tun, die vorher in vielen Fällen zu kompliziert oder zeitaufwendig waren. So können z. B. Beispiele und Aufgaben individualisiert und individuelle Forschungs- und Lernprojekte begleitet werden. Zudem wird möglich, auch in sehr kurzer Zeit neue Ideen oder Impulse umzusetzen. So stellt KI für Lehrende auch eine Möglichkeit dar, komplexere didaktische Ansätze wie das forschungsnahe Lehren und Lernen [Huber 2014, Reinmann 2020], die agile Hochschuldidaktik [Arn 2016] oder projekt- und problembasiertes Lernen breiter einzusetzen. Insbesondere unter diesem Gesichtspunkt ist auch die Hochschuldidaktik Teil der Lehrperspektive. Sie muss gleichzeitig beantworten, wie KI in den verschiedenen Fächern didaktisch eingesetzt werden kann, aber auch, wie eine KI-Didaktik in der Hochschule aussehen kann.

Neben der Unterstützung von Lehrenden steht auch immer wieder die Frage im Raum, ob KI Lehrende ersetzen kann und wird. Eine hilfreiche Sichtweise auf die Frage ist, dass es auf das angelegte Rollenverständnis und Aufgabenportfolio von Lehrenden ankommt. Viele angestammte Aufgaben von Lehrenden lassen sich schon heute automatisieren und es ist fraglich, ob die Rolle des*der Wissensvermittler*in – z. B. in einer klassischen Vorlesung – in einer KI-Welt mit individuellen KI-Tutor*innen und agentischen Deep-Research-Systemen bestehen kann. Technische Automatisierungen sind dabei aber kein neues Phänomen in der Hochschulbildung. Selwyn et al. [2023: 2] zeigen etwa am Beispiel von Lernmanagementsystemen: „[A]utomations have become quickly woven into the digital fabric of schools and universities to the point that they now pass unnoticed.“ Aktuell sehen wir, v. a. getrieben durch generative KI, eine beschleunigte Automatisierung sowie erstmalig auch eine echte „Bedrohung“ menschlicher Tätigkeiten und Brüche in der Annahme, dass eine vollständige Ersetzbarkeit von menschlichen Lehrenden unmöglich sei. Projekte wie der*die KI-Lernassistent*in Syntea der IU Internationale Hochschule [Möller et al. 2024] sowie unzählige Projekte mit Lehrrobotern und synthetischen Lehrenden, z. B. für Vorlesungen, zeigen, in welche Richtung die Entwicklung gehen kann.

Nichtsdestotrotz halten Gentile et al. [2023: 05] fest: „... the human factor is an irreplaceable characteristic of the teacher“. Dabei geht es aber weniger um die Rolle als Besitzer*in und Vermittler*in von Wissen, sondern um die Begleitung von Lernenden und deren Lern- und Bildungsprozessen. Daher schlagen die Autoren eine Veränderung der Lehrendenrolle vor: Lehrende nutzen KI und passen die Lernziele an die Realität der KI-Welt an. Sie wechseln aber auch von einem „disciplinary to a ‚humanistic‘ approach“ [Gentile et al. 2023: 12] und begleiten Bildungsprozesse und Menschen. In alledem gewinnt die Förderung von sogenannten 21st-Century Skills bzw. Future Skills an Bedeutung. Kurz gesagt: Lehrende werden zu Bildungs- und Lernbegleiter*innen, die sich der Potenziale und Folgen von KI bewusst sind und ihre „Lehre“ in diesem Bewusstsein gestalten. Bei alledem sollte es darum gehen, die Lehre zu verbessern und nicht nur Zeit zu sparen. Das kann gelingen, indem wir die Zeit- und Arbeitsersparnis nutzen, um unsere menschlichen Fähigkeiten stärker auszuspielen. In den Worten von Catlin Tucker [2023] bedeutet dies: „As AI technology advances, the human part of the work we do designing and facilitating learning is what will make us relevant in education.“

Neben der Veränderung der Lernendenrollen werden KI-Systeme aber in jedem Fall – und sei es durch Lernende, die eigenmächtig KI-Systeme einbringen – Einzug in unsere Lehr-Lern-Settings halten. Diese Erweiterung, die Pratschke [2024: 79] als „a third (or fourth, or fifth), possibly competing, presence“ bezeichnen, wird das Lehren und Lernen sowie das Rollengefüge in der Lehre fundamental transformieren. Dabei ist aber nicht zu vergessen, dass wir als Hochschulen bis zu einem gewissen Grad steuern können und müssen, wohin wir uns bewegen. Daher schließen wir uns Selwyn et al. [2023: 12] an, die argumentieren, dass eine der zentralen Fragen lautet: „What do we want automation in education to be, and what is required to make those automations a reality?“

Die Lehrperspektive lässt sich noch einmal am Beispiel der Gestaltung und Durchführung einer klassischen Lehrveranstaltung, z. B. einem Seminar, zusammenfassen. Lehrende können generative KI nutzen, um Ideen für das Seminar zu generieren, Inhalte zu recherchieren und Seminarsitzungen, inklusive des notwendigen Materials, zu entwickeln. In diesem Zusammenhang kann generative KI auch dabei helfen, zu individualisieren und zu differenzieren. In der Lehre können sich Lehrende fragen, wie sie KI nutzen können, um sich zu entlasten, etwa mit Blick auf Feedback oder die Betreuung von Lernenden. Selbstverständlich stellt sich auch die Frage, ob KI lehrendenseitig eine Rolle im Seminar spielt: z. B. als zusätzliche Stimme oder als Recherchewerkzeug. Schließlich kann KI auch für das formative und summative Assessment zum Einsatz kommen (siehe unten).

Beispielhafte Fragen für diese Perspektive könnten sein: Wie können Lehrende KI zur Entwicklung und Durchführung von Lehr-Lern-Veranstaltungen einsetzen? Welche Potenziale und Risiken entstehen durch den Einsatz von KI durch Lehrende? Wie verändert sich die Rolle von Lehrenden und Lernenden, wenn KI in die Lehre einzieht?

KI aus der Perspektive des Lernens

Die Lernperspektive verschiebt den Blickwinkel hin zu den Lernenden, welche in formellen (z. B. in einer Lehr-Lern-Veranstaltung) und weniger formellen Kontexten (z. B. beim Experimentieren mit KI-Tools oder im Gespräch mit anderen) lernen. Mit Blick auf den Gegenstand dieses Buches muss auch zwischen dem Lernen mit KI und dem Lernen von KI, also z. B. dem Erwerb von KI-Kompetenzen (▶ siehe Kapitel 7) unterschieden werden. Ebenfalls ist es wichtig, dass allein oder gemeinsam mit anderen – anderen Menschen oder Entitäten – gelernt werden kann.

Salman Khan [2024: 5] stellt in diesem Zusammenhang eine starke Behauptung auf: „Students who learn to use AI ethically and productively may learn not only at an exponentially higher rate than others but also in a way that allows them to remain competitive throughout their careers.“ Das Lernen mit und über KI ist demnach nicht nur ein Vorteil für das Berufsleben, sondern ein Lernbeschleuniger. Ein Blick in die Forschung zeigt, dass der konkrete Einfluss des Einsatzes (generativer) KI auf die Lernergebnisse weiterhin umstritten bleibt. Während Metastudien (vgl. [Zhu et al. 2025, Rong und Yu 2023]) zeigen, dass generative KI einen positiven Effekt auf das Lernen hat, zeigt sich, in erwartbarer Weise, dass es eine Vielzahl von moderierenden Faktoren gibt und der Teufel im Detail steckt. Aus diesem Grund fordern Bond et al. [2024: 1], ausgehend von einer großen Metastudie über das Forschungsfeld: „a solid research and conceptual grounding“. Sie betonen, dass es weiterhin signifikante ethische, methodologische und pädagogische Herausforderungen gibt.

Ungeachtet dessen scheinen Lernende die Vorteile generativer KI zu sehen. Für Studierende in Deutschland sind (generative) KI-Tools zu einem festen Bestandteil des Studiums geworden. Aktuelle Studien zeigen, dass bis zu 90 % der Studierenden KI-basierte Tools für ihr Studium nutzen und die Nutzung kontinuierlich zunimmt [Garrel et al. 2023, Garrel und Mayer 2025, Gottschling et al. 2024]. Dabei kommen KI-Tools am häufigsten für die Klärung von fachlichen Fragen bzw. Verständnisfragen, Recherche, Textarbeit, Übersetzung und Datenanalyse zum Einsatz [Garrel und Mayer 2025]. Gottschling et al. [2024] zeigen zudem, dass auch die Nutzung als „dialogischer Lernpartner“ verbreitet ist. Das ist nicht verwunderlich: Wer hätte sich nicht gewünscht, Lern- und Arbeitspartner*innen zu haben, die zu jeder Tages- und Nachtzeit Fragen, auch zum dritten Mal, beantworten, bei komplexen Aufgaben unterstützen, Informationen synthetisieren, Feedback geben und eine Hausarbeit auf den letzten Drücker Korrektur lesen. Parallel dazu profitieren Lernende von immer „klüger“ werdenden Systemen, die sie quasi im Hintergrund beim Lernen unterstützen: Die Recherche nach Literatur wird immer einfacher, die Bildungstechnologie wird zunehmend besser, und Learning Analytics können gezielt dabei helfen, Schwächen zu schwächen und Stärken zu stärken.

Eine ganz besondere Veränderung, die KI in der Hochschulbildung bringt, ist, dass KI Hochschulbildung zumindest bis zu einem gewissen Grad möglich macht, ohne in einer Hochschule eingeschrieben zu sein. Während es schon seit langem öffentliche Vorlesungsaufzeichnungen oder auch MOOCs gibt, blieben Lernende trotzdem meist alleine in ihrem Lernen oder lernten in erster Linie mit ähnlich qualifizierten Peers. Generative KI macht es jetzt zum ersten Mal möglich, auf einem sehr hohen Niveau alleine, aber eben nicht alleine zu lernen: „While human coaches and tutors will always be in demand, AI raises the floor for students who have very little access to personalized learning or world-class coursework“ [Khan 2024: 22].

Neben diesen offensichtlichen Vorteilen gibt es aber auch klare Zeichen, dass das Lernen mit KI im Idealfall pädagogisch-didaktisch begleitet werden muss. Das Lernen mit KI, gerade mit KI-Chatbots und KI-Assistent*innen, kann z. B. negative Effekte auf die Agency der Lernenden haben oder Fehlwahrnehmungen hinsichtlich der Schwierigkeit und des eigenen Könnens erzeugen. Es kommt auch dazu, dass Lernende KI-Tools zu viel Vertrauen schenken und in übermäßigem Maße kognitive Aufgaben abgeben, was wiederum dem Lernen schadet [Pratschke 2025: 27]. An dieser Stelle wird erneut deutlich, dass es weiterhin einen Platz für Lehrende gibt, welche Bildungs- und Lernprozesse gestalten und begleiten. Dabei spielen auch neue pädagogisch-didaktische Modelle wie z. B. der von Pratschke [2024] vorgeschlagene „Generativism“ eine Rolle. Dieser Ansatz, der eine Brücke zwischen der Lehr- und Lernperspektive sein kann, versteht Lernen als „generative activity“ [Pratschke 2024: 70] und verknüpft bestehende didaktische Frameworks sowie typische Lernaktivitäten konsequent mit generativer KI.

Zwei weitere zentrale Fragen bestehen darin, ob in der postdigitalen KI-Welt überhaupt noch gelernt werden muss und, falls dies der Fall ist, was gelernt werden muss. Die erste Frage hat eine historische Dimension und wird immer gestellt, wenn der Zugriff zu Informationen und Wissen – häufig verwechselt mit Lernen – oder die Bearbeitung von Aufgaben einfacher wird. Muss noch gelernt werden, wenn es Bücher gibt, in denen man Dinge nachschlagen kann, oder wenn Suchmaschinen Informationen in Sekundenschnelle auffindbar machen? Muss man noch Kopfrechnen können, obwohl es Taschenrechner gibt? Muss man mit Karte und Kompass navigieren können, wenn es GPS und algorithmische Routenplanung gibt?

(Generative) KI geht zugegebenermaßen, gerade in Kombination mit umfangreichen Wissensdatenbanken und agentischen Systemen, über alles hinaus, was wir bisher gesehen haben. Menschen, die Akteur*innen sein wollen, müssen aber weiterhin lernen. Fadel et al. [2024: 83f.] geben dafür eine ganze Reihe an Argumenten, die im Kern betonen, dass es beim Lernen um mehr geht, als nur Zugriff auf Wissen und Informationen zu haben. Darüber hinaus ist ein solides Allgemein- und Fachwissen eine Bedingung nicht nur zum Erlernen komplexerer Konzepte, sondern auch für die Nutzung von KI-Systemen und zur Einordnung von deren Ergebnissen.

Wie aber schon in ▶ Kapitel 4 diskutiert, müssen wir ernsthaft darüber nachdenken, welche Kompetenzen wichtiger werden und welche Kompetenzen an Bedeutung verlieren. Das betrifft insbesondere auch das Lernen von KI und den Erwerb von KI-Kompetenzen (▶ siehe Kapitel 7). Eine Antwort kann darin bestehen, sich auf die Bildung zu besinnen: „Education is NOT Training; Education is broad, and life-related at large“ [Fadel et al. 2024: 89]. Während etwa Fachkompetenzen, wie oben angesprochen, weiterhin ihre Bedeutung haben, wird es – dem Future-Skills-Diskurs folgend – z. B. zunehmend wichtiger zu lernen, wie man lernt, wie man kommuniziert, wie man komplexe Probleme systematisch (mit KI) löst etc.

Die Lernperspektive lässt sich noch einmal am Beispiel des sich verändernden Lernens in der Hochschule beispielhaft aufzeigen. Gehen wir noch davon aus, dass das Format der Vorlesung weiter angeboten wird, verändert sich das Lernen in dieser traditionellen Vorlesung dennoch, wenn wir sie aus Sicht von Lernenden mit KI betrachten. Zuerst einmal ist anzunehmen, dass sich die Vor- und Nacharbeit auf die Vorlesung fundamental transformieren wird: Lernende nutzen z. B. generative KI, um das Vorlesungsskript zusammenzufassen, Mindmaps zu erzeugen, Leitfragen zu generieren oder Verständnisfragen zu klären. Im Austausch mit persönlichen KI-Tutor*innen, die per RAG Zugriff auf die Lehr-Lern-Materialien, inklusive Aufzeichnungen der Vorlesung, haben, werden Fragen zu Texten und Foliensätzen geklärt, Übungsaufgaben bearbeitet und Klausuraufgaben oder mündliche Prüfungen geübt. Während der Vorlesung assistieren generative KI-Tools, eventuell auch basierend auf einer Live-Aufzeichnung, beim Anfertigen der Mitschrift und bei der Klärung von offenen Fragen. Sie stehen selbstverständlich auch als Tutor*innen bereit, die auch während der laufenden Vorlesung die Möglichkeit geben, über Inhalte zu reflektieren. In der heißen

Phase, kurz vor einem ebenfalls traditionellen Testformat wie der Klausur, lassen sich Lernende Übungsklausuren erzeugen und laden KI-Systeme in ihre Lerngruppen ein. Sie erhalten Feedback auf ihre Antworten – auch bei Freitextaufgaben. KI-Tools geben Empfehlungen zu Bereichen, in denen ein wenig mehr Wiederholung oder zusätzliche Lernmaterialien nicht schaden könnten. Manche Lernende nutzen vielleicht auch generative KI, um die Lehr-Lern-Materialien zugänglicher zu machen, etwa durch die Erzeugung von Untertiteln oder Bildbeschreibungen. All das könnte völlig unabhängig von den Lehrenden und deren didaktischen Designs passieren. Idealerweise würden Lehrende diese neuen Formen des Lernens und der Interaktion aber selbstverständlich mitdenken und Lernende gezielt dabei unterstützen, KI zur Verbesserung des Lernens einzusetzen.

Beispielhafte Fragen für diese Perspektive könnten sein: Wie verändert sich das Lernen mit KI und das Lernen von KI? Welche neuen didaktisch-pädagogische Ansätze gibt es für das Lernen in einer KI-Welt, und was bedeuten diese für die individuelle und institutionelle Praxis? Wie können wir Lernprozesse gestalten, die die Vorteile von KI ausspielen und die Nachteile abschwächen?

KI aus der Perspektive des Assessments

In der Kapiteleinleitung haben wir die Frage gestellt, welche Perspektiven man bräuchte, um das Thema Assessment umfassend zu betrachten. Gleichzeitig stellt das Assessment aber auch eine eigene Perspektive dar. In ▶ Kapitel 4 haben wir uns schon mit dem Diskurs der (angeblich) betrügenden Lernern und der Notwendigkeit neuer Ansätze und einer zeitgemäßen Prüfungskultur auseinandergesetzt. Ebenfalls haben wir uns mit der Frage beschäftigt, ob sich sogenannte Prüflinge von einem KI-System bewerten lassen sollten.

All das sind relevante Fragen aus der Assessmentperspektive. Wenn wir nun aber noch spezifischer durch die KI-Brille auf den Themenkomplex Assessment schauen, können wir uns die Frage stellen, welche neuen Assessment-Möglichkeiten sich durch insbesondere generative KI ergeben und wie sich der Assessment-Prozess durch KI verändern kann. Das betrifft die bereits oben angesprochenen Möglichkeiten hinsichtlich bisher nicht zu automatisierender Assessments (z. B. Freitexte, multimodale Aufgaben, „mündliche" Prüfungen) als auch die Gestaltung, Durchführung und Bewertung von Assessment im Ganzen. Beispielsweise kann KI eine zentrale Rolle spielen, wenn es um adaptive Tests, die sich den Lernenden anpassen, geht.

Assessment und Kompetenzorientierung sind dabei eng miteinander verbunden. Zum einen können KI-gestützte Assessments wie die angesprochenen adaptiven und multimodalen Tests dabei helfen, wirklich die Kompetenzen zu prüfen, die geprüft werden sollen. Zum anderen steht aber auch die Frage im Raum, wie man spezifische KI-Kompetenzen auch im Zusammenspiel mit „klassischen" Kompetenzen prüfen kann.

Ein Beispiel dafür und für die Assessment-Perspektive ist die klassische Hausarbeit, welche immer noch häufig eingesetzt wird und eingesetzt werden soll, um sowohl Fachkompetenzen als auch Forschungs- und Wissenschaftskompetenzen zu prüfen. Aus der Assessmentperspektive müssen wir kritisch erörtern, wie man diese Prüfungsform so adaptieren kann, dass sie „sicher" (▶ siehe Kapitel 4) ist und relevante KI-Kompetenzen, z. B. mit Blick auf den Schreibprozess, demonstrierbar macht. Gleichzeitig könnte man sich die Frage stellen, welche Rolle KI-Systeme inkl. einer Feedbackkultur spielen können. Es wäre etwa denkbar, dass Lernende jederzeit von einem KI-System

Feedback und Beratung zu ihrem aktuellen Stand erhalten. Selbstverständlich steht auch die Frage im Raum, ob ein KI-System Lehrenden bei der Bewertung helfen kann und welche Form der Unterstützung mit Blick auf den AI Act [Europäische Union 2024] zulässig ist. Dieser kategorisiert KI-Systeme, die autonom Bewertungen vornehmen, nämlich als KI-Systeme mit hohem Risiko.

Beispielhafte Fragen für diese Perspektive könnten sein: Wie verändert sich der Assessment-Prozess durch den Einsatz von KI-Tools sowohl aus Sicht der Lehrenden als auch der Lernenden? Wie lassen sich KI-Kompetenzen möglichst gut demonstrieren bzw. prüfen? Welche neuen didaktischen Möglichkeiten ergeben sich durch KI, z. B. hinsichtlich der Skalierung, Personalisierung und Flexibilisierung von Prüfungen?

KI aus der Perspektive des Forschens

Auf den ersten Blick mag es seltsam erscheinen, dass wir die Forschungsperspektive in einem Buch über Hochschulbildung stark machen. Aber es sei klar betont: Forschung und Bildung, bzw. das Lehren und Lernen, sind für uns zwei Seiten einer Medaille, also so eng verbunden, dass ein Verständnis für die Forschung und Entwicklungen in der Forschung notwendig ist, um über Hochschulbildung nachzudenken. Wir möchten die Verbindung beim forschungsnahen Lehren und Lernen, also dem Versuch, „Forschung und Studium einander anzunähern" [Huber 2014: 36], in den Vordergrund rücken.

Grundsätzlich ist aus der Forschungsperspektive zwischen der KI-Forschung und der Forschung, die KI nutzt, zu unterscheiden. Während die KI-Forschung z. B. an Machine-Learning-Methoden arbeitet, setzen viele Disziplinen – hoffentlich in naher Zukunft alle – KI in ihrer Forschung ein und werden sich dadurch verändern, neue Disziplinen werden entstehen. Diese Entwicklungen haben Einfluss auf Lehre, Lernen und Bildung. Im September 2023 veröffentlichte die Deutsche Forschungsgemeinschaft z. B. eine Stellungnahme, in welcher festgehalten wurde, dass „KI-Technologien den gesamten wissenschaftlichen, erkenntnisgewinnenden und kreativen Arbeitsprozess in vielfältiger Weise" [DFG 2023: 1] verändern und KI in verschiedenen Wissenschaftsbereichen eingesetzt wird. Eine bibliometrische Studie der Europäischen Kommission, ebenfalls von 2023, zeigte über die letzten Jahre das große Potenzial von KI für die Forschung und Wissenschaft sowie eine rasante Zunahme der Adaption. Darüber hinaus benennt das Papier die internationale Konkurrenzfähigkeit als Herausforderung und betont, wie wichtig es für die EU ist, sich im KI-Bereich nicht abhängen zu lassen [Arranz et al. 2023]. Nochmals möchten wir hier betonen, dass KI alle Disziplinen betrifft und betreffen wird. Selbstverständlich gibt es bestimmte Bereiche, z. B. die MINT-Fächer, in denen KI schon länger eine ausgeprägte Rolle spielt. Spätestens jetzt, wo multimodale LLMs aber auch z. B. die Arbeit mit Texten und Quellen sowie das wissenschaftliche Schreiben betreffen, wird KI in alle Disziplinen einziehen (müssen).

Gerade aus der Perspektive der Forschung ist es jetzt ebenso wichtig, die Bedeutung von nicht-generativer KI, z. B. traditionellem Machine- und Deep-Learning, in den Vordergrund zu rücken. In diesem Buch geht es zumeist um generative KI, nicht zuletzt, weil der Einfluss von generativer KI auf das Lehren und Lernen von besonderer Bedeutung ist. Gerade in Forschungskontexten spielen aber auch nicht-generative Ansätze eine wichtige und zunehmend wichtige Rolle, vor allem dann, wenn es beispielsweise um Auswertung und Analyse von riesigen Datensätzen geht. Daneben spielt die Verfügbarkeit leistungsfähiger Forschungsinfrastruktur, etwa High-Performance-Computing, eine zentrale Rolle für die KI-Forschung, aber auch für Disziplinen, die sich KI-Methoden bedienen möchten.

Wenn wir jetzt aus der Perspektive der Forschung auf KI und Hochschulbildung schauen, muss die Hochschulbildung Lernende dazu befähigen, sich in einer KI-geprägten Forschungs- und Wissenschaftswelt zu bewegen. Für das forschungsnahe Lehren und Lernen heißt dies, fachübergreifende und fachspezifische KI-Thematiken auch in der Hochschulbildung widerzuspiegeln. An dieser Stelle kann KI eine Doppelrolle als didaktisches Werkzeug und als Inhalt einnehmen. Wie Wrede et al. [2023: 208] zeigen, bietet KI „für die Begleitung des forschenden Lernens im Hochschulstudium neue didaktische Interaktionsformen", die sich nicht nur auf die Individualisierung und Begleitung von (forschenden) Lernprozessen, sondern spezifisch auch auf die Ausbildung von Forschungs- und Wissenschaftskompetenzen der Lernenden auswirken. Selbstverständlich, aber das ist hier nur eine Randnotiz, nimmt z. B. die bildungswissenschaftliche und didaktische Forschung hier eine Sonderrolle ein. Beide Disziplinen nutzen KI, z. B. für die Datenanalyse, arbeiten aber zugleich auch explizit an der Frage, wie KI Bildung, Lehren und Lernen verändern kann.

KI aus der Perspektive der Forschung zu betrachten, bedeutet auch, den Blick auf den gesamten Forschungsprozess zu werfen. Wenn wir beispielsweise auf die sprachwissenschaftliche Forschung schauen – also nicht die KI-Forschung in der Sprachwissenschaft selbst, in der wir schon lange mit Sprachmodellen etc. arbeiten –, könnte generative KI zum Einsatz kommen, wenn es darum geht, große Mengen an Literatur und (multimodalen) Quellen zu finden, zu sichten und zu synthetisieren. KI könnte auch zum Einsatz kommen, um Interviews automatisiert zu transkribieren oder Umfragen auszuwerten. Methodisch könnten dann eher klassische Machine-Learning-Methoden eingesetzt werden, um Muster in Sprachkorpora zu analysieren. Selbstverständlich wäre es aber auch denkbar, dass ein LLM trainiert wird, um beispielsweise neue, synthetische Beispiele zu erzeugen. Schließlich könnte wieder generative KI verwendet werden, um den Schreibprozess zu unterstützen.

Im Kontext des forschungsnahen Lehrens und Lernens bieten sich hier also viele Möglichkeiten, das Thema KI in der Forschung zu bearbeiten. Es können Einzelaspekte, z. B. die KI-gestützte Literaturarbeit oder die Datenanalyse, aber auch der gesamte KI-bezogene Forschungsprozess betrachtet werden. Zwei große Herausforderungen sind dabei der Zugang zur notwendigen Forschungs- bzw. Lehr-/Lerninfrastruktur (z. B. Zugriff auf GPUs für das Training und die Inferenz) sowie – wieder – die notwendigen grundlegenden Kompetenzen.

Beispielhafte Fragen für diese Perspektive könnten sein: Wie verändern sich unterschiedliche Disziplinen durch und mit KI? Welche Anforderungen ergeben sich durch die fachspezifischen Veränderungen in der Forschung an die Hochschulbildung? Welche Bedingungen müssen gegeben sein, um KI in den Disziplinen fruchtbar zu machen?

KI aus der Perspektive der Lehr-Lern-Infrastruktur und der Bildungstechnologie

Während es grundsätzlich möglich ist, über KI zu lernen, ohne in direkten Kontakt mit KI zu treten, ist die Verfügbarkeit von KI-Systemen und KI-basierter Bildungstechnologie eine zentrale Bedingung für die Auseinandersetzung und Nutzung von KI in der Hochschulbildung. Ohne passende Lehr-Lern-Infrastruktur und Bildungstechnologie ist es schlichtweg nicht möglich, die Vorteile von KI zu nutzen oder praktische KI-Kompetenzen zu vermitteln bzw. zu erwerben. Deshalb benennen Stützer et al. [2023: 60] die Technologiebereitschaft, „die Bereitschaft, digitale und intelligente Technologien und Systeme zu implementieren und notwendige technische Infrastrukturen bereitzustellen", als einen zentralen Faktor für die wirksame und nachhaltige Implementierung von KI in der Hochschulbildung.

Auf den ersten Blick ist die Geschichte schnell erzählt: Hochschulen müssen ein möglichst breites Portfolio an KI-Tools bereitstellen, welche von Lehrenden und Lernenden sowie der Verwaltung genutzt werden können. Idealerweise werden die neuen KI-Tools dabei direkt in bestehende Infrastrukturen und Systeme eingebunden, Räume dafür geschaffen etc. In der Praxis handelt es sich hier aber um hochkomplexe Entscheidungen, die z. T. tiefgreifende Folgen und Abhängigkeiten erzeugen. Insbesondere deswegen handelt es sich um eine eigene Perspektive.

So geht die Entscheidung für oder gegen eine spezielle Technologie, z. B. ein spezifisches KI-Tool, immer mit Überlegungen zu den Kosten, zur Compliance, zu Integrationsmöglichkeiten, zu den notwendigen Kompetenzen, zur IT-Sicherheit sowie zur (Daten-)Souveränität einher. Darüber hinaus lässt sich aus der Perspektive der (Bildungs-)Technologie auch die Frage stellen, welche grundsätzlichen Prinzipien, etwa zum Einsatz von offener Software oder zur Nutzung von Cloud-Dienstleister*innen, an der Hochschule gelebt werden. Diese Überlegungen betreffen natürlich jegliche Lehr-Lern-Infrastruktur bzw. Bildungstechnologie. Gerade im Bereich der KI ist die Situation aber besonders kompliziert: Es handelt sich nicht um ein spezifisches Tool, sondern um eine Technologie, die in nahezu allen Bereichen und Systemen der Hochschule zum Einsatz kommen kann. Darüber hinaus handelt es sich hinsichtlich der KI um eine relativ neue Technologie, und wir können nicht auf einen breiten Erfahrungsschatz und umfassende Kompetenzen zurückgreifen.

Zentral ist auch die Erkenntnis, dass KI aus einer technischen Perspektive nicht sinnvoll von einzelnen Hochschulen bearbeitet werden kann. Sobald es um mehr als nur die Beschaffung von Lizenzen zu kommerziellen Produkten geht, werden die Expertise und die Ressourcen einzelner Hochschulen fast nie ausreichen, um zufriedenstellende Ergebnisse zu erzielen. Auch wenn diese Art des Vergleichs an vielen Stellen hinken mag, ist es wichtig, im Kopf zu behalten, welche Summen in die Entwicklung von State-of-the-art-KI fließen: Im März 2025 hat beispielsweise OpenAI eine neue Finanzierungsrunde über 40 Milliarden Dollar bekanntgeben, welche insbesondere die Skalierung der Rechenleistung sicherstellen soll. Die Bereitstellung und der Betrieb von komplexen KI-Systemen sind nicht nur z. B. hinsichtlich der notwendigen Rechenleistung teurer als viele etablierten Bildungstechnologien, sondern auch hinsichtlich der bereits erwähnten spezialisierten Kompetenzen. All das spielt sich zudem in einem Umfeld ab, in welchem es sehr einfach ist, auf eigene Faust mit KI-Tools zu arbeiten: Die kostenlosen Versionen kommerzieller Tools, die aber auch z. B. häufig mit ernstzunehmenden Risiken für die Datensicherheit einhergehen, sind meist nur einen Klick im Browser entfernt.

Hochschulen müssen sich zudem fragen, wie sie KI einordnen und ob sie alten Mustern folgen: „AI is not edtech, but it is being packaged as a product, and the higher education sector is accustomed to consuming technology via third-party vendors" [Pratschke 2025: 22]. Gerade im deutschen Hochschulsystem gibt es viel Erfahrung mit dem Einsatz von offener Software und dem Aufbau von eigener Infrastruktur. Darin besteht eine Chance nicht nur für die Technologiesouveränität allein, denn offene KI-

Modelle und KI-Systeme sind auf dem Vormarsch und bieten eigene, auch didaktische Chancen.

Im Hintergrund spielen sich außerdem komplexe Fragen hinsichtlich des Verhältnisses von (Bildungs-)Technologie und Bildung ab. Dabei geht es z. B. um das heute kritisch betrachtete „Primat der Pädagogik" [Krommer 2019] oder die Frage nach den Akteur*innen und dem bildungstheoretischen Kernmotiv der Autonomie [Heßdörfer und Moser 2023]. Im Kontext der modernen und zukunftsgerichteten Hochschulbildung müssen Überlegungen zur Bildung, zur Didaktik und zur Technologie idealerweise immer gemeinsam und integrativ getroffen werden.

Die Komplexität der Perspektive lässt sich an einem scheinbar einfachen Beispiel verdeutlichen: der Bereitstellung eines KI-Chatbot. Nach der Veröffentlichung von ChatGPT wurde an den Hochschulen schnell der Bedarf nach der Bereitstellung von „generativer KI" angemeldet. Gemeint war meistens der Wunsch nach Einzellizenzen für ChatGPT oder einer vergleichbaren Software. Schon daran lässt sich ein Problem beschreiben: Das Erheben von konkreten Anforderungen ist ein komplexer Prozess, insbesondere in einem Feld, in welchem jeden Tag hunderte neuer Tools auf den Markt kommen. Aber auch wenn wir annehmen, dass ein generativer KI-Chatbot eine sinnvolle Investition für die Hochschule ist, stellt sich eine Reihe an Fragen: Soll auf kommerzielle Anbieter*innen gesetzt werden oder soll ein Eigenbetrieb erfolgen? Wer soll Zugriff unter welchen Bedingungen erhalten, gerade bei sehr kostspieligen Lizenzen? Welche konkreten Features werden von wem wofür gebraucht, und welche KI-Modelle sollen bereitgestellt werden? Inwiefern soll der KI-Chatbot mit bestehender Bildungstechnologie, z. B. dem Lernmanagementsystem, integriert werden? Welche (langfristigen) Abhängigkeiten ergeben sich aus der Einführung eines bestimmten KI-Systems? Welche Compliance-Herausforderungen, z. B. Datenschutz und AI Act, ergeben sich? Welche Anforderungen gibt es an die Sicherheit des KI-Systems, auch mit Blick auf das *Alignment* der KI-Modelle?

Man könnte diese Liste an Fragen noch beliebig weiterführen. Wichtig ist dabei aber vor allem zu verstehen, dass KI aus der Perspektive der Lehr-Lern-Infrastruktur und Bildungstechnologie mit hochkomplexen Fragen und Entscheidungen einhergeht. Insbesondere die schwer einschätzbaren Risiken, die mit dem Einsatz von KI-Systemen einhergehen, machen es erneut notwendig, auch hier wissenschaftsbasiert, mit Weitblick und agil und immer kompetent vorzugehen, vor allem dann, wenn der Druck sehr groß ist, entsprechende Technologien bereitzustellen.

Beispielhafte Fragen für diese Perspektive könnten sein: Welchen Anforderungen müssen die KI-Tools gerecht werden? Welche Strategie verfolgt die Hochschule hinsichtlich der digitalen Souveränität oder des Einsatzes von offener Software etc.? Wie gestaltet sich die Beziehungen zwischen (Bildungs-)Technologie und Didaktik?

5.2.2 Ausgewählte zusätzliche Perspektiven

Wie schon oben beschrieben gibt es unzählige KI-Perspektiven. Wir haben eine Auswahl an Perspektiven getroffen, die uns zusätzlich zu den oben genannten besonders wichtig erscheinen. Diese werden im Folgenden kurz und prägnant vorgestellt und sollen den Blick weiten. Während diese Perspektiven vielleicht auf den ersten Blick nicht unmittelbar „die Lehre" oder „das Lernen" betreffen, haben sie für uns zentrale

Bedeutung, wenn es darum geht, Hochschulbildung holistisch zu betrachten und weiterzuentwickeln.

KI aus der Perspektive der Hochschulstrategie

KI und insbesondere die sich in rasantem Tempo entwickelnde generative KI stellt Hochschulen vor eine Reihe von komplexen Herausforderungen. Vereinfacht gesagt müssen Hochschulen es schaffen, Wissen zu generieren und Orientierung zu bieten, während sie sich selbst erst orientieren müssen. Forschende, Lehrende, Lernende und auch die Verwaltung fordern ein, dass die Hochschule die KI-Entwicklung proaktiv mitgestaltet, aber gleichzeitig ihrer Rolle als kritische und wissenschaftsgeleitete Institution nachkommt. Hinsichtlich der Hochschulbildung hält Pratschke [2025: 37] fest: „The challenge for HEI leaders will be to align the goals of innovation and growth with the need to protect students while also preparing them for the future."

Die dafür notwendigen Bedingungen (▶ siehe Kapitel 6) sind umfangreich: Es braucht beispielsweise ausreichend Ressourcen – z. B. finanzielle Mittel, Personal und Kompetenz –, Strukturen und Governance (auch **Data Governance**), die mit dem Takt der Entwicklungen mithalten können und die Foresight-Fähigkeit besitzen, kommende Entwicklungen abzusehen. Nicht zuletzt braucht es einen robusten organisatorischen und rechtlichen Rahmen. Zusätzlich aktiviert das strategische Thema KI auch andere Bereiche und Fragen: Wie steht es um die Digitalisierung der Hochschule? Wo steht die Prüfungskultur? Welche Strukturen gibt es, um mit den Compliance-Herausforderungen umzugehen? Welche Bereitschaft gibt es, nicht nur in der Forschung zu experimentieren, und wie sieht die Fehlerkultur aus?

Ein lehr-lern-bezogenes Beispiel für diese Herausforderungen ist die Bereitstellung von KI-Tools, die Qualifizierung von Lehrenden und die Schaffung von Experimentierräumen. Alle drei Faktoren sind im Kern die Bedingungen für die erfolgreiche Einführung von KI in die Lehre und das Lernen. Sie kommen jedoch auch mit signifikanten strategischen Fragen: Welchen Weg gehen wir bei der Bereitstellung von KI-Tools? Über welche Kompetenzen verfügen wir, und wie können wir Lehrende – auch in Abhängigkeit von den verfügbaren Ressourcen – fort- und weiterbilden? Welche Freiräume können, dürfen und wollen wir einräumen und welches Risikoprofil haben wir? Welche Mittel können wir – wohlwissend, dass viele Projekte scheitern werden – für Prototypen und Experimente aufbringen?

Beispielhafte Fragen für diese Perspektive könnten sein: Wie sehen die Ausgangsbedingungen der Hochschule hinsichtlich Digitalisierung, digitaler Transformation und KI aus? Welche strategischen Ziele verfolgt die Hochschule im Bereich KI aus welchen Gründen, und wie sind diese mit der Gesamtstrategie der Hochschule verbunden? Welche Haltung nimmt die Hochschule gegenüber der Technologie ein?

KI aus der Perspektive des Qualitätsmanagements

Aus der Perspektive des Qualitätsmanagements kann man zum einen auf die Qualität KI-bezogener Projekte, auf Lehr-Lern-Angebote etc. blicken. Zum anderen wird hier der Fokus sein, auch auf die Nutzung von KI für das Qualitätsmanagement zu schauen. KI, sowohl generative KI als auch maschinelles Lernen, bringt ein großes Potenzial für das üblicherweise stark datengetriebene Qualitätsmanagement und verwandte Thematiken, wie etwa das Berichtswesen. KI kann eingesetzt werden, um Daten schneller und einfacher zu erheben, auszuwerten und Ergebnisse zu kommunizieren. Das betrifft typische Daten, z. B. Befragungsdaten, aber auch bisher nur schwierig zu erfassende Daten, etwa qualitätsbezogene Dokumente, Veranstaltungsbeschreibungen etc. Im Zusammenspiel der Analyse von Lerndaten mit bisherigen Qualitätsdaten ergeben sich darüber hinaus ganz neue Potenziale [Leschke et al. 2023].

Neben der Arbeit mit Daten kann KI auch einen signifikanten Beitrag zur Optimierung und Verbesserung von Prozessen im Qualitätsmanagement beitragen. KI kann etwa eingesetzt werden, um Standardprozesse zu automatisieren, Formulare und Dokumente vorzubewerten und zu kategorisieren oder um Akteur*innen kontextabhängige Hilfestellung zu geben. KI-Systeme können außerdem eingesetzt werden, um Prozesse zu überwachen und beispielsweise automatisiert Empfehlungen, Warnungen etc. auszusprechen.

Ein einfaches Beispiel für die Qualitätsperspektive ist die Nutzung von KI im Kontext von Evaluationen und dem Sammeln von Feedback. Aus der Perspektive des Qualitätsmanagements führt insbesondere generative KI zu vollkommen neuen Möglichkeiten der Erfassung, Auswertung und Nutzung von Befragungsdaten. Durch generative KI wird es beispielsweise möglich, auch großflächig und automatisiert Interviews durchzuführen, umfangreiche Freitextantworten auszuwerten oder auch dialogische Feedback-Schnittstellen, etwa einen Anregungs-und-Beschwerde-Chatbot, bereitzustellen.

Beispielhafte Fragen für diese Perspektive könnten sein: Welche neuen Möglichkeiten ergeben sich durch KI für das Qualitätsmanagement? Welche neuen Qualitätsmanagementfragen und -prozesse ergeben sich aus der Nutzung von KI? Inwiefern verändern sich Qualitätsziele und Qualitätskriterien durch den Einzug von KI?

KI aus der Perspektive der Offenheit

Die Perspektive der Offenheit haben wir v. a. aus der Perspektive offener KI-Modelle und KI-Systeme bereits im Kontext der Infrastruktur und Bildungstechnologie angesprochen. Neben dieser technischen Sichtweise (Open Source), die aber fundamentale Implikationen z. B. für Fragen des Datenschutzes, der Sicherheit und der Daten- sowie Technologiesouveränität hat, sind auch Open Science und Open Education im KI-Kontext von Bedeutung.

Die Beziehung zwischen Open Science und generativer KI ist komplex. Hosseini et al. [2025] betonen die Chancen z. B. hinsichtlich der Möglichkeit, den Zugriff auf Informationen zu verbessern, weisen aber gleichzeitig darauf hin, dass generative KI zu Herausforderungen bezüglich der Gerechtigkeit, Integrität, Reproduzierbarkeit und Reliabilität von Forschung führen kann. Neben der direkten Beziehung von generativer KI und Open Science muss auch die Datenfrage in den Blick genommen werden. Open Science kann die Datengrundlage für bessere KI-Modelle und damit wiederum für bessere Forschung sein. Für echte offene Forschung benötigen wir dann aber auch offene KI-Modelle und KI-Systeme.

Hinsichtlich der Open Education zeichnet sich ein ähnliches Bild ab. Insbesondere generative KI bietet etwa die Möglichkeit, offene Bildungsmaterialien (OER) einfacher und schneller zu erstellen, anzupassen etc. Darüber hinaus kann KI dabei helfen, passende Bildungsmaterialien zu finden. Gleichzeitig steht, wie auch im Kontext der Open Science, beispielsweise die Frage im Raum, ob es durch generative KI zu einer Verbesserung oder Verschlechterung der Qualität kommt.

Das Zusammenspiel der Dimensionen – Open Source, Open Science, Open Education – lässt sich mit einem Beispiel darstellen. Eine Lehrende möchte zu einem aktuellen Thema mithilfe von generativer KI eine Fallstudie für ihre Studierenden entwerfen und diese als OER bereitstellen. Es ist ihr wichtig, dass der gesamte Prozess auch für ihre Studierenden transparent, nachvollziehbar und reproduzierbar ist. Sie möchte außerdem nicht nur auf „Onlinequellen" sondern auch z. B. auf wissenschaftliche Artikel zurückgreifen, die sie ohne lizenzrechtliche Sorgen in ihrer Fallstudie verwenden kann. Daher verwendet sie ein offenes KI-System, welches auf ein offenes Sprachmodell zurückgreift. Dieses System bindet per RAG zusätzlich aktuelle, offen zugängliche wissenschaftliche Quellen (Open Science) ein und generiert ihre Fallstudie.

Beispielhafte Fragen für diese Perspektive könnten sein: Welche Chancen und Herausforderungen bestehen hinsichtlich der Nutzung offener KI? Wann sollten offene und wann proprietäre KI-Modelle und KI-Systeme zum Einsatz kommen? Wie kann generative KI genutzt werden, um Open Science und Open Education zu fördern?

KI aus der Perspektive der Vielfalt und der Chancengerechtigkeit

Die Perspektive der Vielfalt und Chancengerechtigkeit betrachtet den Einsatz und die Wirkung von KI unter der Prämisse sozialer und gesellschaftlicher Verantwortung. Zwei Themenkomplexe sind dabei aus unserer Perspektive besonders wichtig: Der Zugang zu KI für die Mitglieder der Hochschule sowie die Chancen und Risiken, die mit dem Einsatz von KI einhergehen. Beide Themen haben wir bereits in ▶ Kapitel 3 angeschnitten.

Aus der Perspektive der Vielfalt und Chancengerechtigkeit müssen wir uns also zuerst fragen, wer unter welchen Bedingungen KI verwenden kann bzw. welche Folgen ein selektiver oder fehlender Zugang hat. Dies schließt Konsequenzen ein, die es haben kann, wenn etwa privilegierte Studierende Zugang zu (besseren) KI-Tools haben als andere. Ein Ziel der Hochschule sollte es sein, möglichst fair und gleichberechtigt den Gebrauch von KI-Tools zu ermöglichen. Die Hochschulbildung sollte zudem über das Thema Macht im Zusammenhang mit KI proaktiv reflektieren.

Hinsichtlich der Nutzung ergibt sich wieder ein gemischtes Bild. KI-Systeme können sowohl Chancengerechtigkeit fördern, indem sie z. B. die Barrierefreiheit erhöhen, als auch Ungleichheiten verstärken, wenn sie beispielsweise Vorurteile und Diskriminierungen reproduzieren. Gleiches gilt auch hinsichtlich des Risikos einer Tendenz zur Mitte. Wenn generative KI-Systeme zum Einsatz kommen, ist darauf zu achten, dass diverse Perspektiven – auch solche, die z. B. nicht in den Modellen abgebildet sind – Platz finden und der Diskurs möglichst offen bleibt. Hochschulen müssen daher kritisch hinterfragen, wie KI-Systeme (langfristig) wirken und ob diese Vielfalt und Chancengerechtigkeit stärken oder gefährden. Das beinhaltet auch das systematische Testen und Erproben von KI-Modellen und KI-Systemen auf unerwünschte Verhaltensweisen, den Einsatz von XAI-Methoden sowie eine transparente Kommunikation und Dokumentation.

Ein Beispiel könnte die Entwicklung und Bereitstellung eines KI-Assistenzsystems für Studierende sein, welches Fragen beantwortet oder bei der Planung des Studiums hilft. Aus der Perspektive der Vielfalt und Chancengerechtigkeit würde man es sich z. B. zur Aufgabe machen, sicherzustellen, wie das System möglich barrierearm gestaltet sein, und wie es vielleicht sogar Barrieren abbauen könnte, und ob es Bias gibt, welcher dazu führt, dass Studierende aufgrund bestimmter Merkmale diskriminiert werden.

Beispielhafte Fragen für diese Perspektive könnten sein: Wie wirkt sich KI auf Zugangs- und Teilhabemöglichkeiten für Studierende mit verschiedenen Hintergründen aus? Welche Rolle spielen KI-Systeme bei der Vermeidung oder Verstärkung von Diskriminierung? Wie kann KI eingesetzt werden, um die Vielfalt und Chancengerechtigkeit zu erhöhen?

KI aus der Perspektive der Nachhaltigkeit

Wie eigentlich jede Technologie muss auch KI aus der Perspektive der Nachhaltigkeit – hier in erster Linie der ökologischen Nachhaltigkeit – betrachtet werden. Wie schon in den vorhergegangenen Kapiteln dargestellt, zeichnet sich KI sowohl während des Trainings als auch während der Inferenz durch einen großen Bedarf an Rechenleistung und damit auch an Energie aus. Darüber hinaus dürfen die Ressourcen zur Herstellung der Hardware, die Ressourcen für die Kühlung von Rechenzentren etc. nicht vergessen werden. Crawford [2021: 41] spricht in diesem Zusammenhang vom „Myth of Clean Tech“. Sie stellt fest: „[I]t takes a gargantuan amount of energy to run the computational infrastructures […] and the carbon footprint of the AI systems that run on those platforms is growing“. Gleichzeitig zeigt sich aber auch hier die Ambivalenz und Komplexität des Themas, denn „[a]uch im Bereich der Nachhaltigkeit bietet der KI-Einsatz Potenziale, die derzeit aber noch ungenutzt bleiben“ [Koch et al. 2022]. Zudem muss angemerkt werden, dass es eine Vielzahl von erfolgreichen Projekten und Initiativen gibt, die die Nutzung von KI, bzw. die dahinterstehenden Rechenzentren, effizienter und nachhaltiger machen.

Aus diesen Beobachtungen ergibt sich die Verantwortung, die Nutzung von KI immer auch kritisch aus der Perspektive der Nachhaltigkeit zu betrachten. Auch Hochschulbildung beinhaltet die Bildung für nachhaltige Entwicklung (BNE) und die Förderung von nachhaltigkeitsbezogener Gestaltungskompetenz, also der Fähigkeit, Wissen über Nachhaltigkeit anzuwenden und Nachhaltigkeitsprobleme zu erkennen [Hahn 2008: 31]. In der Praxis bedeutet das, z. B. die ökologischen Kosten der KI-Nutzung zu bedenken und Entscheidungen auch nach Nachhaltigkeitskriterien zu treffen.

Ein eher technisch getriebenes Beispiel dafür kann die Reflexion und Wahl von passenden KI-Modellen sein. Grundsätzlich sollte es gerade auch aus der Perspektive der Nachhaltigkeit Ziel sein, das effizienteste und sparsamste KI-Modell für eine Aufgabe zu wählen, welches den Anforderungen entspricht. So braucht man etwa für die Zusammenfassung eines kurzen Textes kein riesiges LLM wie GPT-4.5, welches ein Vielfaches der Ressourcen – auch monetär – eines kleinen, vielleicht auch lokal betriebenen Modells verbraucht. Die Voraussetzung dafür ist die Fähigkeit, die eigenen Anwendungsfälle einzuschätzen und über ausreichend Wissen zu den verfügbaren KI-Modellen und deren Leistungsfähigkeit zu verfügen.

Beispielhafte Fragen für diese Perspektive könnten sein: Wie begründen wir den Einsatz von ressourcenstarker Technologie? Wie können wir KI möglichst nachhaltig einsetzen? Welche Kompetenzen braucht es, um KI aus der Perspektive der Nachhaltigkeit verantwortungsbewusst einzusetzen?

KI aus der Perspektive der Compliance

Aus der Perspektive der Compliance, also in erster Linie rechtlicher Fragestellungen, ist KI eine echte Herausforderung, insbesondere auch für Hochschulen. Wer (generative) KI gerade im Kontext des Lehrens und Lernens rechtssicher und verantwortungsbewusst einsetzen möchte, muss eine Reihe von Rechtsbereichen und Regularien kennen und durch diese navigieren können. Neben dem Datenschutz, dem Urheberrecht, dem Dienst- und Arbeitsrecht, dem Prüfungsrecht sowie den Persönlichkeitsrechten ist nun auch der AI Act [Europäische Union 2024] – die KI-Verordnung – zu beachten. Wenn kommerzielle Anbieter*innen eine Rolle spielen, müssen selbstverständlich auch deren Nutzungsbedingungen in Betracht gezogen werden. Neben diesen v. a. rechtlichen Thematiken sind außerdem die Informationssicherheit sowie etwaige andere interne Regularien und Vorgaben, z. B. zur Nutzung von IT-Systemen, zu beachten.

Aufgrund dieser hohen Komplexität ist es wichtig, dass Hochschulen für alle Akteur*innen, insbesondere auch Studierende, möglichst klare Handlungsempfehlungen und Hilfestellungen bereitstellen. Das ist auch insofern wichtig, als dass der Einsatz von KI an Hochschulen nicht aufgrund der komplexen, aber lösbaren Compliance-Herausforderungen verhindert wird. Gerade auch hinsichtlich der Prüfungsproblematik und des „Betrugs" mit generativer KI (▶ siehe Kapitel 4) sowie der guten wissenschaftliche Praxis sind insbesondere auch Regeln für den Umgang mit KI bei der wissenschaftlichen Arbeit notwendig.

Der AI Act stellt ein gutes Beispiel für Überlegungen aus der Complianceperspektive dar. Der Artikel 4 des AI Act verlangt sicherzustellen, dass Anwender*innen über KI-Kompetenzen verfügen. Dann muss für einzelne Einsatzszenarien geprüft werden, um welche Risikoklasse es sich handelt, und welche Folgen sich daraus ergeben. Der Einsatz von KI-Systemen zur automatisierten Benotung ist beispielsweise eine Anwendung mit hohem Risiko, welche besondere Pflichten, etwa die Überwachung und Dokumentation des KI-Systems, nach sich zieht, die eingehalten werden müssen (vgl. [Schwartmann et al. 2024]). Parallel dazu müssen selbstverständlich auch alle anderen Compliance-Thematiken, z. B. der Datenschutz, beachtet werden. Gerade aus Sicht der Lernenden stellt sich außerdem die Frage, inwiefern sie über den Einsatz des KI-Systems informiert werden und welche Implikationen sich daraus für sie ergeben.

Beispielhafte Fragen für diese Perspektive könnten sein: Welche Compliance-Herausforderungen ergeben sich in welchen Fällen? Welche Vorgaben und Hilfestellungen können Lehrenden und Lernenden dabei helfen, KI sicher und selbstbewusst einzusetzen? Wie kann der Einsatz von KI so gestalten werden, dass die Risiken, z. B. für den Datenschutz, möglichst klein sind?

KI aus der Perspektive der Beratung und des Supports

An Hochschulen gibt es eine Vielzahl von Beratungs-, Unterstützungs- und Support-Angeboten. Diese reichen von der Studienberatung über die Unterstützung von Lehrenden und Forschenden bis hin zum klassischen technischen Support. In vielerlei Hinsicht stellen diese Angebote eine wichtige Säule für den Erfolg der Hochschule und insbesondere auch der Hochschulbildung dar. In diesem Kontext bietet KI eine Reihe von Chancen. So haben wir in einem aktuellen Beitrag zu einem KI-Chatbot-Projekt an der Universität zu Köln festgestellt, dass „Conversational AI, insbesondere „intelligente" Chatbots, […] eine Schlüsselrolle bei der gezielten Unterstützung von Lehrenden und Lernenden einnehmen" [Busse et al., eingereicht] kann.

KI-Unterstützungssysteme, insbesondere KI-Chatbots, können in erster Linie dazu beitragen, das Angebot zu erweitern und Unterstützende zu entlasten. KI-Chatbots, sowohl klassische regelbasierte Systeme als auch generative Chatbots, sind rund um die Uhr und in vielen Sprachen verfügbar und können, auch kontextsensitiv, Antworten geben und in manchen Fällen auch unmittelbar Probleme lösen. Auf diesem Weg werden menschliche Kapazitäten frei: Wenn KI-Systeme „einfache" Standardprobleme bearbeiten, bleibt mehr Zeit, sich Zeit für kreative, Bildungsprozesse fördernde Aktivitäten zu nehmen. Außerdem haben KI-Unterstützungssysteme den Nebeneffekt, dass sie Hürden abbauen können. Es gibt Themen, bei denen es einfacher ist, mit einer Maschine, die nicht bewertet und vor der man sich nicht schämen muss, zu sprechen als mit einem Menschen.

Ein Beispiel für die Beratungs- und Supportperspektive ist das angesprochene Chatbot-Projekt. Wir entwickeln derzeit einen KI-Chatbot für unser Lernmanagementsystem, welcher kontextbezogen Fragen von Lehrenden und Lernenden beantworten und Probleme lösen kann. Wenn eine Lehrperson beispielsweise auf Probleme stößt, in einem Kurs ein Objekt anzulegen, kann der Chatbot, ausgehend von Informationen über den spezifischen Kurs, Gründe dafür identifizieren und Rat geben. In manchen Fällen kann der Chatbot das Problem auch unmittelbar über einen Schnittstellenzugriff lösen. Neben diesem eher technischen Support ist angedacht, dass der Chatbot auch beispielsweise bei der Entwicklung und Umsetzung von didaktischen Szenarien im Lernmanagementsystem die Lehrenden unterstützt.

Beispielhafte Fragen für diese Perspektive könnten sein: Wie kann KI eingesetzt werden, um Beratungs- und Unterstützungsangebote auszubauen und zu verbessern? An welchen Stellen ist es besser, ein KI-System einzusetzen, und wo ist menschliche Hilfe notwendig? Welche Chancen und Risiken ergeben sich aus dem Einsatz von KI-Systemen in der Unterstützung?

KI aus der Perspektive der Wissenschafts- und Bildungskommunikation

Generative KI verändert fundamental, wie und was kommuniziert wird und wie Inhalte entstehen. Ganz unmittelbar ermöglicht generative KI, verschiedene multimodale Inhalte zu erstellen und in extrem kurzer Zeit an Zielgruppen und Situationen anzupassen. Darüber hinaus bietet KI neue Möglichkeiten hinsichtlich der Nutzung von Daten für die Kommunikation und etwa das datengetriebene Marketing. Selbstverständlich kann KI auch eingesetzt werden, um Prozesse zu automatisieren oder um z. B. Kommentare auf Social-Media-Plattformen zu moderieren. Gerade in der Wissenschafts- und Bildungskommunikation besteht eine zentrale Herausforderung darin, die Faktenbasierung sicherzustellen und das Vertrauen in die kommunizierten Inhalte zu stärken.

Neben der Produktion verändert KI ebenso das Auffinden und die Rezeption von Inhalten. Vorrangig im Kontext der sozialen Medien bestimmen Empfehlungssysteme, wer welche Inhalte zu sehen bekommt. Rezipient*innen setzen zunehmend auf KI-Systeme, um Informationen zu finden. KI-Systeme sind aus dieser Perspektive also eine neue Zielgruppe: Wie kann man Inhalte gestalten, die von KI-Systemen aufgegriffen und an ihre Nutzer*innen weitergeben werden?

Neben dem veränderten Verhalten von Produzent*innen und Rezipient*innen ist das zunehmende Aufkommen von Mis- und Desinformation eine größer werdende Herausforderung für die Wissenschafts- und Bildungskommunikation. Neben den Risiken, die mit algorithmischen Filterblasen einhergehen, wird es zunehmend schwierig, generierte Inhalte und insbesondere „gefälschte" Bilder und Videos als solche zu erkennen.

In diesem Umfeld ist die Aufgabe der Wissenschafts- und Bildungskommunikation, verständlich, glaubwürdig und sorgfältig zu kommunizieren und einen Gegenpol zu bewussten und unbewussten Falschinformationen darzustellen. Dabei kann KI, wie oben beschrieben, auf vielfältige Art und Weise helfen.

Ein Beispiel für die Nutzung von KI aus der Kommunikationsperspektive wäre der Einsatz von generativer KI, um komplexe Forschungsergebnisse zielgruppen- und plattformspezifisch, auch mehrsprachig, aufzubereiten und z. B. hilfreiche Vergleiche, Beispiele oder auch interaktive Visualisierungen zu generieren. Denkbar wären aber natürlich auch experimentellere Ansätze, wie ein KI-Chatbot, der es erlaubt, Fragen zum Forschungsprojekt zu stellen, und individualisierte, zielgruppenspezifische Antworten gibt.

Beispielhafte Fragen für diese Perspektive könnten sein: Wie verändert KI die Wissenschafts- und Bildungskommunikation für Produzierende und Rezipierende? Welche neuen Chancen für die Kommunikation und das Marketing ergeben sich durch KI? Welche spezifischen Herausforderungen und Risiken gehen mit der Nutzung von KI in der Kommunikation einher?

KI aus der Perspektive der Innovation und der Kooperation mit der Gesellschaft

Innovation und Kooperation mit der Gesellschaft sind neben Forschung und Lehre eine weitere Aufgabe der Hochschulen und zielen darauf ab, Wissen, Forschungsergebnisse und Kompetenz in die Gesellschaft, Wirtschaft, Kultur und Öffentlichkeit zu tragen und vor allem mit ihnen zu interagieren. Diese Aufgabe ist insbesondere im Bereich KI von großer Bedeutung, denn KI beeinflusst als omnipräsente Zukunftstechnologie alle Bereiche des Lebens und der Gesellschaft.

Für Hochschulen geht es dabei z. B. um die Innovation, d. h. die Frage danach, wie wissenschaftliche Erkenntnisse z. B. aus der methodischen KI-Forschung angewandt werden und in einem komplexen Zusammenspiel zu einem relevanten Produkt für die Praxis werden. Es geht also um Themen wie Entrepreneurship, die für uns weder nur eine wirtschaftliche Komponente, sondern auch eine soziale haben, noch nur dem sogenannten Deep Tech verschrieben sind. Ebenso kann es darum gehen, die KI-Infrastruktur für die Forschung, die Lehre und auch die Wirtschaft zu fördern oder den Kompetenzaufbau mitzugestalten. Möglicherweise gibt es auch Möglichkeiten, KI einzusetzen, um neue Innovations- und Kooperationspotenziale zu entdecken – z. B. durch den Einsatz von KI-gestützten Plattformen für das Matching von Personen, Einrichtungen, Unternehmen und Projekten.

Rampelt et al. [2025: 13] betonen in diesem Zusammenhang die Bedeutung der Kooperation zwischen Hochschule und Wirtschaft: „Solche Partnerschaften ermöglichen einen kontinuierlichen Wissenstransfer in beide Richtungen und die gemeinsame Entwicklung von Bildungsangeboten.“ Neben dem ko-kreativen Wissenstransfer spielt hier auch die finanzielle Perspektive eine Rolle. In vielen Fällen verfügen öffentliche Hochschulen nicht über die Mittel, um innovative KI-Projekte durchzuführen. Hier können etwa öffentlich-private Partnerschaften eine Option sein, um wissenschaftsgeleitete Innovationsprojekte durchzuführen.

Ein Beispiel für die Transferperspektive könnte ein studentisches Gründungsprojekt sein, in welchem Studierende ausgehend von einer gemeinsamen projektbasierten

Lehr-Lern-Veranstaltung ein KI-Startup gründen. Dies passiert bereits an zahlreichen Hochschulen. Die Hochschule kann etwa durch ein Gründungszentrum Unterstützung leisten und die Studierenden begleiten. Abgesehen von der Lernerfahrung, die eine Gründung ist, wäre es dann denkbar, dass die Studierenden ihre Erkenntnisse aus der Übertragung der Theorie in die Praxis in einer Folgeveranstaltung mit anderen Studierenden teilen.

Beispielhafte Fragen für diese Perspektive könnten sein: Welche Möglichkeiten bietet KI, um den Wissenstransfer zwischen Hochschule und Praxis zu verbessern? Welche Innovations- und Kooperationsmöglichkeiten gibt es im Bereich KI? Wie können Mitglieder der Hochschule dabei unterstützt werden, Erkenntnisse in die Gesellschaft zu tragen?

5.3 Zusammenfassung und Fazit

Wir haben in diesem Kapitel eine Reihe von ausgewählten KI-Perspektiven betrachtet, welche verdeutlichen, dass KI auch für neue Zugänge und ein tieferes Verständnis immer auch multiperspektivisch gesehen werden kann und muss. Die Perspektiven sollen dazu einladen, KI-bezogene Themen, aber auch KI als solche aus ganz unterschiedlichen Blickwinkeln und Fragestellungen heraus zu betrachten und zu reflektieren. Während einige der Perspektiven nicht unmittelbar und auf den ersten Blick mit der Hochschulbildung im engeren Sinne zusammenhängen, sind andere Perspektiven unbedingt im Hochschulkontext zu bewerten. Überdies sollen die KI-Perspektiven dabei helfen, unterschiedliche Standpunkte einordnen und nachvollziehen zu können, z. B. dann, wenn es darum geht, strategische Entscheidungen über KI zu treffen.

Im Kontext der Hochschulbildung halten wir es für eine wichtige Kompetenz aller Akteur*innen, solche Perspektivwechsel durchführen zu können und idealerweise ein Gesamtverständnis dafür zu entwickeln, wie und wo KI wirkt und wirken kann. Dies möchten wir aber nicht als Argument gegen eine Spezialisierung verstehen: Wir brauchen Expert*innen für das Lehren und Lernen mit KI, für Bildungstechnologie oder für die Kommunikation in einer KI-Welt. Aus der Perspektive einer holistischen postdigitalen Bildung ist es dennoch notwendig, die Ebenen und Blickwinkel wechseln und die z. T. konträren und widersprüchlichen Perspektiven in Relation setzen zu können.

Nutzen Sie das Arbeitsblatt zum Kapitel, um anhand einer Reihe von Reflexionsfragen noch einmal aus Ihrer (angestrebten) Rolle über die Inhalte zu reflektieren. Neben der eigenen Auseinandersetzung eignen sich die Reflexionsfragen auch als Impulse für spannende Diskussionen zum Thema.

Was braucht es? – Notwendige Bedingungen für KI in der Bildung

6

6.1 **Bedingungen** 96

6.2 **Zusammenfassung und Fazit** 102

Im folgenden Kapitel werden wir versuchen, die Grundbedingungen für KI in der Hochschulbildung darzulegen. Auch hier betonen wir ein komplexes Zusammenspiel unterschiedlicher Faktoren. Diese Faktoren betreffen das Individuum, die Institution und deren Strukturen sowie Fragen nach Ressourcen, technisch-technologische Aspekte oder auch eine gesellschaftlich-politische Ebene. Die Beschreibung der Grundbedingungen beinhaltet ebenso einige praktische nächste Schritte. Für eine umfassende Übersicht zur Entwicklung einer KI-Strategie sowie deren Umsetzung möchten wir auch auf Anderson [2025] verweisen.

Die Schaffung dieser Grundbedingungen ist dringlich. Auch deshalb haben wir die Grundbedingungen thesenartig formuliert. Unsere Auswahl der Grundbedingungen basiert auf einer Literaturanalyse zu diesem Thema, der Analyse von *Use Cases* an der Universität zu Köln und unseren Erfahrungen in der Vermittlung von postdigitaler Bildung. Die Auswahl basiert außerdem auf einem umfassenden Prozess, den wir an der Universität zu Köln zur Entwicklung der bereits erwähnten KI-Strategie führen, die alle Leistungsbereiche sowie die Verwaltung, inklusive der Servicebereiche, und das Management umfassen wird. Für diesen Prozess haben wir nicht nur Expertise aus der gesamten Universität und ihren Bereichen in sogenannten Arena-Workshops [Busse 2022] zusammengebracht, sondern auch eine Umfrage durchgeführt, die sowohl das allgemeine Kompetenzlevel als auch die Bedürfnisse der einzelnen Stakeholder*innen abgefragt hat. Einige der Ergebnisse sind hier eingeflossen.

6.1 Bedingungen

Die nun folgenden Kapitel beschreiben die Grundbedingungen, um KI in der Hochschulbildung umzusetzen. Wir differenzieren in der Darstellung zwischen

- Bedingungen hinsichtlich Strukturen und
- Bedingungen, die sich auf die Akteur*innen im System und der von ihnen gelebten Arbeitskultur beziehen.

Beide Bedingungsebenen sind interdependent und verlangen in der Realisierung Leadership und Ressourcen.

6.1.1 Bedingungen hinsichtlich Strukturen

Im Folgenden werden die strukturellen Grundbedingungen beschrieben. Diese beziehen sich auf zu treffende Entscheidungen, Strategien, Ressourcen und Infrastrukturen, Governance, Richtlinien, Qualitätsstandards sowie KI-Dokumentation, KI-Dissemination und KI-Kommunikation.

Wir müssen Entscheidungen zum Umgang mit KI in der Bildung treffen.

Hochschulen und Hochschulakteur*innen müssen, gerade im Bereich der Hochschulbildung, eine Reihe an wegweisenden Entscheidungen zum Umgang mit KI treffen. Diese Entscheidungen sind aufgrund der Breite des Themas, der Abhängigkeiten, der inhärenten Risiken von KI und der vielfältigen Unbekannten sehr herausfordernd und bedingen u. a. „eine ausgewogene Berücksichtigung von Chancen, Herausforderungen und ethischen Prinzipien" [Benkö und Waltl 2024]. Überdies betreffen die Entscheidungen meistens unterschiedliche Dimensionen gleichzeitig und müssen aus den verschiedenen KI-Perspektiven (▶ siehe Kapitel 5) betrachtet werden.

Dabei ist es wichtig, z. B. zu entscheiden, was auf welchen Ebenen Anspruch und Ziel sind, welche Ressourcen man bereit sein wird, zur Verfügung zu stellen, welche Risiken an Investitionen man eingehen und wie souverän man als Institution und als Individuum sein möchte.

In diesem Zusammenhang ist es außerdem von zentraler Bedeutung, die Verantwortlichkeiten zu klären. Das „Abschieben" von Verantwortung auf Individuen, sich dem Themenbereich angemessen zu widmen und z. B. ohne institutionellen Rahmen KI in der Lehre abzubilden, muss Grenzen kennen.

Es braucht eine integrierte KI-Strategie.

Eine KI-Strategie, welche mit der Strategie der Hochschule interagiert, die dezidiert den Bereich KI und Bildung beinhaltet und dabei auch Bildungsziele formuliert, ist gewinnbringend im Vorhaben, KI und Bildung holistisch zusammenzubringen. Der Fokus muss einerseits auf tiefen und langfristigen Entwicklungen liegen. Andererseits geht es darum, auch kurzfristige Entscheidungen und Änderungen in der Strategie einbauen und dann auch umsetzen zu können. Dies schließt eine umfassende KI-Roadmap ebenso ein wie die Identifikation von KI-Bildungspraktiken mit hohem Impact, messbaren Indikatoren und Outcomes. Sinnvoll erscheint uns, zwischen sofortigen, mittleren und langfristigen Zielen zu unterscheiden [Anderson 2024].

Tiefgreifende Veränderungen, ob positiv oder negativ, passieren nicht von heute auf morgen und lassen sich nur selten durch einzelne, isolierte Teilentwicklungen erklären. Wenn wir die Rolle von KI in der Hochschulbildung verstehen, vorhersagen und mitgestalten möchten, müssen wir den Blick gleichzeitig auf das große Ganze und auf einzelne Artefakte und Entwicklungen legen, die uns zeigen, wo die Reise hingeht. Einzelentwicklungen, z. B. die Veröffentlichung eines neuen, spannenden KI-Tools, sind wichtig und interessant. Zu fragen, welche neuen didaktischen Möglichkeiten sich aus einem neuen Tool ergeben, das gerade jemand auf LinkedIn diskutiert hat, oder zu analysieren, inwiefern sich ein Bildungsprozess mithilfe eines neuen KI-Modells transformieren lässt, inspiriert und erlaubt es, besser zu verstehen, wo wir stehen.

Oftmals ist das erwähnte KI-Rat-Race jedoch auch eines, in dem wir zu entscheiden haben, ob wir die neue Software zur Generierung von Inhalten jetzt auch beschaffen sollten, wenn unsere Nachbarhochschule damit gute Erfahrungen gemacht hat. Es ist notwendig, sich kontinuierlich damit auseinanderzusetzen, wo der State-of-the-Art gerade liegt, und den Diskurs bestimmende, tagesaktuelle Entwicklungen – im späten März 2025 etwa die neuen Bildgenerierungsfähigkeiten von OpenAIs o1 – zu beobachten. Häufig führt ein zu prominenter Fokus auf Einzelentwicklungen aber auch dazu, die großen Zusammenhänge aus dem Blick zu verlieren. Die Transformation der Hochschulbildung wird sich nicht an einem einzelnen Tool festmachen. Die Geschwindigkeit der Entwicklung ist aktuell so rasant, dass man sich fast im Tagesrhythmus Fragen über neue Technologien stellen kann.

Auch gilt es zu beachten, dass nicht zuletzt an Hochschulen besondere Entscheidungszyklen bestehen. Wir müssen also neben den technischen Möglichkeiten auch z. B. die sozialen, gesellschaftlichen oder politischen Dimensionen mitdenken, ohne dabei den Spaß am Experimentieren mit neuen „Spielzeugen" zu verlieren. Dabei geht es auch darum, die Komponenten von KI in der Hochschulbildung (▸ siehe Kapitel 7) der Institution und ihrer Ziele entsprechend zu identifizieren: So wird eine KI-Beschäftigung an einer Hochschule mit neuen Formaten der Inhaltsvermittlung beschäftigt sein. Es wird außerdem um das Lernen in innovativen Lehr-Lern-Szenarien, die gemeinsame Erprobung von KI, die Entwicklung von Tools, fachspezifisches und fachübergreifendes wissenschaftliches Arbeiten, Lernbegleitung und Prüfungsszenarien, Studienberatung, Support, Verwaltungsfragen sowie die Verschränkung von Forschung und Lehre gehen.

Es braucht Ressourcen und eine KI-Infrastruktur.

Die Dynamik sowie die Komplexität der Entwicklung von KI in der Hochschulbildung stehen im Zusammenspiel mit zeitlichen, personellen und technischen Ressourcen. Diese umfassen z. B. Freiräume für die Entwicklung von Lehr-Lern-Konzepten sowie Mittel für die Entwicklung von Tools und deren Verbreitung und Begleitung. Sie umfassen ebenso versiertes Personal für die Entwicklungsarbeit und das Zusammenspiel mit Support- und Serviceeinrichtungen für die Lehre und das Lernen. Mit großer Sicherheit wird dieses Personal zusätzlich einzustellen und auch zu schulen sein. Die Bereitstellung von rechtssicheren KI-Tools und KI-Systemen ist ein weiteres komplexes Feld, das mit weitsichtiger Expertise und klarem Leadership angegangen werden muss [Anderson 2025].

Die technologischen Voraussetzungen zum Einsatz von KI in der Hochschulbildung müssen durch eine funktionierende KI-Infrastruktur und einen Standard an Digitalisierung gewährleistet sein. Dies schließt einen stabilen und zuverlässigen Betrieb verschiedener Plattformen ein, ebenso den Zugang zu Lizenzen, Tools und Systemen. Barrieren können etwa in Form von begrenzter Rechenkapazität und fehlenden monetären und personellen Ressourcen bestehen oder auch durch rechtliche Vorgaben, z. B. des Datenschutzes oder des Europäischen AI Acts. Hier muss immer eine Abwägung erfolgen: Errichtet man datenschutzkonforme, offene und an der Hochschule selbst gehostete Systeme, die mit hohen Anforderungen an Hardware und Personal kommen oder setzt man auf externe Anbieter*innen und einfach zu lizenzierende Lösungen? Agiert man alleine oder schließt man sich einem Konsortium an? Diese Entscheidungen haben tiefgreifende Folgen, z. B. hinsichtlich der Nachhaltigkeit und der technologischen Souveränität. In jedem Fall ist der KI-Einsatz in der Bildung mit einem erheblichen Implementierungs- und Einrichtungsaufwand und komplexen Entscheidungen, die weit über rein technische Fragen hinausgehen, verbunden.

Es braucht eine leistungsfähige KI-Governance, die auch den Bereich der Bildung umfasst.

Die Realisierung von KI in der Hochschulbildung verlangt eine KI-Governance, die gewährleistet, dass die KI-Mission und -Vision durch entsprechende Maßnahmen umgesetzt wird. Neben der strategischen und rechtlichen Rahmung, die sich auf die Institution und ebenso auf politische Vorgaben bezieht, sind folgende Bereiche von großer Bedeutung:

- die Unterstützung durch die Hochschulleitung,
- die Anbindung an weitere Service-Einrichtungen der Hochschule, wie etwa das Rechenzentrum und das *Center for Learning*,
- Regelungen, die rechts- und insbesondere datenschutzkonform sind, Compliance garantieren und erklären, was zu tun und erlaubt ist, ohne einzuschränken,
- die Implementierung von KI-Systemen.

Vor allem möchten wir zur Steuerung der Governance und der Maßnahmen die Einrichtung der Position eines Chief AI Officers (CAIO) inklusive einer Plattform-Struktur unbedingt empfehlen. Wir folgen hier den umfassenden Überlegungen von Anderson [2024], der nicht nur KI- und andere Kompetenzen wie tiefe technologische Kenntnisse, Führungskompetenz etc. eines*einer CAIO ausführt, sondern – in einem der ersten Handbücher dieser Art – einen überzeugenden KI-Ansatz entwickelt. Hier legt er außerdem die sich entwickelnde Rolle, das Leadership-Konzept und die Verantwortlichkeiten eines CAIO dar. Er beschreibt, wie man eine KI-Strategie entwickelt, hochperformante KI-Teams aufbaut, KI-Kompetenzaufbau betreibt, KI-Systeme implementiert und Governance sowie Compliance sichert.

Es braucht Richtlinien und Information zu Datenschutz, rechtlichen Rahmenbedingungen und zur KI-Ethik.

Unsere Erfahrung zeigt, dass gerade aufgrund der dynamischen Weiterentwicklung der generativen KI Richtlinien und Informationen zum Datenschutz und anderen rechtlichen Rahmenbedingungen von größter Bedeutung für eine wissenschaftliche Community sind, die sich innovativ, verantwortlich und jetzt mit dem Themenfeld KI in der Hochschulbildung beschäftigen muss. Sich über ethische Komponenten der KI klar und bindend zu verständigen, wird unumgänglich sein. An der Universität zu Köln haben wir dies beispielsweise gemeinsam im Rahmen unserer ko-kreativen Arena-Workshops getan, und wir werden analog zu unseren Qualitätsprinzipien KI-Prinzipien und ethische Standards definieren.

Es braucht KI-Qualität.

KI-Qualität hat mehrere Ebenen. So arbeiten KI-Tools, die das Lehren und Lernen unterstützen oder aktivieren können, nicht immer fehlerfrei. Sie können wissenschaftliches Arbeiten bisher schlichtweg nicht ersetzen. Wissenschaftliches Arbeiten mit KI und in einem postdigitalen Kontext muss dementsprechend qualitätsgeleitet neu ausgerichtet werden und unterliegt kontinuierlichen Qualitätskontrollen.

Eine weitere Ebene bezieht sich auf sogenannte Qualitätskriterien und die Frage danach, ob und – wenn ja – wie qualitäts- sowie wertegeleitete (generative) KI Eingang in das Qualitätsmanagementsystem findet. Zudem muss definiert werden, wie KI in Lehr-Lern-Angeboten, Modulen, Studiengängen etc. eingesetzt werden kann, und wie dieser Einsatz als qualitätsvoll sowohl aus Sicht der Lernenden und Lehrenden als auch aus der Sicht der Forschung bemessen werden kann.

Es braucht KI-Dokumentation, KI-Dissemination und KI-Kommunikation.

Die Einführung einer umfassenden Strategie für den Einsatz von KI in der Hochschulbildung sowie deren Governance, Implementation inklusive der Bereitstellung von Tools, Regelungen und Prinzipien sowie das *Showcasing* verschiedener *Use Cases* muss umfassend dokumentiert und kommuniziert werden. Diese Kommunikation muss die verschiedenen Akteur*innen und Stakeholder*innen an der Hochschule adressieren und kann gleichzeitig über die Hochschule hinaus, nach außen erfolgen. Hierfür eignen sich unterschiedliche Formate wie die Website, Newsletter, Plakate, Hackathons etc.

6.1.2 Bedingungen mit Blick auf Menschen und Kultur

Die Bedingungen mit Blick auf Menschen und die Kultur umfassen u. a. die Innovationsbereitschaft, die inter- und transdisziplinäre Zusammenarbeit, das Engagement der Akteur*innen, Foresight und KI-Kompetenzen.

Es braucht Innovationsbereitschaft und eine entsprechende Kultur.

Auch wenn der Wissenschaft eine inhärente Innovationsbereitschaft unterliegen sollte, möchten wir hier nochmals hervorheben, wie wichtig es sein wird, dass sich alle Mitglieder der Hochschule aus ihren Komfortzonen und Silos verabschieden, um die KI-Transformation in der Bildung und hinsichtlich ihrer Chancen und Gefahren jetzt zu vollziehen. Dies umfasst z. B. den eigenen Erwerb von KI-Kompetenzen für die Lehre und das Lernen, die Einbindung von Tools, das Strukturieren von Lehr-Lern-Konzepten und innovative Assessmentformate.

Die Hochschule muss als Ganzes ein innovationsfreundliches KI-Klima und Anreize dafür schaffen. Die In-Wert-Setzung des Lehrens und der Lehre durch den KI-Kompetenzerwerb spielt hier eine große Rolle. Sie wird ganz neue Formate des Forschens hervorrufen, Erkenntnisse in der Forschung und die Disziplinen selbst multidimensional beeinflussen sowie die Attraktivität der Hochschule als Ganzes erhöhen. Die Gewinnung von Talenten wird eine weitere Konsequenz sein, die auch die Entwicklung ganz neuer Karrierewege und den Aufbau von professionellen Teams mit sich bringt. Die Verschränkung von Forschung und Lehre entlang des KI-Themas sowie Innovation werden hier sowohl Katalysatoren- als auch Hebelwirkungen entfalten.

Es braucht eine Kultur der intergenerationellen, intersektoralen und interdisziplinären Zusammenarbeit und des Teilens.

Aufgrund der unterschiedlichen Dimensionen und thematischen Schwerpunkte, die KI in der Hochschulbildung einnehmen kann, sowie auch der vielfältigen Gelingensbedingungen, die wir hier beschreiben, ist eine Mehrebenen-Kultur der Zusammenarbeit und des Teilens für den Erfolg sowie auch den nötigen KI-Kompetenzerwerb unumgänglich. Das institutionelle, organisatorische und soziale Umfeld ist als Gelingensbedingung von großer Bedeutung.

Diese Kooperation kann und sollte dabei intergenerationell erfolgen. Sie erfolgt immer ko-kreativ, indem Expertise aktiv verbunden wird. Sie erfolgt auch intersektoral, indem Serviceeinrichtungen mit diversen Teams von Wissenschaftler*innen und Studierenden zusammenarbeiten. Sie erfolgt auch zwischen Vertreter*innen verschiedener Disziplinen. Hier ist auch die Verantwortung von Vertreter*innen jener Disziplinen zu betonen, die sich aus ihren Forschungsfeldern heraus schon lange mit z. B. Daten und Methoden des Machine Learning auseinandersetzen. Dies sind u. a. die Data Sciences und Informatiken wie die Bioinformatik und die Biotechnologie oder auch die Linguistiken und Wissenschaftler*innen der Digital Humanities. Die Autor*innen eines UNESCO-Berichts über generative KI in Bildung und Forschung drücken es wie folgt aus: „The use of GenAI in education and research should be neither imposed in a top-down approach nor driven by commercial hyperbole. Instead, its safe and effective use should be co-designed by teachers, learners, and researchers“ [UNESCO 2023: 29].

Es braucht Engagement.

Individuelle Faktoren einerseits sowie auch umfassendes Engagement in Leadership-Positionen andererseits spielen eine entscheidende Rolle darin, die Innovation in der KI-Bildung voranzubringen. Der KI-Einsatz beruht häufig auf Eigeninitiative und dem persönlichen Engagement für die eigene Lehre bzw. für strukturellen Wandel in der Lehre. Dieses Phänomen der intrinsischen Motivation ist bekannt und schon immer innovationstreibend. Die Notwendigkeit und die Verantwortung, sich konstruktiv mit diesem Wandel auseinanderzusetzen, können jedoch nicht länger auf die einzelnen Motivierten abgewälzt, sondern müssen ebenso stark institutionell getragen werden. Alle Mitglieder der Hochschule müssen verstehen, dass es sich bei KI nicht um eine weitere Reform, sondern um einen technologischen Wandel einer neuen Dimension handelt. Engagement und Expertise werden damit also in unterschiedlichen Konstellationen wirksam. Didaktische Expertise ist hier auch eine Voraussetzung, z. B. in der Entwicklung von innovativem didaktischen Design.

Wir brauchen strategisches Foresight für KI in der Bildung.

Mit dieser These möchten wir betonen, dass strategisches Foresight für KI in der Bildung, das auch strukturell und personell in der KI-Governance verortet ist, von unschätzbarem Wert für die Erneuerungsfähigkeit der Hochschule ist. Sie ist auch unumgänglich für die KI-Fort- und Weiterbildung und den KI-Kompetenzerwerb jedes einzelnen Mitglieds, um Servicebereiche schneller aufzubauen oder als Bildungsakteur*innen innovative Lehr-Lern-Projekte frühzeitig zu befördern.

Die Einrichtung eines solchen Bereichs ist jederzeit möglich, auch wenn KI uns gefühlt überholt. Wir haben dennoch immer wieder die Chance, die Entwicklungen aktiv mitzugestalten. Auch wenn wir beim Einstieg in das LLM-Zeitalter langsam waren, könnten wir jetzt schnell sein, wenn es z. B. um agentische KI geht.

Es braucht JETZT KI-Expertise, KI-Kompetenzen und KI-Qualifizierung.

Die Hebelwirkung von KI für die Hochschulbildung in Bewegung zu setzen, erfordert ein Zusammenwirken unterschiedlicher Komponenten: Es bedarf einer umfassenden Strategie, der Berücksichtigung von Ressourcenfragen, eines tiefgreifenden technischen Verständnisses, Ethik und Werten. Eine unserer Hauptthesen, und damit auch eine der wichtigsten Empfehlungen zur Umsetzung, ist damit auch der Aufbau von KI-Kompetenzen für alle (▶ siehe Kapitel 7). Es geht um den Ausgleich des „Kompetenzgaps“ zwischen verschiedenen Stakeholder*innen. Wir halten dies für eine der KI-Initiativen, die jetzt mit Überzeugung und Schnelligkeit vollzogen werden müssen. Während die European Commission diese Dringlichkeit vorrangig im Kontext des Wettbewerbs beteuert und Investitionen auf dieses Ziel hin tätigen wird, geht es uns auch darum, das Well-Being jeder*jedes Einzelnen zu verbessern. Die Investition in KI-Bildung eröffnet neue Möglichkeiten und Perspektiven der individuellen und systemischen Fortentwicklung für die Forschung, die Bildung und für Innovation. Der Hochschulkontext erlaubt es, entsprechend der vorhandenen Ressourcen zu priorisieren und ebenso in gesellschaftlicher Verantwortung für das Well-Being wirksam zu werden.

6.2 Zusammenfassung und Fazit

Dieses Kapitel hat die Grundbedingungen für das Gelingen einer KI-Bildung beschrieben und dabei zwischen solchen Bedingungen unterschieden, die struktureller Natur sind, sowie denjenigen, die sich auf Haltungen, Formen der Zusammenarbeit, das Engagement und die Notwendigkeit der Kooperationen zwischen den Akteur*innen bezieht. Für uns ist die Heranbildung von vielfältigen KI-Kompetenzen eine der wichtigsten Grundbedingungen, um die Anforderungen der Transformation durch KI souverän und wertebasiert sowie innovativ in Forschung und Bildung begegnen zu können.

Nutzen Sie das Arbeitsblatt zum Kapitel, um anhand einer Reihe von Reflexionsfragen noch einmal aus Ihrer (angestrebten) Rolle über die Inhalte zu reflektieren. Neben der eigenen Auseinandersetzung eignen sich die Reflexionsfragen auch als Impulse für spannende Diskussionen zum Thema.

7 Kompetenzaufbau – KI lernen, ohne den Verstand zu verlieren

7.1 KI-Kompetenzen ... 104

7.2 Erwerb und Vermittlung von KI-Kompetenzen ... 115

7.3 Zusammenfassung und Fazit ... 119

KI überholt uns. KI ist nicht einfach eine technische Reform, bei der sich das Individuum oder auch die Institution überlegen kann, ob sie daran partizipiert. KI ist Transformation auf allen Ebenen der Lehre, des Lernens, der Forschung, der Verwaltung und des Managements. Die Prozesse des KI-Kompetenzerwerbs für die Anwendung und Weiterentwicklung von KI sowie die Etablierung einer KI-Governance zu verschlafen, ist keine Option, die wir uns jetzt leisten können, auch wenn klar ist, dass diese Prozesse komplex, anstrengend, disruptiv, ressourcenintensiv, widersprüchlich und hochdynamisch sein werden. Die bestehenden Diskurse zu KI (▶ siehe Kapitel 4) tun das ihre dazu: Die notwendigen Prozesse stagnieren in Teilen, während sich einzelne zu KI-Expert*innen fortbilden. Hinzu kommen die spezifischen Gegebenheiten von (öffentlich finanzierten) Expert*inneninstitutionen und Bildungseinrichtungen wie Hochschulen. Einerseits herrschen Hemmungen und Angst vor der intensiven Beschäftigung mit KI und der Ausbildung entsprechender KI-Kompetenzen vor. Andererseits spüren wir aber auch großes Interesse und Enthusiasmus, sich der KI-Transformation nun endlich professionell, wissenschaftsbasiert und strukturiert zu widmen.

Die Ziele dieses Kapitels bewegen sich für das Individuum und die Institution auf zwei Ebenen: a) KI-Kompetenzen zu beschreiben und b) exemplarisch darzulegen, wie man diese KI-Kompetenzen heranbildet bzw. sich diese aneignen kann.

Wir werden zunächst versuchen, den Forschungsstand anhand einer Auswahl von derzeit existierenden Kompetenzmodellen kurz zu umreißen und Definitionen für KI-Kompetenzen und KI-Literacy darzulegen. Danach werden wir die einzelnen thematisch-inhaltlichen Komponenten, die KI-Kompetenzen gliedern, beschreiben. Das Kapitel schließt mit Handlungsvorschlägen zur Ausbildung von KI-Kompetenzen ab.

7.1 KI-Kompetenzen

Ziel dieses Kapitels ist es, das Feld von KI-Kompetenzen mithilfe von thematisch-inhaltlichen Komponenten zu konturieren, die die exemplarisch gewählten Kompetenzmodelle nennen. Wir werden darüber hinaus Komponenten und Kompetenzen identifizieren, die nicht in den gewählten Modellen aufgeführt werden, die uns aber unumgänglich für einen holistischen Ansatz erscheinen. Dabei wird, wie bereits erwähnt, deutlich werden, dass beispielsweise nur einige wenige Kompetenzen originäre KI-Kompetenzen sind. Kompetenzen, wie die Datenkompetenz oder das kritische Betrachten von KI-Output, werden schon lange als klassische Forschungs- und Wissenschaftskompetenzen bezeichnet.

Beginnen wir zunächst damit, zwischen KI-Literacy und KI-Kompetenzen zu unterscheiden. Chan [2023] definiert KI-Literacy wie folgt: „AI literacy for the typical individual is the ability to comprehend, assess, interact with, and make informed decisions regarding artificial intelligence technologies in daily life. It involves understanding the basic principles of AI, recognising its applications, being aware of its ethical, social, and privacy implications, as well as understanding the impacts and values AI has on humans and human emotions, all while responsibly engaging with AI systems." Lintner [2024: 1] beschreibt KI-Literacy darüber hinaus als „an advanced form of digital literacy", und definiert sie als „the ability to understand, interact with, and critically evaluate AI systems and AI outputs".

Ohne zu tief in die Debatten über Definitionen von Literacy- und Kompetenzbegriffen einzusteigen, halten wir fest: Wer über KI-Kompetenzen verfügt und diese anwenden kann, ist „KI-literate". Es geht dabei nicht nur um technische Versiertheit, sondern auch darum, den *Impact* von KI zu verstehen und verantwortlich mit KI zu (inter-)agieren. KI-Literacy, so Chan und Colloton [2024: 24], sei in ihrer Gesamtheit ein entscheidendes Werkzeug, die Komplexitäten und Beschaffenheit der technologischen Systeme und Algorithmen zu verstehen. Diese KI-Literacy ist die Grundlage, sich weiterzubilden, KI zu hinterfragen sowie KI-Innovationen zu leiten und zu *monitoren*. Unabhängig vom Kontext besteht Konsens darüber, dass KI-Literacy eine Kulturtechnik in der postdigitalen Welt ist.

Um KI-Literacy zu erreichen, braucht es bestimmte thematisch-inhaltliche KI-Kompetenzen. Schaut man sich das Feld an, sieht man, dass in akademischen wie auch in Corporate-Bereichen, die sich in der Forschung mit KI und im Lernen mit der Ausbildung von KI-Kompetenzen ihrer Mitglieder und Mitarbeitenden beschäftigen, KI-Kompetenzen derzeit entsprechend konzeptualisiert werden und ihr Erwerb intensiv gefördert wird.

Momentan schießen außerdem eine Vielzahl von KI-Kompetenzmodellen und KI-Trainingsprogrammen aus dem Boden. Diese haben zum Ziel, zügig Orientierung zur Vermittlung von KI-Kompetenzen zu geben, die Produktivität zu erhöhen, die individuelle Souveränität zu steigern sowie den schon genannten *Skills Gap* und den ebenfalls bereits erwähnten *Digital Divide* aufzuhalten. Angesichts der hochdynamischen Entwicklung des Feldes betonen alle Ansätze, dass eine thematische Aufteilung der KI-Kompetenzen einerseits sowie auch die Betonung von domänenspezifischen Kompetenzen andererseits notwendig sind. Je nach Bereich sind andere Kompetenzprofile mit spezifischen Ausprägungen der Kompetenzlevels notwendig.

Wenn es um KI-Kompetenzen im Kontext der Wissenschaft und Hochschulen geht, wird betont, dass die Förderung der KI-Kompetenzen aller Akteur*innen, nicht nur z. B. Lehrender und Studierender, relevant ist. Dies ist der Fall, weil KI alle Leistungsdimensionen und Bereiche der Hochschule betrifft, und diese einander beeinflussen. Ohne eine leistungsfähige Verwaltung oder Infrastruktur sind beispielsweise auch keine leistungsfähige Lehre oder Forschung möglich.

Wie bereits erwähnt, kommen viele Studierende mit einem hohen anwendungsfokussierten Vorwissen hinsichtlich generativer KI-Tools an die Hochschule. Im Rahmen der Ausbildung eines wissenschaftlichen Habitus [Universität zu Köln 2022] soll Studierenden darüber hinaus ein umfangreiches Set an KI-Kompetenzen vermittelt werden, das fachlich und überfachlich ist, damit sie als Graduierte auf den Arbeitsmarkt vorbereitet sind und in die Lage versetzt werden, ethisch, strategisch und innovativ durch eine technologische Landschaft zu navigieren, die maximal verschränkt ist.

Lehrenden, Forschenden und Manager*innen in ihren vielfältigen Rollen muss dabei die gleiche Aufmerksamkeit gewidmet werden: KI-Literacy, die sich wiederum aus (rollen-)spezifischen KI-Kompetenzen ergibt, ist unumgänglich, um Lehre und Lernen innovativ umzusetzen, Strategien und *Policies* zu entwickeln sowie sicherzustellen, dass Governance und Regulierung effektiv die Beschaffenheiten und ethischen Herausforderungen der Implementation von KI in akademischen Kontexten beachten. Solide KI-Kompetenzen sind auch notwendig, um über KI-Strategien und KI-Ressourcen in der Lehre und für sie zu entscheiden, die institutionellen Prozesse auf den Weg zu bringen, technische Grundlagen zu schaffen und zukunftsgerichtete Bildungserfahrungen zu kreieren. Den Nexus von Forschung und Lehre zu befördern, erscheint uns dabei als eine ebenso wichtige Aufgabe wie die Talentförderung in anspruchsvollen Berufen der Zukunft. KI-Kompetenzen erlauben dem Individuum, der Community und der Institution zu antizipieren, wo die Schwierigkeiten in der Umsetzung auftauchen können, oder warum es eine Herausforderung für viele Akteur*innen ist, sich den Aufgaben zu stellen. Dies umfasst zudem die Kompetenz zu analysieren, wie sich die postdigitale Welt entwickelt, vor allem dann, wenn KI-Aufgaben automatisiert, neue Tätigkeiten kreiert werden und digitale Technologien unser persönliches und berufliches Leben neu justieren. Noch einmal möchten wir betonen, dass es darum gehen wird, wie wir in Zukunft lehren und lernen werden, und welche Rolle die Wissenschaftler*innen dabei spielen können, wollen und müssen.

Chan und Colloton [2024: 28] zeigen neben Modellen, Rahmen und Taxonomien für KI-Kompetenzen zudem sehr eindrücklich, dass sich Kompetenzmodelle zur Erlangung von KI-Literacy seit 2015 herausbilden und sich – auch bezüglich Instrumenten wie ChatGPT – Forschung zur Umsetzung und Wirksamkeit von KI-Kompetenzmodellen sowie neuer Assessment-Formate erst langsam entwickeln.

Bevor wir anhand eines übergeordneten Systems für die inhaltlich-thematische Strukturierung von KI-Kompetenzen fortfahren, möchten wir im nächsten Abschnitt noch einige KI-Kompetenzmodelle exemplarisch beschreiben.

7.1.1 KI-Kompetenzmodelle

Die im Folgenden dargelegten KI-Kompetenzmodelle sollen Lesenden als weiterführende Lektüre dienen und gleichzeitig zum eigenen Kompetenzerwerb beitragen. Die Auswahl steht exemplarisch sowohl für unterschiedliche inhaltliche Schwerpunkte, die derzeit gesetzt werden, als auch für unterschiedliche Kompetenzstufen und Kontexte. Außerdem wurden sowohl englisch- als auch deutschsprachige Kompetenzmodelle ausgewählt. Wir möchten so sicherstellen, dass sich diverse Lerner*innen angesprochen fühlen, und die Vielfalt der Perspektiven abgebildet wird.

AI Literacy Framework [Chan und Colloton 2024]

Auf der Basis ihres Konzepts von KI-Literacy haben Chan und Colloton [2024] ein Set von generellen und spezifischen KI-Kompetenzen, die den unterschiedlichen Rollen der Akteur*innen in Studium und Lehre sowie für das Lernen mit KI Rechnung tragen, entwickelt. Das „Foundational AI Literacy Framework" umfasst fünf Komponenten und stellt die Basis für KI-Literacy dar. Dieses wird dann für bestimmte Rollen (z. B. Lehrende) hin zu einem „Dynamic AI Literacy Model" um spezifische Kompetenzen erweitert.

AIComp [Ehlers et al. 2024)

Das von Ehlers et al. [2024a, 2024b] entwickelte Kompetenzmodell AIComp positioniert KI-Kompetenzen im Kontext der Future Skills (vgl. [Ehlers 2020]) und basiert u. a. auf einer Befragung von über 1.600 Berufstätigen. Das Kompetenzmodell umfasst drei Kompetenzbereiche, zwölf Kompetenzfelder und für jedes Kompetenzfeld beispielhafte Beschreibungen von Wissen, Fähigkeiten und Werteeinstellungen. So findet sich beispielsweise im Bereich „Arbeiten und gestalten mit und für KI" die „Systemdesignkompetenz", die sich auf die Entwicklung und Gestaltung von KI-Systemen bezieht. Die Kompetenzen wurden außerdem in sechs an Bloom bzw. Anderson und Krathwohl angeglichenen Kompetenzstufen beschrieben und mit beispielhaften Lernzielen versehen.

Kompetenzen für die Nutzung von KI-Potenzialen in Unternehmen [Rampelt et al. 2025]

Auf Basis von quantitativen und qualitativen Erhebungen und bestehender Modelle sowie mit klarem Blick auf Regelungen, wie den AI-Act, haben Rampelt et al. [2025] ein Kompetenzmodell für die Nutzung von KI-Potenzialen in Unternehmen entwickelt. Dieses differenziert zwischen vier Hauptebenen („KI-Grundwissen", „Praktische generative KI-Kompetenzen", „Praktische Analytics KI-Kompetenzen", „Kritische & ethische Einordnung von KI") sowie Einzelkompetenzen, wie „Prompting" oder „Datenbasiertes Handeln". Das Modell wurde als Grundlage für eine Befragung von Führungskräften in deutschen Unternehmen genutzt, die diesen Unternehmen ein Kompetenzdefizit attestieren.

AI Competency Framework for Students and Teachers [UNESCO 2024]

Die UNESCO [2024b, 2024c] hat zwei KI-Kompetenzmodelle, eines für „Students" und eines für „Teachers", vorgelegt. Während das erste Modell darauf abzielt, Lernende für die Auseinandersetzung und Nutzung von KI zu qualifizieren, zielt das zweite Modell stärker auf die Professionalisierung von Lehrenden und fokussiert die verantwortungsbewusste, sichere Nutzung.

In beiden Modellen werden ein „Human-Centered Mindset" und „Ethics of AI" als zentrale Aspekte beschrieben. Für Lernende kommen die Aspekte „AI Techniques and Applications" sowie „AI System Design" hinzu. Die Kompetenzen werden dann auf drei Levels („Understand", „Apply", „Create") näher beschrieben, und es ergeben sich so zwölf Kompetenzen. Für Lehrende wird das Modell um „AI Foundations and Applications", „AI Pedagogy" sowie „AI for Professional Development" ergänzt. Auch hier gibt es drei Levels („Acquire", „Deepen", „Create"), die sich aber von denen der Lernenden unterscheiden. So ergeben sich 15 Kompetenzen für Lehrende.

DEC AI Literacy Framework [Digital Education Council 2025]

In Zusammenarbeit mit zahlreichen führenden KI-Institutionen hat das Digital Education Council [2025] ein Framework entwickelt, das die fünf Dimensionen „Understanding AI and Data", „Critical Thinking and Judgement", „Ethical and Responsible AI Use", „Human-Centricity, Emotional Intelligence, and Creativity" sowie „Domain Expertise" beschreibt. Die fünf Dimensionen werden auf drei Kompetenzlevels beschrieben. Zusätzlich macht das Framework Vorschläge für ideale Kompetenzprofile und Ausprägungen für die Gruppen „Faculty" und „Students" und schlägt damit eine ähnliche Trennung wie die von der UNESCO vorgenommene vor.

7.1.2 Komponenten der KI-Kompetenzen

Nach der Einführung in den Forschungsstand, einer Definition von KI-Literacy sowie der Darlegung einiger exemplarischer KI-Kompetenzmodelle und KI-Frameworks möchten wir mithilfe eines Systems die thematisch-inhaltlichen KI-Komponenten beschreiben, für die dann jeweils bestimmte KI-Kompetenzen genannt werden. Wir werden kein eigenes KI-Kompetenzmodell präsentieren. Wenn es zur Illustration sinnvoll erscheint, referenzieren wir auch auf unterschiedliche Kompetenzstufen, die mit dem Ziel der Operationalisierbarkeit in Lernziele sowie der Messbarkeit des Kompetenzerwerbs oft z. B. als numerische Levels (Level 1 bis 3) oder als diskrete Stufen (z. B. Basic, Intermediate, Advanced) beschrieben werden.

Wie bereits erwähnt, werden in den existierenden Rahmen und Modellen zahlreiche thematisch-inhaltliche Komponenten, die manchmal auch Dimensionen genannt werden, definiert und umrissen. Die thematische Fokussierung der Komponenten wird immer auch damit begründet, was durch den Kompetenzerwerb in diesem thematischen Feld erreicht werden soll. Wir stellen im Folgenden zusammenfassend die Komponenten dar, die meistens genannt werden, und die wir darüber hinaus für wichtig erachten. Um die Übersicht in einem komplexen Feld zu erleichtern, strukturieren wir die Komponenten wie folgt:

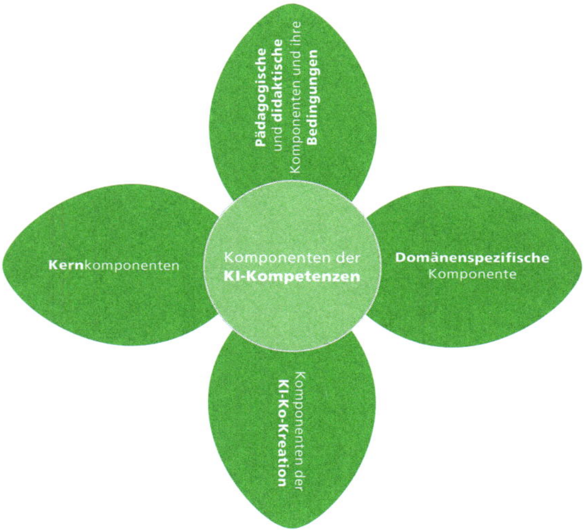

Abbildung 7.1: Komponenten der KI-Kompetenzen

Kernkomponenten	■ KI-Konzepte/KI-Basiswissen/KI und Daten ■ KI-Applikationen/Mechanismen ■ KI und agentische Systeme/Interaktion mit anderen Technologien ■ Verantwortliche und kritische KI ■ KI-Diskurse/KI-Ideologien/KI-Widersprüche ■ Sprache/Emotion/Kreativität ■ Technik/Energie/der Mensch/der Planet ■ KI-Sicherheit/KI-Sicherung/KI-Souveränität ■ Perspektiven der KI
Domänenspezifische Komponente	■ Rollen und Disziplinen
Pädagogische und **didaktische** Komponenten und ihre **Bedingungen**	■ Pädagogische Innovation ■ Ethisches, politisches und *Policy*-bezogenes Bewusstsein ■ KI-Leadership/Verwaltung/Governance/Regularien ■ KI für das gute Leben ■ KI für den Job und die Karriere ■ Forschung und wissenschaftliches Engagement ■ Verantwortliche KI und Entwicklung

Komponenten der **KI-Ko-Kreation**	■ Interdisziplinarität ■ The Humanities ■ KI-Mindset/New Work ■ Well-Being

Tabelle 7.1: Komponenten der KI-Kompetenzen

Wir beziehen uns vor allem auf die thematisch-inhaltlichen Komponenten, die in den oben genannten Kompetenzmodellen genannt werden, haben aber auch weitere Literatur konsultiert bzw. unsere eigenen Erfahrungen und Beobachtungen im Aufbau von KI-Kompetenz und postdigitaler Bildung einfließen lassen. Es werden außerdem auch die Kompetenzen hervorgehoben, die aus unserer Sicht entweder in den bestehenden Modellen nicht ausreichend erwähnt sind oder insgesamt fehlen, auch weil wir es für dringend notwendig erachten, immer wieder den Kontext für die Beschäftigung mit KI aktuell zu beschreiben. Häufig werden Vor- und Nachteile der KI genannt sowie ihre Potenziale und Herausforderungen, die ebenfalls in einem historischen Kontext positioniert werden.

Kernkomponenten

Die neun Kernkomponenten der KI-Kompetenz beschreiben thematisch-inhaltliche Kernkompetenzen, die die Grundlage für die Ausbildung von KI-Literacy sind.

KI-Konzepte/KI-Basiswissen/KI und Daten Diese Komponente soll auf verschiedenen Levels Grundlagen und Basisprinzipien für die Funktionsweise von KI vermitteln. Dabei geht es um das Zusammenspiel z. B. der LLM, ihrer Datengrundlage sowie der Algorithmen, die sie trainieren. Verschiedene Begriffe und Konzepte wie Machine Learning oder neuronale Netzwerke werden erklärt und kontextualisiert. Die Mechanismen von (generativer) KI, ihren Modellen und Algorithmen als lernende Systeme werden anhand von nicht notwendigerweise KI-inhärenten, aber für die KI relevanten Aspekten dargelegt. Diese umfassen Daten-Fragen wie Datensammlung, Kuratierung, Bias, Datenverarbeitung und Dateninterpretation.

KI-Applikationen/Mechanismen In den derzeit existierenden Modellen werden für diese Komponente die diversen Applikationen und damit die Ubiquität der KI-Anwendungen in allen Lebensbereichen erklärt. Oftmals werden wichtige generelle und domänenspezifische (generative) KI-Tools – immer mit Hinweis auf die Dynamik der Entwicklungen – vorgestellt, sodass Lerner*innen die für ihre Ansprüche, Rollen und beruflichen sowie persönlichen Anforderungen relevanten Anwendungen auswählen können.

KI und agentische Systeme/Interaktion mit anderen Technologien Hierbei handelt es sich um eine Komponente, die wir hervorheben möchten, weil sie in den Modellen nur gestreift oder gar nicht erwähnt wird. In ▶ Kapitel 3 haben wir bereits dargelegt, dass agentische Systeme ein übergeordneter Begriff für KI-Systeme ist, die eigene Entscheidungen treffen können. Sie lassen sich unterteilen in KI-Workflows und KI-Agent*innen. Sie passen ihre Entscheidungen an Bedingungen an, suchen als Basis für die Entscheidungsfindung und Problemlösung nach Informationen etc. Nicht zuletzt, weil fast alle großen KI-Anbieter*innen an diesen Systemen arbeiten, ist zu diesem Zeitpunkt der Kompetenzerwerb zur Funktionsweise von agentischen Systemen und ihrer Interaktion mit anderen Technologien unumgänglich.

Agentische KI hängt ebenfalls stark mit z. B. Leadership-, Management-, Projektmanagement-, Produktmanagement-, aber auch Kompetenz-Kompetenzen zusammen. Insbesondere die kompetente und reflektierte „Führung" und Koordination von komplexen agentischen Systemen, die häufig mehrere interagierende Agent*innen umfassen, werden zentral werden.

Verantwortliche und kritische KI Dies ist eine umfassende Komponente der KI-Literacy, die nahezu von allen derzeit existierenden Modellen beschrieben wird, auch wenn sie nicht inhärent KI-spezifisch ist. Denn verantwortlich und kritisch mit einer Technologie umzugehen, ist eine grundsätzliche Bedingung wissenschaftlichen Arbeitens in Forschung und Lehre. Auch aus diesem Grund fassen wir hier die verantwortliche und die kritische KI in einer Komponente zusammen.

Die verantwortliche und kritische KI beschreibt vor allem ethische Gesichtspunkte der KI-Nutzung. Sie umfasst so z. B. die Risiken und Limitierung oder Bias von KI-Systemen. Diese liegen auch in der Falschinformation. KI-Nutzer*innen und KI-Entwickler*innen sollen in die Lage versetzt werden, sich weder zu sehr auf KI zu verlassen, noch Missbrauch mit den Systemen zu betreiben. Das Ziel ist, gleichermaßen Fairness, Transparenz, Privatheit und Verantwortung in der Nutzung der Systeme sicherzustellen und darüber hinaus mit Best-Practice-Beispielen zu illustrieren, wie dies geschehen kann. Oftmals werden für diese Komponente auch die verschiedenen Governance-Modelle und Konzepte sowie notwendige Regularien genannt, die diese Ziele operationalisieren und umsetzen. Wir möchten diese Aspekte jedoch in einer separaten Komponente darstellen. „Kritische KI" sehen wir hier sehr eng interagierend mit einem ethisch-motivierten und werteorientierten KI-Umgang. Der Fokus liegt hier ebenso auf der Fähigkeit, KI-generierten Output bewerten zu können, Bias zu entdecken, vorauszusehen, auch artikulieren und beschreiben zu können, die Quellen für Falschinformation zu benennen. Einige Modelle betonen in diesem Kontext vor allem, dass die menschenzentrierte Bewertung der Kern der Entwicklung von KI-Systemen und Tools bleiben muss. Wir würden hier die „More-than-human"-Dimension, d. h. auch planetare Gesichtspunkte, ebenso einschließen wie auch die derzeitigen Entwicklungen, dass die KI-Oppositionen zwischen Menschen und Maschine sich beginnen aufzulösen und daher auch genau zu betrachten ist, inwieweit eine menschenzentrierte Sichtweise noch zeitgemäß ist und durch eine ko-kreative zu ersetzen wäre.

KI-Diskurse/KI-Ideologien/KI-Widersprüche Diese von uns neu hinzugefügte Komponente beschreibt – wohl wissend um den dynamischen Wandel und um die Herausforderung, in der Beschreibung niemals aktuell sein zu können – die Diskurse, die das Feld der KI bestimmen (▶ siehe Kapitel 4). Außerdem erscheint es uns in der Beschäftigung mit einer KI-Literacy unumgänglich, exemplarische Ideologien offenzulegen und auch die Widersprüche, die in der Nutzung von KI zutage treten, zu beschreiben.

Sprache/Emotion/Kreativität In dieser Komponente der Kernkomponenten geht es darum zu verstehen, wie KI menschliche Emotionen erkennt, interpretiert, auch manipuliert und darauf antworten kann. Als lernende Systeme können KI-Systeme menschliche emotionale Schlüssel aufnehmen und sie für das System adaptieren. Dies hat vielfältige Konsequenzen – gute und auch weniger vielversprechende –, denn Individuen können bereits solche Tools wie das schon genannte Sesame AI verwenden, die menschlicher Sprache Emotionen entnehmen und, wenn auch simuliert, empathisch reagieren können. Es geht also hier auch darum, die Qualitäten und Kompetenzen, die dem Menschen vermeintlich eigen sind, wie Empathie, Adaptabilität oder lebenslanges Lernen, für die Weiterentwicklung der Systeme zur Anwendung zu bringen. Dabei müssen Diversitäts- und Inklusionsdimensionen sowie soziale Werte, wie Demokratie und die Würde des Menschen, leitend sein. Grundlegende Kenntnisse von Sprache im Gebrauch sowie die unterliegenden Muster der Kommunikation aus der Pragmatik oder der Soziolinguistik können hier ebenso nicht hoch genug eingeschätzt werden.

Technik/Energie/der Mensch/der Planet Diese Komponente möchten wir als neu und notwendig hervorheben, weil sie das ganze Universum der technisch-technologischen Dimensionen der KI und ihrer Systeme darstellen soll. Außerdem ist es notwendig, die vielfältigen und diversen Ebenen der Fragen von Energienutzung und Ausbeute des Planeten, seiner Lebewesen und Erdschätze sowie auch menschlicher Arbeitskraft explizit darzustellen, auch mit dem Ziel einer Weiterentwicklung einer grünen KI.

KI-Sicherheit/KI-Sicherung/KI-Souveränität Diese Komponente, die beinahe in allen Modellen Erwähnung findet, betont die Wichtigkeit, die Sicherheits- und Sicherungsaspekte im Kontext von KI zu beachten. Beispielsweise sollen die potenziellen Risiken von KI-Systemen auf verschiedenen Kompetenzleveln in zunehmender Komplexität erklärt und reflektiert werden können. Das Bewusstsein für und das Wissen um KI-Sicherheit und KI-Sicherung ermöglicht es Individuen, persönliche Informationen sowie ihren digitalen Fußabdruck zu schützen, einen verantwortlichen Umgang mit den Daten zu fördern und informierte Entscheidungen in der postdigitalen Welt zu treffen. All dies trägt zur KI-Souveränität bei.

Perspektiven der KI Mit dieser für uns weiteren einschlägigen Komponente möchten wir die Dimensionen der KI beachtet wissen, so wie wir sie in ▶ Kapitel 5 dargelegt haben: KI für die Lehre und das Lernen, KI in der Lehre, KI in der Forschung und für die Forschung, KI in und für die Verwaltung, etc.

Domänenspezifische Komponente

Diese Komponente beschreibt im Folgenden vor allem die Kompetenzen, die sich aus den Notwendigkeiten einer spezifischen Disziplin oder einer Rolle und Funktion ergeben können.

Rollen und Disziplinen Die domänenspezifische Komponenten der KI-Kompetenz ist von größter Bedeutung. Sie erlaubt, KI-Bedingungen und thematische Spezifika für spezifische Rollen in akademischen und anderen beruflichen Kontexten nochmals dezidiert zu thematisieren und zu definieren bzw. dynamisch anzupassen. Außerdem wird in den Modellen den Disziplinen und professionellen Kontexten Raum gegeben, KI-relevante Themen, Methoden, Datenfragen etc. tiefer zu konzeptualisieren und auszuführen und dabei auch das Lernen zu befördern.

Den Wissenschaftler*innen ist es somit möglich, Ergebnisse ihrer eigenen KI-Forschung sowie Methodologien und KI-Tools in einem KI-Kompetenzmodell und damit auch in ihre didaktische und pädagogische Arbeit einzubauen, um etwa das Engagement der Lernenden zu erhöhen und das personalisierte Lernen zu bereichern. Hinzu kommt, dass auf einer Governance-Ebene die Wissenschaftler*innen in ihren jeweiligen Rollen die institutionelle Weiterentwicklung der KI-Integration wertegeleitet befördern, neue Lehr-Lernformate entwickeln sowie auch das gesamte KI-Curriculum innovieren können.

Taucht man also umfassender in die KI hinein, ist es notwendig zu erkennen, dass verschiedene professionelle Rollen spezifisches KI-Wissen und spezifische Kompetenzen erfordern. Verschiedene Sektoren und Disziplinen haben bereits ihre KI-Kompetenzen in einem unterschiedlichen Grad beschrieben. So sind KI-bezogene Fragen der Ethik maßgeblich durch die Entwicklungen z. B. von Anwendungen im Medizinsektor beeinflusst. Zudem erscheint es gegeben, dass aus den Notwendigkeiten einer bestimmten Profession oder den methodologischen Grundlagen einer Disziplin manche Komponenten aus dem Set an Grundlagen der KI-Kompetenzmodelle entweder in den Vordergrund rücken oder weniger betont werden.

Die Rolle der Lernenden und Studierenden wird in einigen Modellen ebenso thematisiert und mit Bezug auf die oben genannten Komponenten nach Kompetenzlevel definiert. Wieder sind zahlreiche der definierten Kompetenzen nicht inhärent KI-spezifisch. So erscheinen diejenigen zu kritischem Denken und ethischem Gebrauch der KI insgesamt den Werten und Prinzipien von wissenschaftlichem Arbeiten, FAIR Data und guter wissenschaftlicher Praxis zu entsprechen. Greifen wir aber dennoch zwei Komponenten exemplarisch heraus, um sie etwas genauer zu beschreiben: So beinhaltet z. B. die Komponente KI-Konzepte/KI-Basiswissen, dass Lernende – neben dem Verständnis von Grundkonzepten der KI – die Rolle von KI im täglichen Leben, in ihren Studieninhalten und auch in der Gesellschaft erkennen. Außerdem sollen sie KI-Tools etwa zum Lernen, für die Forschung und zur Erhöhung der Produktivität verwenden können. Auf dem Level der Zukunftsrelevanz sind Kompetenzen, wie die KI-Implementation in eigene Arbeiten und ein vertieftes technisches Verständnis von KI-Modellen, definiert.

Die Komponente, die sich mit KI, Sprache, Emotion und Kreativität beschäftigt, umfasst die Kompetenz zu erkennen, wie KI die Kommunikation und menschliche Kreativität beeinflusst, und warum es nötig ist, dass menschliches Monitoring notwendig ist. Darauf aufbauend werden Kompetenzen definiert, die KI als ko-kreative Partnerin für Kreativität und Problemlösen versteht.

Für diejenigen in der Hochschulbildung, deren Rollen eine bildungs-, vermittlungs- und lehrspezifische Rolle umfassen, geht es darum, Lehre und Lernen durch KI-Technologie sinnvoll zu bereichern. So betonen die Modelle vor allem ein mittleres Kompetenzniveau in technischen KI-Anwendungen, die auch die Anwendung von KI-Tools umfassen, die für ihr jeweiliges Feld relevant sind. Sie betonen auch grundlegende KI-Kompetenzen, um Techniken der Datenanalyse, automatisierte Assessment-Formate anzuwenden und personalisierte Lernangebote zu kreieren.

Pädagogische und didaktische Komponenten und ihre Bedingungen

Dieser Komponente unterliegt, klar zu vermitteln, dass KI die Disziplinen auf allen Ebenen – technisch, technologisch, epistemisch, didaktisch-pädagogisch, ethisch, rechtlich – verändern wird. Bezüglich pädagogischer und didaktischer Innovationen ist die Annahme, dass die KI eine Hebelwirkung erzielen kann, damit Lernende engagierter, interaktiver lernen können und mehr auf sie zugeschnittene Lernangebote vorfinden. Außerdem ist es wichtig, hier auch die unterstützenden Kompetenzen zur Realisierung der Bedingungen anzuführen, die notwendig sind und es möglich machen, pädagogisch-didaktische KI-Innovation zu betreiben und umsetzen zu können.

Pädagogische Innovation Die didaktisch-pädagogische Beschäftigung mit KI umfasst vielfältige Themen. KI in die Profilierung des Studienangebots und der Studiengänge zu integrieren, ist ein wichtiger Bereich, ebenso KI für automatisiertes Assessment und Feedback anzuwenden. Zu verstehen, wie KI das kritische Denken von Lernenden fördern, und wie entsprechende Aktivitäten kreiert werden können, muss ein Herzstück der Umsetzung dieser Komponente sein. Dabei gilt es zu verstehen, wie sich der von Menschen generierte Inhalt von dem der KI unterscheidet, und wie die Chancen und der Nutzen der KI in die wertegeleitete Anwendung überführt werden kann.

Das Potenzial für Innovation zu identifizieren, welches auch in der Automation, Personalisierung und der intensivieren Aktivierung des Lernendenengagements liegen kann, muss zur selbstverständlichen Aufgabe werden. Dabei müssen auch die Assessment-Formate angepasst und adaptive Lernangebote in den Blick genommen werden.

Die Möglichkeiten zu erkennen, die in der Anwendung von KI in Lernangelegenheiten liegen kann (*Tutoring*, automatisches Feedback), integriert das Training und den Aufbau von Lernangelegenheiten für Kolleg*innen. Interdisziplinäre Begleitforschung zu den Innovationen ist dabei empfehlenswert.

Ethisches, politisches und *Policy*-bezogenes Bewusstsein Die Komponente der Förderung von ethischem, politischem und *Policy*-bezogenem Bewusstsein im Kontext von Bildung umfasst das Erlernen und Fördern einer verantwortlichen KI. Dies schließt auch das Verständnis dazu ein zu entwickeln, welche sozialen und institutionellen und *Policy*-Kompetenzen die Einführung von KI in der Bildung hat. Diesem Prozess gehen Diskussionen voraus, die sich mit den bereits erwähnten Themen, wie Bias oder der Privatheit der KI beschäftigen. Wissenschaftler*innen der Hochschulen spielen eine entscheidende Rolle darin, den ethischen Rahmen zu entwickeln, in dem KI an der Hochschule verstanden und verwendet wird und wie Studierenden vermittelt wird, dass KI-generiertes Datenmaterial immer kritisch zu analysieren ist.

KI-Leadership/Verwaltung/Governance/Regularien Diese Inhalte umfassen Prozesse, die für die holistische Entwicklung und Umsetzung von KI-Literacy notwendig sind. Diese sind z. B., KI-Strategien in der eigenen Institution zu entwickeln oder auch KI-Trends für Bildung und Forschung zu identifizieren. *Faculty Training* zu entwickeln und die Professionalisierung voran zu treiben, vor allem bezüglich Assessment und dem Design von Lernangeboten, wird dabei ebenso unerlässlich sein, wie auch Forschung zu initiieren, die sich mit der Wirksamkeit der KI auf die kognitive Entwicklung der Lernenden und auch ihrer KI-Kompetenzen beschäftigt.

Die Weiterentwicklung von KI-Kompetenzmodellen, die interdisziplinär und überfachlich sind, und deren Einbettung in Studienprogramme und flexible Modelle, die zur Fort- und Weiterbildung geeignet sind, erscheinen uns ebenfalls gegeben. Sie ergeben sich auch in Diskussionsräumen, die zum Austausch zu Themen wie verantwortlicher KI in der Lehre und für das Lernen eingerichtet werden. Diese haben ebenfalls das Potenzial, zur nationalen und internationalen Diskussion beizutragen, die notwendigen Diskurse zur Governance zu führen, Entscheidungen zu treffen, Strukturen aufzubauen und Regulierungen zu entwickeln.

KI für das gute Leben Dieser Teilbereich der pädagogisch-didaktischen Auseinandersetzung mit KI ist ein großes Feld, in dem wir grundsätzlich betonen möchten, welche Auswirkungen KI auf das Wohlergehen des Einzelnen, der Gesellschaft und des Planeten hat (▸ siehe Kapitel 2). Auch sehen wir in dieser Komponente das Potenzial, KI zur Bewältigung der *Real-world-Challenges* durch Projekte mit sozialem *Impact* anzugehen. Diese Komponente umfasst auch die Betonung und Förderung von verantwortlichen und anwendungsorientierten KI-Projekten und Praktiken. Sie kann nutzen, um den Outreach zu fördern und das globale Engagement zu intensivieren.

KI für den Job und die Karriere Diese Komponente umfasst die kritische Erörterung dazu, wie das Curriculum Industrie-Trends und auch KI-Applikationen integrieren und damit auch bestehende Curricula angepasst werden müssen. Patenschaften durch die Industrie erscheinen hier sinnvoll, auch um *Gaps* auszugleichen.

Diese Komponente bereitet die Lernenden auf KI-basierte Karrieren vor. Sie betont gleichzeitig die Rolle der KI für das lebenslange Lernen als Schlüsselfertigkeit, um die Trends in den Technologien mitzugehen, und zur Teilhabe an Angeboten, die professionell in KI weiterbilden.

Forschung und wissenschaftliches Engagement Diese Komponente beschreibt die Anwendung von KI in der Forschung und anderen wissenschaftlichen Aktivitäten, auch in der Weiterentwicklung der eigenen Forschungsbereiche. Sie kann zu einem signifikanten Mehrwert führen. Hier verweisen wir auf die Konsequenzen, die wir bereits jetzt ausgehend von z. B. OpenAI Deep Research sehen und in der Fähigkeit des Tools, Forschungsstände für uns zu definieren und Synthetisierungsaufgaben zu übernehmen.

Diese Komponente betont ebenso die Notwendigkeit, jetzt interdisziplinäre Kollaborationen zum Thema zu befördern und auszuprobieren.

Verantwortliche KI und Entwicklung Diese Komponente soll Studierende und Lehrende darin befördern, ethische Rahmenbedingungen und Werte in der KI-Anwendung zugrunde zu legen, und sie dazu zu verpflichten, immer ethische Risiken in der KI-Anwendung und KI-Entwicklung abzuwägen. Hier soll ebenfalls sichergestellt werden, dass KI-Projekte und KI-Prüfungen sowie Leistungen **verantwortliche KI**-Prinzipien haben und die Verwendung von KI-Tools immer auch akademische Integrität sichern muss.

Komponenten der KI-Ko-Kreation

Während wir in den vorangegangenen Sektionen die relevanten inhaltlich-thematischen Komponenten der KI-Kompetenzen auf Basis bestehender Modelle versucht haben zu skizzieren, geht es im Folgenden darum, das Augenmerk nochmals auf Komponenten für die KI-Ko-Kreation zu legen.

Interdisziplinarität Die Darstellung der verschiedenen Komponenten der KI-Kompetenzen hat bereits deutlich gemacht, dass eine umfassende Bildung und Professionalisierung ein inter- und transdisziplinäres Unterfangen ist. Daher erscheint es uns wichtig, dieses Phänomen nicht nur zu betonen, sondern auch darauf hinzuweisen, dass Kenntnisse zu Definition, Methoden und Praktiken von Inter- und Transdisziplinarität unumgänglich für eine gelungene KI-Bildung sind.

The Humanities Einige Leser*innen mag der Fokus auf die Geistes- und Sozialwissenschaften hier überraschen. Andere mögen denken: Typisch Linguist*innen, sie müssen sich hier noch einmal wichtig machen. Nein, mitnichten. Wie bereits in ▶ Kapitel 2 beschrieben, spielen die Humanities eine zentrale Rolle in dem Bemühen, den Menschen sprech- und handlungsfähig zu machen gegenüber Phänomenen der Vergangenheit wie der Gegenwart. Sie sind in der Lage, komplexe, widersprüchliche gesellschaftliche Zusammenhänge genauso begreifbar zu machen wie sprachliche oder künstlerische Ästhetik. Die mächtigen, für eine aufgeklärte, demokratische Gesellschaft essenziellen Möglichkeiten der Geisteswissenschaften gilt es, verantwortungsbewusst einzusetzen. Daher sind sie in der Ausbildung und Weiterentwicklung einer verantwortlichen KI nicht wegzudenken.

KI-Mindset/New Work Um der täglichen Weiterentwicklung der KI und damit sowohl der Geschwindigkeit als auch der inhaltlichen Komplexität standzuhalten, betonen wir die Ausbildung von zukunftsrelevanten Kompetenzen wie Neugierde, Offenheit, Empathie oder Optimismus [Pferdt 2024]. Diese werden das ausbilden, was Kellerman und Seligman [2023] als „Tomorrowmind" bezeichnet haben. Mit diesem Mindset verbunden sind ebenfalls die Kenntnis und Anwendung von Methoden der New Work.

Well-Being Was Modelle des guten Lebens für den Einzelnen, die Gesellschaften und auch den Planeten in einer komplexen, postdigitalen, vernetzten und dynamischen Welt sind und sein werden, hat entscheidend damit zu tun, wie wir die Entwicklung der KI verantwortungsvoll und wertegeleitet gestalten werden. Dies schließt Fragen ein, was die KI ist, wie KI gemacht, konzeptualisiert und konstruiert wird, was tatsächlich durch die KI optimiert wird, was die KI erzeugt und für wen und wer darüber entscheiden darf und kann.

7.2 Erwerb und Vermittlung von KI-Kompetenzen

Nachdem wir uns nun eine Reihe von KI-Kompetenzen angesehen haben, möchten wir im Folgenden noch einige Ideen zum Erwerb und zur Vermittlung von KI-Kompetenzen formulieren. Dabei trennen wir wieder zwischen der individuellen und der organisationalen Ebene. Einzelpersonen sollten KI-Kompetenzen aufbauen, gleichzeitig muss es aber auch auf organisationaler Ebene – mindestens der Ebene der Hochschule – zum KI-Kompetenzaufbau kommen. Selbstverständlich sind die zwei Ebenen dabei nicht immer klar zu trennen, und man könnte sich fragen, wie groß z. B. hinsichtlich des Bildungssystems man die „Organisation" denken möchte.

Wir sind uns auch bewusst, dass die Breite des Themas, die in den ausgeführten KI-Kompetenzen abermals deutlich wurde, erschlagend sein kann. Daher schlagen wir vor, „klein" anzufangen und sich dem Thema von der eigenen Perspektive aus anzunähern. Im weiten Feld der KI ist es schlichtweg unmöglich, alles zu wissen, und die Geschwindigkeit der Entwicklung ist auch für erfahrene Expert*innen nicht zu bewältigen. Das mag beunruhigend wirken, bedeutet aber auch, dass man einfach anfangen kann.

7.2.1 Kompetenzen auf individueller Ebene

Es ist schwierig, auf der individuellen Ebene gute Empfehlungen zum Wie der Vorgehensweise abzugeben, da die Ausgangsbedingungen, z. B. die Vorkenntnisse, die Bedarfe und die Interessen, so verschieden sind. Ganz grundsätzlich bietet es sich daher an, zuerst einmal in sich zu gehen und ein paar Fragen zu klären: Über welche KI-Kompetenzen und Erfahrungen mit KI verfüge ich bereits? Mit welcher Haltung und aus welcher Perspektive, z. B. als interessierte*r Lehrende*r, trete ich an das Thema heran? Welches Kompetenzlevel möchte ich erreichen?

Darüber hinaus sollte man sich fragen, inwiefern man am Puls der Entwicklung bleiben möchte. Wir haben es gezeigt: Es gibt kaum ein Feld, das sich aktuell so schnell und dynamisch entwickelt wie KI. Es ist bereits nahezu ein Vollzeitjob, nur die wichtigsten Entwicklungen zu verfolgen. Je nach Anspruch muss sich auch der Zugang des Einzelnen verändern: Wenn man wirklich ganz vorne mit dabei sein möchte, sollte man als Informationsquellen z. B. auf Social Media, Newsletter, Repositorien und Preprints zurückgreifen. Die klassischen Publikationsformen sind schlichtweg zu langsam. Sie erinnern sich, dass wir das Buch damit eingeleitet haben, dass es vielleicht gar keine so eine gute Idee ist, ein Buch über KI zu schreiben, wir es aber trotzdem tun, um Halt zu geben und Halt zu machen.

Wir gehen im Folgenden davon aus, dass Sie als Lesende am Anfang Ihrer individuellen KI-Reise stehen und die ersten Schritte gehen möchten. Wir gehen auch davon aus, dass Sie sich erst einmal mit generativer KI auseinandersetzen möchten. In diesem Fall schlagen wir eine Mischung aus formalem und informellem Lernen und im Grunde einen Dreischritt vor.

Aus unserer Sicht ist es wichtig, möglichst früh möglichst viel mit KI zu experimentieren, um ein Gespür für die Technologie und ihre Stärken und Schwächen zu bekommen. Daher raten wir Ihnen, im ersten Schritt einige populäre generative KI-Werkzeuge, z. B. ChatGPT, Copilot, Gemini, Claude, Anthropic oder Le Chat, einfach einmal zu verwenden. Fast alle KI-Tools haben eine kostenlose Testversion, mit der man sehr gut experimentieren kann. Dabei sollten Sie sich aber bewusst sein, dass Sie, insbesondere bei kostenlosen KI-Tools, meistens mit Ihren Daten bezahlen. Das muss Sie aber nicht vom Experimentieren abhalten, geben Sie aber idealerweise keine sensiblen oder personenbezogen Daten in die Systeme ein. Falls Sie keine Idee haben, was sie ausprobieren könnten, fragen Sie die Tools: „Ich bin Dozentin für englische Sprachwissenschaft. Wie kann ich dich am besten einsetzen? Kannst du mir ein paar beispielhafte Use-Cases nennen?"

Nachdem Sie erste Berührungsängste abgebaut und ein oder zwei KI-Tools kennengelernt haben, bietet es sich an, einen strukturierten Zugang zu wählen, um fundierte Grundlagen zu legen. Wir schlagen die Lektüre dieses Buchs vor. Spaß beiseite. Die meisten Hochschulen bieten z. B. eigene Kurse an. Auf Plattformen wie dem KI-Campus finden Sie eine Vielzahl von hochwertigen und kostenfreien Onlinekursen. Zusätzlich bietet es sich an, einen Blick auf die Angebote der Anbieter*innen selbst, z. B. die OpenAI Academy, zu haben. Aus unserer Erfahrung hilft es sehr, sich in zwei oder drei Kursen strukturiert und umfassend mit KI auseinanderzusetzen und z. B. auch Einblicke in die spezifische kontextbezogene Nutzung, z. B. KI in der Forschung oder KI in der Verwaltung, zu bekommen. Dieser eher formale Zugang sollte Ihnen die Sicherheit geben, verantwortungsbewusst und zielgerichtet in die „echte" Nutzung – vielleicht sogar Weiterentwicklung – von KI einzusteigen.

In der dritten Phase geht es dann darum, ihre Kompetenzen in der Praxis weiter aufzubauen und sie gegebenenfalls auch mit ihren Forschungsfeldern und disziplinären Interessen und Schwerpunkten zu verbinden. Suchen Sie sich konkrete Projekte, in denen Sie KI, vielleicht auch nur in einem ganz kleinen Maßstab, nutzen können. Im Zuge dieser Projekte werden Sie in sehr kurzer Zeit neue KI-Tools, Ansätze etc. kennenlernen. Dabei kann es sehr helfen, sich mit Kolleg*innen zusammenzutun und gemeinsam auf die Suche nach Ideen zu gehen und eben zu experimentieren.

7.2.2 Kompetenzen auf organisationaler Ebene

Auf der organisationalen Ebene geht es darum, KI-Kompetenzen systematisch aufzubauen, zu fördern und zu erhalten und in der Praxis nutzbar zu machen. Ähnlich wie auf der individuellen Ebene bietet sich eine Erstanalyse an: Wo stehen wir als Hochschule aktuell hinsichtlich der KI-Kompetenzen? Wie bestimmen und messen wir Kompetenzen – greifen wir beispielsweise auf eines der Kompetenzmodelle zurück? Über welche Kompetenzen, auch in institutionalisierter Form, verfügt die Hochschule, und wo – in welchen Fakultäten, bei welchen Individuen, in welchen anderen Einheiten – sind diese Kompetenzen? Welche Ziele verfolgen wir als Hochschule und welche Maßnahmen können und müssen wir mit Blick auf die Kompetenzentwicklung ergreifen? Wie binden wir die Kompetenzentwicklung in die Strategie der Hochschule ein? Welchen Qualitätsprinzipien folgen wir für die Forschung, die Lehre und die Verwaltung?

Hinsichtlich des Kompetenzaufbaus auf organisationaler Ebene möchten wir kurz beispielhaft vier Thematiken herausgreifen: Die Herstellung von Compliance, den Aufbau einer effektiven und leistungsfähigen Governance, die Institutionalisierung des KI-Kompetenzerwerbs und die Nutzung von KI-Kompetenzen. Erstens fordert, wie bereits erwähnt, Artikel 4 des AI Act, dass etwa Mitarbeiter*innen, vielleicht auch alle Studierende, über ausreichende KI-Kompetenzen verfügen. Wenngleich viele Details noch ungeklärt sind, geht damit ein klarer Fortbildungsauftrag einher: Hochschulen müssen und sollten breitflächig Lehr-Lern-Angebote anbieten. Aus unserer Sicht besteht hier ein großes Potenzial, eine gemeinsame Basis und ein gemeinsames Grundverständnis von und über KI innerhalb der Hochschule herzustellen.

Zweitens ist es notwendig, effektive und leistungsfähige Governance-Strukturen aufzubauen. Je nach Ausgestaltung übernehmen diese Strukturen und die in ihnen wirkenden Menschen unterschiedliche Aufgaben: von der strategischen Steuerung hin zur konkreten Beratung und Begleitung in KI-bezogenen Fragen. Hinsichtlich des Kompetenzaufbaus muss die Governance u. a. sicherstellen, dass es ein gemeinsames Verständnis sowie gemeinsame Ziele für den KI-Kompetenzaufbau gibt, entsprechende Angebote existieren und diese auch wahrgenommen werden.

Drittens sehen wir es als notwendig an, dass Hochschulen den Aufbau von KI-Kompetenzen institutionalisieren und beispielsweise standardisierte Angebote für Mitarbeiter*innen, Lehrende etc. anbieten. Idealerweise, wie schon oben angedeutet, werden (zentrale) Ansprechpartner*innen und Unterstützungsangebote etabliert. Austausch- und Vernetzungsformate können zudem dazu dienen, dass Akteur*innen Erfahrungen, Best-Practices etc. teilen und reflektieren können. Dies erscheint insbesondere wichtig, um dem Risiko des „Wildwuchses“ entgegenzuwirken: Gerade generative KI ist so zugänglich, dass sie von Mitarbeiter*innen, Lehrenden und Lernenden genutzt werden wird, unabhängig davon, ob die Einführung und Nutzung begleitet wird oder nicht.

Schließlich ist es wichtig, dass Hochschulen Räume schaffen, in denen die KI-Kompetenzen angewendet und geschärft werden können. Hier bieten sich z. B. Experimentierformate, Arena-Workshops, Hackathons oder auch Ideenwettbewerbe an, in denen Akteur*innen wirken können. Neben solchen Formaten sollten auch die Bedingungen, z. B. durch klare Regelungen und die Bereitstellung von KI-Infrastruktur, geschaffen werden, dass etwa kompetente Mitarbeiter*innen ihre Kompetenzen auch im Alltag einsetzen können und dürfen.

7.2.3 Vermittlung von KI-Kompetenzen

Die „richtige“ Vermittlung von KI-Kompetenzen hängt, so haben wir es im vorangehenden Kapitel gezeigt, von den zu vermittelnden Kompetenzen, den fachspezifischen Anforderungen, den Rahmenbedingungen und vielen weiteren Faktoren ab. Wir werden daher nicht den Versuch unternehmen, eine didaktische Anleitung zur Vermittlung von KI-Kompetenzen zu geben. Stattdessen möchten wir vier Empfehlungen abgeben, die unserer Meinung und Erfahrung nach dazu beitragen können, den KI-Kompetenzerwerb an Hochschulen zu stärken. Diese vier Empfehlungen interagieren mit den Komponenten der KI-Kompetenzen, die wir oben dargestellt haben.

Erstens sind wir der Überzeugung, dass kompetenzbasierte Ansätze und Kompetenz(struktur-)modelle eingesetzt werden sollten. Gerade in einem so umfangreichen und dynamischen Feld ist es wichtig, Orientierung zu geben und möglichst klar zu benennen, was auf welchem Niveau gelernt werden soll und kann. Mit dieser Empfehlung geht auch eine Empfehlung für kompetenzbasiertes, authentisches Assessment einher, welches KI-Kompetenzen holistisch erfasst.

Zweitens sprechen wir uns dafür aus, dass KI-Kompetenzen sowohl fachlich/disziplinär als auch überfachlich behandelt werden. Wie wir gezeigt haben, beeinflusst KI bereits alle Fächer und Disziplinen sowie Wissenschafts- und Arbeitsbereiche. In der Folge halten wir es für notwendig, dass die fachspezifische KI-Nutzung regulärer und alltäglicher Bestandteil der Lehre in den Fächern wird. Darüber hinaus halten wir es aber für sinnvoll, gerade auch mit Blick auf alle Lernenden an der Hochschule, überfachliche Angebote zu schaffen. Diese haben unter anderem den Vorteil, dass sie ein übergreifendes, geteiltes Verständnis und eine Diskussionsgrundlage schaffen können. An der Universität zu Köln haben wir beispielsweise einen (auch für Sie) frei zugänglichen „Crashkurs (Generative) Künstliche Intelligenz“ entwickelt, der in wenigen Stunden grundlegendes Wissen und Kompetenzen vermittelt [Busse et al. 2025].

Drittens sind wir der Überzeugung, dass es sich gerade im Bereich der KI anbietet, gemeinsam und ko-kreativ – auch inter- und transdisziplinär – zu lehren und zu lernen. Wir haben gesehen, wie vielfältig das Feld ist, und es bietet sich an, in Veranstaltungen gemeinsam und fächerübergreifend zum Thema KI und mit KI zu arbeiten. KI ist damit auch der Hebel zur interdisziplinären Zusammenarbeit an den Themen, die derzeit die Gesellschaft herausfordern. Außerdem sind wir der festen Überzeugung, dass wir alle Lernende sind, und KI als Thema eine Herausforderung ist, die wir am besten gemeinsam angehen – hier sind sogenannte „studentische Stimmen“ genauso wichtig wie alle anderen. Einen großen Erfahrungsvorsprung, gerade im Kontext aktueller generativer KI, hat ohnehin niemand!

Schließlich möchten wir uns dafür aussprechen, dass KI-Kompetenzen experimentell und an konkreten Projekten erworben werden. Hier bieten sich z. B. das forschungsnahe projekt- sowie problembasierte Lernen an. Hier wollen wir auch noch einmal auf die wichtige Rolle von offener KI hinweisen, die es möglich macht, unter die Motorhaube zu blicken und wirklich selbst Hand anzulegen.

7.3 Zusammenfassung und Fazit

Wir haben in diesem Kapitel zuerst verschiedene Modelle kennengelernt, die versuchen, KI-Kompetenzen bzw. KI-Literacy beschreib-, greif- und messbar zu machen. Dann haben wir versucht, zentrale KI-bezogene Kompetenzfelder und Kompetenzen zu beschreiben, ohne den Anspruch zu verfolgen, ein neues Modell zu entwickeln. An der Breite dieser Darstellung lässt sich, wie auch in den Kapiteln zu Diskursen und Perspektiven, auf den ersten Blick erkennen, wie vielfältig KI ist. Abschließend haben wir uns damit auseinandergesetzt, wie man KI-Kompetenzen auf individueller und auf organisationaler Ebene aufbauen und wirksam werden lassen kann.

Nutzen Sie das Arbeitsblatt zum Kapitel, um anhand einer Reihe von Reflexionsfragen noch einmal aus Ihrer (angestrebten) Rolle über die Inhalte zu reflektieren. Neben der eigenen Auseinandersetzung eignen sich die Reflexionsfragen auch als Impulse für spannende Diskussionen zum Thema.

Die Zukünfte von KI und Bildung

8

8.1 Der Status quo ... 122
8.2 Die Zukunft von und mit KI ... 123
8.3 Vier Szenarien für die Hochschulbildung der Zukünfte ... 124
8.4 Wie geht es jetzt weiter? ... 127
8.5 Zusammenfassung und Fazit ... 127

Ziel dieses Buches ist es, einen Überblick über das weite Feld der „KI in der Hochschulbildung" zu geben und Leser*innen zu orientieren, sich auf den Einfluss von KI auf die Bildung vorzubereiten, und sie zu motivieren, sich jetzt mit Selbstvertrauen und Freude mit der KI auseinanderzusetzen. Teil dieser Orientierung ist unserer Ansicht nach auch, Foresight-Kompetenzen zu erwerben und Foresight zu betreiben. Damit ist gemeint, mögliche Zukünfte, idealerweise ausgehend von belastbaren Daten, zu denken, die so entstehenden Szenarien in die Entscheidungsfindung einfließen zu lassen und mit ihnen zu gestalten.

Aus diesem Grund möchten wir in diesem Kapitel versuchen, einen Blick auf mögliche Zukünfte – nicht *die Zukunft* – zu werfen. Wenn wir das könnten, wären wir sehr, sehr reich und zugleich in der misslichen Lage, nur noch zuschauen zu können. Bei alledem sind wir uns, wie schon erwähnt, bewusst, dass unser Buch schon jetzt während des Schreibens ein historisches ist: eine Dokumentation des State-of-the-Art von gestern und unsere Auswahl und Wahrnehmung des Themas zu einem bestimmten Zeitpunkt.

8.1 Der Status quo

Bevor wir Zukunftsszenarien betrachten, lohnt es sich, nochmals auf das Jetzt zu fokussieren. Der *AI Index Report 2025* des Stanford Institute for Human-Centered AI [Nestor et al. 2025] beschreibt, wo KI heute steht. Gemessen an standardisierten Benchmarks wird KI zunehmend besser, effizienter, zugänglicher und findet Einzug in den Alltag. Leistungsfähige KI, die weiterhin v. a. in den USA und China entwickelt wird, hat Einzug in die Wirtschaft gefunden, und die KI-Entwicklung zieht riesige Mengen an Investments an. Die Industrie bzw. private Anbieter*innen treiben dabei weiterhin die Entwicklung an, auch wenn große Teile der KI-Grundlagenforschung ebenso an Hochschulen stattfindet. Die Bedeutung der verantwortungsbewussten KI-Nutzung, z. B. hinsichtlich regulatorischer Frameworks und Forderungen nach Transparenz und Vertrauenswürdigkeit, nimmt zu. Es gibt jedoch einen Bruch zwischen Anspruch und Wirklichkeit. Ebenso intensiviert sich die staatliche Auseinandersetzung mit KI, in Bereichen sowohl der Regulatorik als auch der Investments. Der Bericht kommt außerdem zum Ergebnis, dass der Optimismus hinsichtlich KI weltweit wächst, es aber große regionale Unterschiede in der Wahrnehmung und Einschätzung gibt. Ähnliches lässt sich für den Bildungsbereich sagen: KI- und Informatik-Bildung gewinnen zwar an Bedeutung, aber es gibt weiterhin große Unterschiede hinsichtlich des Zugangs, den Ausgangsbedingungen und der Bewertung von KI in der Bildung.

Wir schließen uns diesen Beobachtungen an, möchten aber nochmals zwei Punkte besonders stark machen: KI ist jetzt und heute angekommen, verschwindet nicht, ist allgegenwärtig und wird gleichzeitig durch die zunehmende Normalisierung auch wieder unsichtbarer und weniger greifbar. Die Art und Weise, wie wir arbeiten, lernen, forschen und leben, hat sich bereits durch KI verändert und wird es weiter tun. Wie schon im Vorwort betont, sehen wir jetzt, dass der Einsatz von KI vorausgesetzt wird, und KI-Kompetenzen in vielen Bereichen zu den erwarteten Kernkompetenzen zählen. Gerade als Bildungsakteur*innen ist es wichtig, dass wir uns dieser Veränderungen sowie auch des Kulturwandels von einer Buchkultur in eine Kultur der Digitalität in eine mögliche Kultur der KI [Eggensperger et al. 2023: 120f.] und ihrer Folgen bewusst werden. Das alles ging sehr, sehr schnell und gleichzeitig. Und zudem wird sich die Welt aber vermutlich nie wieder so langsam verändern wie in diesem Moment.

8.2 Die Zukunft von und mit KI

Mit diesen Behauptungen wagen wir einen Blick auf die Zukünfte der KI. Im April 2025 hat eine Gruppe von anerkannten KI- und Foresight-Experten mit *AI 2027* [Kokotajlo 2025] mithilfe eines sehr lesenswerten fiktiven Szenarios den Versuch unternommen, eine Art Fahrplan für die KI-Entwicklung bis 2027 zu skizzieren. In diesem Szenario beschleunigt sich die Entwicklung, gerade auch hinsichtlich der Forschung, exponentiell, sodass 2027 die Weichen für AGI und „Superhuman AI", eine Form der ASI, gestellt sind und wichtige Entscheidungen für die Zukunft der Menschheit getroffen werden müssen. An diesem Punkt können Leser*innen sich für ein „Slowdown"- oder ein „Race"-Szenario mit maximal unterschiedlichen Outcomes entscheiden.

Ebenfalls ausgehend von Szenarien, die ein etabliertes Werkzeug der Zukünfteforschung sind, beschreibt Ethan Mollick [2024: 193f.] die kommenden Entwicklungen künstlicher Intelligenz. Im „As Good as It Gets"-Szenario bleibt KI so leistungsfähig, wie sie heute ist. Damit gehen zwar große, auch soziale und gesellschaftliche Veränderungen einher, aber KI bleibt im Kern ein mächtiges und dennoch beschränktes Werkzeug. Im „Slow Growth"-Szenario entwickelt sich KI langsam aber stetig fort, und wir sehen graduelle Veränderungen in allen Bereichen. Durch die relativ langsame Entwicklungsgeschwindigkeit können wir uns aber, wie auch bei anderen Technologien, anpassen und Menschen bleiben in Kontrolle. Im „Exponential Growth"-Szenario entwickelt sich KI exponentiell und in einer für Menschen kaum greifbaren Geschwindigkeit. Dementsprechend wird es kaum möglich sein, die Entwicklungen und Folgen zu kontrollieren. Im abschließenden „The Machine God"-Szenario sehen wir AGI und mittelfristig das Ende der bisherigen menschlichen Dominanz. Ein Fokus auf dieses apokalyptische Szenario sei laut Mollick aber kontraproduktiv. Stattdessen solle man sich auf die „many small catastrophes that AI can bring" [2024: 209], die Chancen und die Möglichkeit, Einfluss zu nehmen, fokussieren.

Die konkrete technische und methodologische Ausgestaltung der KI-Entwicklung ist bei alledem noch schwerer abzusehen. Während ein großer Teil der Aufmerksamkeit weiterhin Transformer-basierten, multimodalen, „denkenden" etc. LLMs zukommt, ist noch unklar, ob und wie die Post-LLM-Zeit aussehen wird. Sicher ist aber, dass die aktuelle KI-Generation, die mit Blick auf agentische KI immer autonomer wird, uns dabei helfen wird, die Forschung zu beschleunigen.

Unabhängig davon, ob wir daran glauben, dass die oben geschilderten Szenarien eine der möglichen Zukünfte zeigen, machen sie drei Dinge deutlich: KI, auch wenn sie so bleibt wie heute, wird unser aller Leben auf vielfältige Art und Weise verändern. Wir werden außerdem eine Beschleunigung und Dynamisierung der Entwicklung sehen und Technologien (z. B. KI, Biotechnologie, Robotik, Internet of Things) werden sich noch stärker verschränken und gegenseitig stärken [vgl. Future Today Institute 2024]. Außerdem werden soziale, gesellschaftliche und auch (geo-)politische Fragen immer dringlicher werden.

Nochmals möchten wir betonen, die eigene Handlungsfähigkeit nicht zu unterschätzen und die Zukunft aktiv mitzugestalten. So betont Mollick [2024: 209]: „We can't wait for decisions to be made for us, and the world is advancing too fast to remain passive." Es liegt an uns allen, und ganz spezifisch auch an allen Disziplinen, KI so zu nutzen und weiterzuentwickeln, dass sie uns als Menschheit dient.

Die Hochschulbildung ist dabei mindestens doppelt betroffen: Zum einen ist es ein Ziel der Hochschulbildung, Menschen zum souveränen und verantwortungsbewussten Handeln und Mitgestalten zu befähigen. Sie muss sich also dieser vielleicht noch nie dagewesenen Dynamik stellen und ihre Bildungsprozesse entsprechend anpassen. Zum anderen dient die Hochschulbildung auch dazu, die Forschung und Wissenschaft zu stützen und sie zu sichern. In einer Zukunft, in welcher Forschung vollkommen anders aussehen wird als heute, muss sich auch die (Aus-)Bildung von zukünftigen Wissenschaftler*innen anpassen, will sie weiterhin relevant bleiben. Selbiges gilt natürlich auch für die Wirtschaft und für die Anforderungen an ein Hochschulstudium, die sich daraus ergeben.

8.3 Vier Szenarien für die Hochschulbildung der Zukünfte

Nachdem wir uns diese Szenarien für die Zukunft der KI angesehen haben, möchten wir versuchen, einige kurze Szenarien für mögliche Zukünfte der Hochschulbildung zu zeichnen. Als Ausgangspunkt nehmen wir die Reaktion der öffentlichen Hochschulbildung – der Bildungspolitik, Hochschulen und einzelnen Bildungsakteur*innen – auf den sich intensivierenden Einfluss von KI auf alle Lebensbereiche, insbesondere das Lehren, Lernen, Forschen und Arbeiten. Für jedes Szenario blicken wir kurz auf das Lehren und Lernen, den Einfluss auf die Wissenschaft und Gesellschaft sowie die Rolle der Hochschule als Teil des Bildungssystems und Bildungsmarkts.

8.3.1 Szenario 1 – Die Hochschulbildung reagiert nicht

Die Hochschulbildung reagiert nicht weiter auf die sich abzeichnenden Entwicklungen und verbleibt beim aktuellen Status quo. Trotz rapider KI-Entwicklung klammert sich das Hochschulsystem an bestehende Ansätze und Praktiken und die daraus entstehende Innovationslücke verschiebt Bildung, Forschung und Talentförderung zunehmend in außerhochschulische Räume. Das formale Lehren und Lernen in Lehr-Lern-Veranstaltungen bleibt im Grunde beim Alten, auch wenn die private Nutzung von KI durch Lehrende und Lernende den Bruch zwischen Hochschule und Außenwelt immer deutlicher werden lässt. Das zeigt sich vornehmlich bei den KI-Kompetenzen, die weder systematisch gefördert noch sinnvoll geprüft werden. Die Prüfungskultur kommt an ihre Grenzen und Lernende stehen zunehmend unter Generalverdacht. Einzelne Lehrende betonen die Bedeutung von KI und greifen diese in ihrer Lehre auf. Sie verwenden eigene KI-Tools und agieren, auch mit Blick auf das Prüfungsrecht, im Graubereich. Ohne einen vorgegebenen Rahmen setzen Lehrende KI zunehmend unreflektiert ein, um Zeit bei der Planung und Durchführung, inklusive der Korrektur, zu sparen. Bei alledem verschärft sich die Bildungsungerechtigkeit zunehmend und diejenigen mit Zugriff auf Technologie und Kompetenzen erfahren massive Vorteile.

Die fehlende systematische Auseinandersetzung zeigt ihre Folgen auch in der Forschung: Absolvent*innen fehlt es an kritischen KI-Kompetenzen für die Forschung. Auch mit Blick auf den Arbeitsmarkt zeichnet sich ein Negativtrend ab. Es fehlt an kompetenten Fachkräften, und Unternehmen setzen zunehmend auf die eigene Ausbildung sowie Bewerber*innen aus dem Ausland. Die arbeitsmarktbezogene Ausbildung setzt auf praktische Fähigkeiten und die Anwendung von KI. Infolgedessen verliert die kritische Auseinandersetzung mit KI an Bedeutung.

Die Hochschule verliert in alledem zunehmend an Attraktivität für Lehrende und Lernende, die KI kennenlernen und nutzen möchten. Private Anbieter*innen füllen das Vakuum und dominieren, häufig mit proprietären KI-Ökosystemen, den Bildungsmarkt.

8.3.2 Szenario 2 – Die Hochschulbildung schwimmt nur mit

Die Hochschulbildung reagiert auf die abzeichnenden Entwicklungen, indem sie versucht, bestehende Ansätze und Praktiken mit KI in Einklang zu bringen. In einem ersten Schritt werden am Markt etablierte technische Lösungen eingekauft und bereitgestellt. Die Hochschulen machen sich damit abhängig von Drittanbieter*innen und geben einen Teil ihrer digitalen Souveränität ab. Ähnliches zeichnet sich hinsichtlich der Qualifizierung von Lehrenden ab. Diese erhalten, auch mit Blick auf die Compliance, grundlegende Schulungen und Hinweise zum Einsatz von KI in der Lehre. Dabei wird häufig auf externe Expertise gesetzt. In einigen Innovationsprojekten, die aber keine übermäßige Förderung erhalten, wird dennoch an neuen Ansätzen und etwa der Entwicklung eigener KI-Tools gearbeitet.

In der Lehre kommt KI zum Einsatz, und auch Lernende werden dazu ermutigt, KI zu verwenden. Die Hochschuldidaktik und Prüfungskultur verändern sich aber nicht grundlegend, und KI kommt in etablierten Formaten, etwa Vorlesungen und Seminaren, v. a. zusätzlich zum Einsatz. Lehrende setzen KI regelmäßig unterstützend ein, eine Transformation der Entwicklung und Durchführung von Lehr-Lern-Veranstaltungen bleibt jedoch aus. Die Prüfungskultur bleibt im Kern beim Alten, neue Assessmentformate, z. B. mit Blick auf KI-Kompetenzen, finden aber Einzug in die Lehre und das Lernen. Thematisch wird KI zwar mittelfristig in allen Fächern verankert, es gibt jedoch keine dringlichen Bestrebungen, Curricula aktiv hinsichtlich KI qualitätsvoll zu überarbeiten.

In der Folge verfügen Absolvent*innen zwar über KI-Kompetenzen und ein Verständnis für die Rolle von KI in ihren Fächern, der Übergang in die zunehmend KI-basierte Forschung ist aber trotzdem hürdenreich. Studierende sehen außerdem, dass die Wirtschaft zunehmend nach umfassenden KI-Kompetenzen fragt, und diejenigen, die es sich leisten können, bilden sich selbstständig weiter. Das verschärft, wenn auch sehr viel weniger als in Szenario 1, die Bildungsungerechtigkeit.

Die Hochschulen behalten ihre Bedeutung als Bildungsanbieter*innen, kommen aber zunehmend unter Druck durch private Anbieter*innen – insbesondere im Bereich der Fort- und Weiterbildung. Aufgrund des „Mitschwimmens" bleiben die Hochschulen immer hinter den aktuellen Entwicklungen zurück. Das führt dazu, dass KI-affine Talente – Lehrende und Lernende – zunehmend auch andere Modelle für ihre beruflichen Aspirationen in den Blick nehmen.

8.3.3 Szenario 3 – Die Hochschulbildung gestaltet mit

Die Hochschulbildung begreift KI nicht länger als äußeren Impuls, sondern als Gestaltungsaufgabe im Kern ihrer Mission. Anstatt auf fertige Lösungen zu setzen, bauen Hochschulen gemeinsam eigene Infrastrukturen auf und arbeiten gemeinsam aktiv und wissenschaftsbasiert an neuen Ansätzen. Ausgehend von intensiven Investments und zunehmender Kooperation werden Hochschulen hinsichtlich der Bildung und der Forschung zur treibenden Kraft im Bereich KI. Ob sich dieser klare Fokus, der notwendigerweise auf Kosten anderer Entwicklungen geht, lohnen wird, bleibt allerdings offen.

Lehren und Lernen werden fundamental transformiert. Neben der systematischen Nutzung von KI für das Lehren und Lernen sowie der Transformation hin zu einer authentischen und kompetenzorientierten Prüfungskultur werden die Curricula systematisch inter- und transdisziplinär für die KI überarbeitet. KI ist als Querschnittsthema in allen Studiengängen verankert, und Lernende arbeiten in forschungsnahen Projekten an und mit KI. Die spezifische KI-Forschung zeigt ihre Wirkung in Lehre und Lernen.

Sowohl die Forschung als auch die Gesellschaft, inklusive der Wirtschaft, profitieren vom klaren Fokus der Hochschulen auf KI. Gerade hinsichtlich der sicheren und reflektierten Nutzung von KI sowie der Bildungsgerechtigkeit sind die Entwicklungen ganz deutlich zu sehen. Gleichzeitig wachsen aber auch zunehmend Zweifel daran, ob der massive Ressourceneinsatz sowie die „Wette" auf die langfristige Bedeutung von KI die richtigen Entscheidungen für die öffentliche Bildung sind.

Mit Blick auf KI nehmen Hochschulen eine starke Rolle im Bildungssystem, Bildungsmarkt und bei der Gestaltung der „KI-Politik" ein. Sie ziehen Talente an, und wer sich im Bereich KI qualifizieren möchte, wählt Hochschulen, die nicht nur in der Bildung den Ton angeben, sondern aktiv die KI-Zukunft mitgestalten.

8.3.4 Szenario 4 – Die Hochschulbildung hat sich verpokert

Die Hochschulbildung und mit ihr die Hochschulen sowie die Politik haben sich, wie in Szenario 3, dazu entschlossen, in vollen Zügen auf KI zu setzen und dafür umfassende Ressourcen prioritär einzusetzen. Viele Fächer und Lehrende, vor allem die, die nicht mitgezogen haben, sind damit ins Hintertreffen geraten, bangen um ihre Existenz oder sind schon durch KI ersetzt. Das Lehren und Lernen hat sich zuerst durch den Einsatz von generativer KI verbessert: Lernerfahrungen wurden generiert, Lernende haben persönliche KI-Tutor*innen an die Seite bekommen und der Traum vom individualisierten Lernen wurde nahezu realisiert. Damit geht einher, dass der Bedarf an menschlichen Lehrenden stark abnimmt. Insbesondere Wissenschaftler*innen nutzen KI, um ihr Deputat mit möglichst wenig Zeitaufwand zu erfüllen und nur der Forschung nachzugehen. Das Lernen wird trotz der Personalisierung zunehmend unpersönlich. Die Studierenden fragen sich immer häufiger, wieso sie überhaupt an einer Hochschule sind, wenn sie doch ohnehin nur mit KI lernen. Die eingesetzten KI-Modelle priorisieren in alledem v. a. arbeitsmarktbezogene Kompetenzen, und die kritische Reflexionsfähigkeit der Lernenden, die bisher gerade auch im Austausch mit anderen erworben wurden, nimmt stetig ab. Leider entwickeln sich die Modelle und Systeme auch nicht in der gewünschten Geschwindigkeit, und es zeichnet sich ab, dass die Werkzeuge etwa auf dem Stand von 2026 bleiben.

Gleichzeitig ist ein Zusammenbruch der bisherigen Pfade in die Wissenschaft zu beobachten. So haben es z. B. Doktorand*innen schwer: Sie haben keine Rolle mehr in der Lehre und ihre bisherigen wissenschaftlichen Aufgaben werden größtenteils durch agentische KI-Systeme übernommen. Infolgedessen wächst die Zahl der prekären Arbeitsverhältnisse drastisch.

Das, was Hochschulbildung ausgemacht hat, z. B. die Nähe zu Forschenden und deren Forschung oder die Diskussionen mit anderen Lernenden, wird immer unwichtiger. Diese Chance ergreifen insbesondere private Anbieter*innen, die mit umfassender Finanzierung trotz der Bemühungen der öffentlichen Hochschulen an diesen vorbeiziehen. Die öffentlichen Hochschulen üben keinen Einfluss mehr auf den Bildungsmarkt oder die Bildungspolitik aus, weil sie zu einseitig auf KI gesetzt und hier zu hoch gepokert haben.

8.3.5 Das richtige Szenario?

Diese Szenarien erlauben es, nachdem man diese als mögliche Zukünfte akzeptiert hat, mindestens zwei Fragen zu stellen: Ist das Szenario realistisch, und ist es wünschenswert? Aus unserer Perspektive deutet aktuell vieles auf das zweite Szenario hin. Die öffentliche Hochschulbildung reagiert aktiv auf KI, eine fundamentale Veränderung wie in Szenario 3 erscheint aber aus heutiger Perspektive, etwa aufgrund der Ressourcen des öffentlichen Bildungsbereichs sowie der bisherigen Erfahrung mit Change-Prozessen und dem Umgang mit disruptiven Technologien, eher unwahrscheinlich.

Jetzt müssen wir uns fragen, was ein wünschenswertes Szenario wäre. Wir würden uns ein großes und klares Commitment für KI wünschen und blicken daher, zumindest mittelfristig, auf Szenario 3. Dennoch kann man sich fragen, ob Szenario 3 und die umfassende „Wette" auf KI für die öffentliche Hochschulbildung die richtige ist. Wir gehen davon aus, dass KI eine transformative Wirkung haben wird, sind aber auch der Meinung, dass ein Bildungssystem sich nicht unreflektiert nach schwer zu überschauenden Trends richten sollte. Trotzdem ist es an der Zeit, dass wir uns, ungeachtet der Wahrscheinlichkeiten, dafür einsetzen, dass KI in der öffentlichen Hochschulbildung eine bedeutende Rolle spielt, ernst genommen und gefördert wird, und dass wir es schaffen, so stark zu werden, dass wir als Hochschulen die Entwicklung aktiv mitgestalten und nicht hinterherlaufen.

8.4 Wie geht es jetzt weiter?

Mit der Betrachtung dieser Szenarien haben wir das Ende dieses Buches und der Orientierung erreicht. Wir hoffen, dass Sie, unsere Leser*innen, sich jetzt ein gutes Stück weit mehr imstande fühlen, das Thema KI in der Hochschulbildung anzugehen und mitzugestalten. Für uns bedeutet das in erster Linie, dass wir unsere KI-Kompetenzen kontinuierlich und gemeinsam weiterentwickeln, wir Bedingungen für eine gute KI-Zukunft schaffen, und wir KI verantwortungsbewusst für die Bildung und in der Bildung einsetzen.

8.5 Zusammenfassung und Fazit

Wir haben in diesem Kapitel mögliche Zukünfte von und mit KI, aber spezifisch auch der Hochschulbildung, betrachtet. Dazu haben wir zuerst den Status quo erfasst: KI ist längst keine Zukunftstechnologie mehr, sondern wirkt bereits heute tiefgreifend auf unsere Lebens- und Arbeitswelten sowie die Bildung und die anderen Leistungsdimensionen ein. Auf dieser Grundlage haben wir Zukunftsszenarien kreiert, die nicht als Prognosen, sondern als Denkmodelle und Reflexionsräume verstanden werden sollen.

Ein zentrales Fazit ist, dass die KI-Hochschulbildung und mit ihr die Hochschulen keine Zuschauerinnen bleiben dürfen und Verantwortung übernehmen müssen. Bildung ist nicht nur Reaktion, sondern immer auch Gestaltung. Leider gibt es jedoch nicht die eine Antwort auf die Frage, wie Hochschulen idealerweise reagieren sollen. Aus unserer Sicht sind es aber gerade Hochschulen, die diese Frage wissenschaftsbasiert und ausgehend von ihrer Rolle beantworten können und müssen. Für alle Bildungsakteur*innen, ob Individuen oder Institutionen, sollten aber in jedem Fall der gemeinsame Kompetenzaufbau und die wertegeleitete und verantwortungsbewusste Gestaltung der Entwicklung im Zentrum stehen – sonst geschieht sie ohne uns und mit tiefgreifenden Folgen, nicht nur für die Hochschulbildung als solche.

Nutzen Sie das Arbeitsblatt zum Kapitel, um anhand einer Reihe von Reflexionsfragen noch einmal aus Ihrer (angestrebten) Rolle über die Inhalte zu reflektieren. Neben der eigenen Auseinandersetzung eignen sich die Reflexionsfragen auch als Impulse für spannende Diskussionen zum Thema.

Glossar

Agentische KI

Agentische KI bezeichnet KI, die eigenständig planen, externe Tools und APIs ansteuern und (teil-)autonom handeln kann, um Aufgaben zu lösen. Damit geht sie über rein generative Modelle hinaus und erledigt komplette Aufgabenketten wie „Recherchieren → Entscheiden → Ausführen“ mit minimalem menschlichem Input.

Alignment

Alignment beschreibt den Prozess (Training), menschliche Werte und Ziele in KI-Modellen zu verankern. Ein *alignendes* KI-Modell verhält sich also nicht nur „intelligent“, sondern auch ziel- und wertkonform. Die Festlegung von Zielen und Werten sowie die verlässliche Umsetzung stellen zentrale Probleme in der Entwicklung sicherer KI dar.

Application Programming Interface (API)

Eine Application Programming Interface (API) ist eine Schnittstelle, die zum Austausch von Daten zwischen Softwarekomponenten dient. Mithilfe von APIs können Systeme und Tools, oftmals modular, miteinander interagieren. Im KI-Kontext geht es häufig um sogenannte Inferenz-APIs, also z. B. eine Schnittstelle zu den KI-Modellen von OpenAI.

Artificial General Intelligence (AGI)

Unter *Artificial General Intelligence* (AGI) versteht man eine allgemeine, menschenähnliche KI, die flexibel neue Probleme löst, Wissen transferiert und eigenständig lernt. Sie wäre keinem bestimmten Domänenfokus (vgl. schwache KI) mehr unterworfen und gilt als „heiliger Gral“ der KI-Forschung – ihr tatsächliches Erreichen ist jedoch umstritten.

Authentisches Assessment

Authentisches Assessment ist ein Ansatz, der darauf abzielt, Kompetenzen anhand möglichst realer und authentischer Aufgaben zu demonstrieren. Anstelle von abstrakten Prüfungszenarien kommen dabei etwa Case-Studies, Projekte, Rollenspiele etc. zum Einsatz.

Bias

Ein Bias ist eine Verzerrung, die meistens durch die Trainingsdaten in KI-Modelle gelangt und deren Ergebnisse systematisch beeinflusst. Ein KI-Modell könnte z. B. einen Bias gegen Frauen in bestimmten Berufsfeldern haben.

Big Data

Der Begriff Big Data beschreibt Datensätze, die zu groß für einzelne Rechner und traditionelle Verfahren und Software sind. Der Begriff hat an Bedeutung verloren, steht aber weiterhin, neben dieser technischen Definition, auch für die allgemeine Entwicklung hin zu einer stärker datengetriebenen Gesellschaft.

Cyberwar / Cyberkrieg

Der Begriff *Cyberwar/Cyberkrieg* beschreibt, dass kriegerische Konflikte mit Mitteln der Informationstechnologie, insbesondere auch über das Internet, ausgetragen werden. Der Cyberraum ist in den letzten Jahren zur neuen Kriegsdomäne neben Land, See und Luft (Weltraum) geworden. Im Cyberkrieg, vor allem auch mit Blick auf die hybride Kriegsführung – z. B. die Beeinflussung politischer Meinung neben traditionellen militärischen Maßnahmen – spielt KI eine immer größer werdende Rolle.

Context Engineering

Context Engineering, eine Weiterentwicklung des *Prompt Engineering*, beschreibt die Tätigkeit, einem KI-Modell (z. B. einem LLM) notwendige Informationen zur Lösung einer Aufgabe möglichst ideal und etwa unter Berücksichtigung der Kosten-Nutzen-Relation bereitzustellen. Diese Informationen beinhalten z. B. Aufgabenbeschreibungen, Beispiele, Daten, RAG, Verlaufsdaten oder Hinweise zu verfügbaren Werkzeugen.

Data Governance

Data Governance bezeichnet die Gesamtheit aller Richtlinien, Verfahren und Technologien, die sicherstellen, dass Daten während ihres gesamten Lebenszyklus korrekt, sicher, verfügbar, nutzbar und datenschutzkonform sind. Auf dem Makro-Level bezeichnet Data Governance zudem auch die Regulierung von nationalen und internationalen Datenströmen.

Datenschutz

Datenschutz beschreibt den Schutz personenbezogener Daten sowie des Rechts auf informationelle Selbstbestimmung. Im KI-Kontext geht es dabei insbesondere darum, dass personenbezogene Daten nicht unrechtmäßig zum Training von KI-Modellen verwendet werden.

Deep Learning (DL)

Das Deep Learning (DL) ist ein Teilgebiet des Maschinellen Lernens, in dem neuronale Netze zum Einsatz kommen. *Deep-Learning-Ansätze* können zu leistungsfähigen KI-Modellen führen, die aber häufiger weniger erklärbar sind, als die aus traditionellen Verfahren.

Desinformation

Desinformationen sind falsche und/oder irreführende Informationen, die mit Täuschungsabsicht (vgl. Misinformation) geteilt werden. Sie werden z. B. gestreut, um politische Diskurse zu beeinflussen. Desinformationen werden immer häufiger mithilfe von generativer KI erzeugt und durch Bots gestreut.

Digital Divide

Digital Divide beschreibt die Unterschiede zwischen Gruppen (z. B. Regionen der Welt) hinsichtlich des Zugangs zu Informations- und Kommunikationstechnologien. Der fehlende Zugang zu KI-Tools kann beispielsweise zu immer größer werdenden Macht-, Produktivitäts-, Bildungs- und auch Kompetenzlücken führen.

Digitale Ethik

Die Digitale Ethik ist ein interdisziplinäres Feld, das Normen und Werte für den Umgang mit digitalen Technologien formuliert. Für KI umfasst das z. B. Fragen der Transparenz, Gerechtigkeit, Nachhaltigkeit und des Well-Being.

Erklärbare KI / Explainable AI (XAI)

Mit erklärbarer KI sind Methoden und Ansätze gemeint, die innere Entscheidungsprozesse und Ergebnisse von KI-Modellen nachvollziehbar machen. Erklärbare KI ist insbesondere in sensiblen Bereichen von zunehmend großer Bedeutung, um z. B. folgenschwere Entscheidungen besser nachvollziehen zu können.

EU AI Act

Der Europäische AI Act (KI-Verordnung in Deutschland) ist ein regulatorischer Rechtsakt der Europäischen Union. Das Gesetz ist seit August 2024 (mit einigen Übergangsfristen) in Kraft. Es handelt sich um einen risikobasierten Ansatz, welcher neben der Klassifikation von KI-Systemen unter anderem auch bestimmte Kompetenzen (Artikel 4) einfordert.

Fine-Tuning

Beim *Fine-Tuning* wird ein existierendes, vortrainiertes KI-Modell ausgehend von einem kleineren Datensatz weiter trainiert. Auf diesem Weg können KI-Modelle, z. B. für bestimmte Aufgaben oder Domänen, angepasst werden.

Future Skills

Future Skills sind Kompetenzen, die es Menschen ermöglichen, in aktuellen und v. a. auch aufkommenden Kontexten souverän zu agieren. Viele der typischerweise identifizierten Future Skills, etwa Reflexionskompetenzen, sind zentral, um in einer KI-durchdrungen Welt handlungsfähig zu sein.

Generative KI

Generative KI zeichnet sich dadurch aus, dass sie, z. B. mithilfe von LLMs und multimodalen Modellen, Inhalte, etwa Texte, Bilder, Videos, Audio oder Code, erzeugen kann. Eine besondere Stärke generativer KI liegt in der Arbeit mit Eingaben: Neben dem Erstellen von vollkommen neuen Inhalten kann man mit generativer KI also insbesondere auch ausgehend von bestehenden Daten, z B. Texten, arbeiten.

Halluzination

Als Halluzinationen werden faktenlose Inhalte beschrieben, die von generativen KI-Modellen generiert werden. LLMs sind z. B. in erster Linie Sprach- und keine Wissensmodelle. Dementsprechend generieren sie plausible Sprache und nicht zwingend faktentreue Inhalte.

KI-Chatbot

KI-Chatbots sind dialogische KI-Systeme, in denen Nutzer*innen mit (meistens) generativen KI-Modellen sprechen und arbeiten können. KI-Chatbots, wie ChatGPT, Copilot oder Claude, sind aktuell der Standardweg, um mit generativer KI zu interagieren. Neben LLM-basierten Chatbots gab und gibt es auch eine Vielzahl an stärker regelbasierten Chatsystemen.

KI-Ko-Kreation

KI-Ko-Kreation bezeichnet die Zusammenarbeit von Menschen und KI-Systemen, bei der beide Seiten ihre spezifischen Stärken ausspielen können. In dieser hybriden Zusammenarbeit verschwimmen die Grenzen zwischen Mensch und Maschine – nicht, um den Menschen zu ersetzen, sondern um gemeinsam bessere Lösungen zu gestalten.

KI-Kompetenzen

KI-Kompetenzen sind solche Kompetenzen, die auf den souveränen Umgang mit KI sowie das Agieren in einer KI-durchdrungenen Welt abzielen. Es gibt eine Vielzahl an Kompetenzmodellen, welche KI-Kompetenzen spezifisch ausweisen.

KI-Literacy

KI-Literacy beschreibt zentrale grundlegende Fähigkeiten im kritischen Umgang mit KI. Wer über KI-Kompetenzen verfügt und diese anwenden kann, ist KI-literate.

KI-Modell

Ein KI-Modell ist das Ergebnis eines Trainingsprozesses. Es hängt von den Daten sowie den genutzten Methoden (Algorithmen, Architekturen etc.) ab. KI-Modelle sind abstrakte, reduzierte und mathematische Repräsentationen der Muster der Trainingsdaten. Ein LLM „kennt" beispielsweise die Wahrscheinlichkeiten hinter sprachlichen Mustern und kann so Worte vorhersagen.

KI-Orchestrierung

Der Begriff KI-Orchestrierung ist noch relativ jung und beschreibt das Orchestrieren von mehreren (agentischen) KI-Systemen und verwandten Systemen. KI-Orchestrierung kann sehr technisch, aber auch mit Blick auf die individuelle Nutzung von und Ko-Kreation mit mehreren KI-Systemen verstanden werden.

KI-System

Ein KI-System ist eine Gesamtanwendung, in welcher ein oder mehrere KI-Modelle zum Einsatz kommen. Wenn man sich ein KI-System als Auto vorstellt, wäre das KI-Modell der Motor, welcher ohne die Komponenten um ihn herum nur wenig leisten kann. Der EU AI Act bzw. die KI-Verordnung definieren KI-Systeme im Kern als mehr oder weniger autonome und lernfähige bzw. anpassungsfähige Computerprogramme.

KI-Tutor*in

Ein*e KI-Tutor*in ist ein KI-System, welches Lernende dialogisch und individuell unterstützt. KI-Tutor*innen können etwa Fragen zu Lerninhalten beantworten, Übungsaufgaben stellen, dialogisches Lernen ermöglichen, aber auch Beratungsaufgaben übernehmen.

Kompetenzen

Kompetenzen zeichnen sich durch das Zusammenspiel von Wissen, Fertigkeiten und Haltungen bzw. Werteeinstellungen aus. Kompetenzen befähigen Menschen dazu, Aufgaben souverän und verantwortungsbewusst zu erfüllen.

Konnektivismus

Der Konnektivismus ist eine Lerntheorie, in welcher Lernende als Teil eines Netzwerks, welche auch nicht-menschliche Akteur*innen, Systeme, Quellen etc. beinhalten kann, verstanden werden. Lernen ist nicht mehr nur etwas internes, sondern beinhaltet auch explizit den Aufbau von Netzwerken zu etwa Informationsquellen. Damit geht ein integrativer Wandel vom Wissen-Was und Wissen-Wie zum Wissen-Wo einher. KI-Systeme können hier sowohl Teil des Netzwerks sein, als auch neue Netzwerke schaffen.

Künstliche Intelligenz (KI)

Künstliche Intelligenz (KI) ist ein Überbegriff für eine Vielzahl an technisch-methodischen Ansätzen, die maschinelles Denken und Handeln in Bereichen ermöglichen, die bisher menschlicher Intelligenz vorbehalten waren oder über diese hinausgehen.

Large Language Model (LLM)

Large Language Models (LLMs) sind Sprachmodelle, die üblicherweise per Deep Learning und mit sehr großen Sprachkorpora trainiert werden. Sie können in erster Linie Textsequenzen vervollständigen und bilden heute das Fundament für KI-Systeme wie ChatGPT.

Learning Analytics

Learning Analytics beschreibt eine Reihe von Ansätzen und Methoden, die darauf abzielen, Lern- und Lerner*innendaten für das Lernen nutzbar zu machen. Durch die Analyse von Daten aus dem Learning Management System sollen so z. B. Lernprozesse optimiert und besseres Feedback bzw. bessere Beratung ermöglicht werden.

Maschinelles Lernen (ML)

Das Maschinelle Lernen (ML) ist ein Teilgebiet der KI. Beim Maschinellen Lernen kommen Algorithmen zum Einsatz, um aus Daten KI-Modelle zu trainieren, anstelle explizite Regeln festzulegen. Das Maschinelle Lernen gliedert sich u.a. in *supervised*, *unsupervised* und *reinforcement learning*.

Fehlinformation / Misinformation

Misinformationen (Fehlinformationen) sind falsche oder unbegründete Informationen, die ohne Täuschungsabsicht (vgl. Desinformation) geteilt werden. Misinformationen entstehen etwa aus Irrtümern, Unachtsamkeit oder fehlender Quellenprüfung. Halluzinierende KI-Modelle können ebenfalls Misinformationen erzeugen.

Model Context Protocol (MCP)

Das Model Context Protocol (MCP) ist ein von Anthropic entwickelter offener Standard für die Integration von externen Tools und Daten in (LLM-basierte) KI-Systeme. Das Protokoll wird v. a. verwendet, um agentische KI-Systeme bzw. komplexe LLM-Workflows umzusetzen.

Multimodale KI

Multimodale KI beschreibt KI, die mehrere Modalitäten (z. B. Text, Bild, Audio) verarbeiten kann. Dabei kann es sich zum einen um KI-Systeme handeln, die mehrere unimodale KI-Modelle koordinieren, etwa ein LLM für Texte und ein Diffusionsmodell für Bilder. Es gibt aber auch multimodale KI-Modelle, die gleichzeitig mehrere Modalitäten beherrschen.

Multimodalität

Der Begriff Multimodalität beschreibt, dass unterschiedliche Arten von Informationen, sogenannte Modalitäten (z. B. Text, Bild, Audio), gleichzeitig genutzt und verarbeitet werden. Zentral ist dabei auch, wie sich die Modalitäten aufeinander beziehen und wie eine Nachricht mit unterschiedlichen Modalitäten (z. B. Bild und Text) gestaltet wird.

Neuronale Netze

Neuronale Netze kommen beim Maschinellen Lernen zum Einsatz und bestehen aus künstlichen Neuronen, die miteinander verbunden und typischerweise in Schichten organisiert sind. Neuronale Netze sind von biologischen Neuronen-Netzwerken inspiriert und bilden die Grundlage für das Deep Learning.

Postdigital

Postdigital beschreibt einen Zustand, in dem digitale Technologien so allgegenwärtig sind, dass nicht mehr sinnvoll zwischen digital und nicht-digital getrennt werden kann. Digitale Transformationsprozesse sowie Entscheidungen über KI sind damit grundlegende Kultur- und Gesellschaftsfragen.

Postdigitale Bildung

Postdigitale Bildung beschreibt Bildung, die sich der Allgegenwärtigkeit von digitaler Technologie bewusst ist und die darauf abzielt, zum souveränen Handeln in einer postdigitalen Welt zu befähigen.

Prompt

Ein Prompt ist der „Arbeitsauftrag" für ein generatives KI-Modell. Technisch handelt es sich, etwa bei einem LLM, um den Input, welcher vervollständigt wird. Unterschiedliche KI-Modelle müssen auf unterschiedliche Art und Weise gepromptet werden (vgl. Prompt-Engineering).

Prompt-Engineering

Prompt-Engineering beschreibt die Tätigkeit, Prompts so zu gestalten, dass generative KI-Modelle möglichst gute und passende Outputs generieren. Dabei werden Prompts z. B. iterativ und anhand von Tests verfeinert und an die entsprechenden Modelle und ihre Eigenheiten angepasst. Obgleich das „richtige" Prompten an Bedeutung verliert, ist *Prompt Engineering* immer noch eine wichtige KI-Kompetenz.

Reinforcement Learning (RL)

Das Reinforcement Learning (RL) ist ein Teilgebiet des Maschinellen Lernens. Bei dieser Form des Lernens führt ein*e KI-Agent*in in einer simulierten Umgebung Aktionen aus und wird entsprechend externer Kriterien belohnt oder bestraft. Ausgehend davon entwickelt die*der Agent*in Strategien zur Problemlösung bei Maximierung der Belohnung.

Reinforcement Learning from Human Feedback (RLHF)

Beim Reinforcement Learning from Human Feedback (RLHF) handelt es sich um eine spezielle Form des Reinforcement

Learnings, bei dem ein sogenanntes Belohnungsmodell von Menschen trainiert wird. Dazu entscheiden Menschen z. B. zwischen mehreren Antworten eines KI-Modells. Mithilfe dieses neuen Belohnungsmodells kann dann z. B. ein LLM per Reinforcement Learning *aligned* werden (vgl. Alignment).

Retrieval Augmented Generation (RAG)

Retrieval Augmented Generation (RAG) ist ein Ansatz, bei welchem LLMs zusätzliche Informationen aus Wissensdatenbanken bereitgestellt bekommen, um die Qualität, Passgenauigkeit und Faktentreue der Antworten zu erhöhen. Im Kern werden dabei relevante Informationen zu einer Eingabe (z. B. ein Artikel) in der Wissendatenbank gesucht und per Ergänzung im Prompt an das LLM weitergeben.

Schwache KI

Schwache KI beschreibt im Gegensatz zu starker KI solche KI-Systeme, die nur spezielle, abgegrenzte und eng definierte Aufgaben erfüllen können.

Starke KI

Starke KI beschreibt im Gegensatz zu schwacher KI solche KI-Systeme, die flexible allgemeine Aufgaben wie ein Mensch oder sogar noch besser erfüllen können (vgl. Artificial General Intelligence).

Supervised Learning

Supervised Learning beschreibt eine Reihe von Methoden im Maschinellen Lernen, die im Kern darauf beruhen, von Beispielen zu lernen. Ein Klassifikationssystem lernt z. B. anhand von gelabelten Beispielen zwischen verschiedenen Dingen zu unterscheiden.

Symbolische KI

Die symbolische KI ist ein Teilgebiet der KI. Symbolische KI basiert im Gegensatz zum Maschine Learning auf Regeln und sogenannten Symbolen – Konzepte, Objekte, Eigenschaften oder Beziehungen. Symbolische KI ist aufgrund ihrer Regelbasiertheit wenig flexibel und skalierbar und lernt auch nicht selbständig aus den Daten. Gleichzeitig zeichnet sich symbolische KI aber durch ihre extrem hohe Erklärbarkeit und das einkodierte Expert*innenwissen aus.

Trainingsdaten

KI-Modelle werden, zumindest beim Maschinellen Lernen, mit Trainingsdaten trainiert. Im Falle von LLMs handelt es sich dabei im ersten Trainingsschritt um große Mengen an Sprachdaten, z. B. Texte (z. B. ca. 15 Billionen Tokens für Metas Llama 3). Häufig, insbesondere beim Supervised Learning, handelt es sich auch um gelabelte Daten. Die Qualität der Daten ist zentral für die Qualität des Modells sowie für möglichen Bias.

Transformer

Der Transformer ist eine 2017 vorgestellte Deep-Learning-Architektur, in deren Kern ein sogenannter Aufmerksamkeitsmechanismus steht. Dieser ermöglicht es u.a., komplexe und lange Abhängigkeiten zwischen Wörtern zu berücksichtigen. Transformer sind zudem effizienter und modularer als frühere Architekturen. Aus diesen Gründen stellt die Transformer-Architektur die Grundlage für fast alle heutigen LLMs dar.

Unsupervised Learning

Unsupervised Learning beschreibt eine Reihe von Methoden im Maschinellen Lernen, die im Kern darauf beruhen, Muster in Trainingsdaten zu identifizieren, ohne etwa auf vordefinierte Labels zurückgreifen zu müssen. So können z. B. Kategorien (Cluster) oder Anomalien in Daten erkannt werden.

Verantwortliche KI

Verantwortliche KI meint die Gesamtheit von Praktiken, die sicherstellen, dass KI-Entwicklung und -Einsatz z. B. menschen-, umwelt- und demokratiezentriert bleiben. Im Kontext der verantwortlichen KI steht die Frage im Raum, wie man KI so gestalten und nutzen kann, dass sie im Einklang mit rechtlichen Standards, ethischen Grundsätzen etc. in Einklang steht.

Well-Being

Well-Being beschreibt die subjektive Zufriedenheit von Individuen oder Gruppen und das Führen eines sinnvollen Lebens, was eine Verantwortung für den Planeten einschließt.

Literaturverzeichnis

Almegren, A., Mahdi, H. S., Hazaea, A. N., Ali, J. K. & Almegren, R. M. (2024). Evaluating the Quality of AI Feedback: A Comparative Study of AI and Human Essay Grading. Innovations in Education and Teaching International, 1–16. https://doi.org/10.1080/14703297.2024.2437122

Amodei, D. (2024). Machines of Loving Grace: How AI Could Transform the World for the Better. https://www.darioamodei.com/essay/machines-of-loving-grace

Anderson, J. (2025). The Chief AI Officer's Handbook: Master AI Leadership with Strategies to Innovate, Overcome Challenges, and Drive Business Growth. Packt.

Anthropic. (2024). Introducing the Model Context Protocol. Anthropic. https://www.anthropic.com/news/model-context-protocol

Arn, C. (2016). Agile Hochschuldidaktik. Beltz.

Arranz, D., Bianchini, S., Di Girolamo, V. & Ravet, J. (2023). Trends in the Use of AI in Science: A Bibliometric Analysis. R&I Paper Series: 2023, 04. Publications Office of the European Union. https://doi.org/10.2777/418191

Barr, R. B. & Tagg, J. (1995). From Teaching to Learning — A New Paradigm for Undergraduate Education. Change: The Magazine of Higher Learning, 27(6), 12–26. https://doi.org/10.1080/00091383.1995.10544672

Benkö, P. & Waltl, S. (2024). Künstliche Intelligenz im Bildungsbereich. #schuleverantworten, 4(1). https://doi.org/10.53349/schuleverantworten.2024.i1.a416

Boden, M. A. (2018). Artificial Intelligence: A Very Short Introduction. Very Short Introductions: Bd. 575. Oxford University Press.

Bond, M., Khosravi, H., Laat, M. de, Bergdahl, N., Negrea, V., Oxley, E., Pham, P., Chong, S. W. & Siemens, G. (2024). A Meta Systematic Review of Artificial Intelligence in Higher Education: A Call for Increased Ethics, Collaboration, and Rigour. International Journal of Educational Technology in Higher Education, 21(1). https://doi.org/10.1186/s41239-023-00436-z

Bowen, J. A. & Watson, C. E. (2024). Teaching with AI: A Practical Guide to a New Era of Human Learning. John Hopkins University Press.

Bregman, R. (2024). Moralische Ambition: Wie man aufhört, sein Talent zu vergeuden, und etwas schafft, das wirklich zählt. Rowohlt.

Brezina, V. (2018). Statistics in Corpus Linguistics. Cambridge University Press.

Budde, J. & Tobor, J. (2024). Künstliche Intelligenz: Einsatz in Studium und Lehre. In J. Budde, J.-D. Friedrich & Sommer. Theresa (Hrsg.), Monitor Digitalisierung 360°: Wo stehen die deutschen Hochschulen? Arbeitspapier Nr. 83 (S. 54–71).

Busse, B., Andree, K. & Kleiber, I. (2023). Macht KI den Menschen überflüssig? Kölner Universitätsmagazin, 34, 3.

Busse, B., Bresges, A., Eden, J., Eickhoff, F., Habicher, A., Honecker, P., Kaspar, K., Kleiber, I., Kramp, D., Kullik, U., Kusserow, M., Kutscher, N., Klawonn, A., Schmitz-Luhn, B., Spaude, M. & Ouden, H. den. (2021). Arbeitspapier Digitale Bildung: Universität zu Köln. Universität zu Köln. https://portal.uni-koeln.de/digital-education/konzept-digitale-bildung

Busse, B., Kleiber, I., Eickhoff, F. & Andree, K. (2023). Hinweise zu textgenerierenden KI-Systemen im Kontext von Lehre und Lernen. University of Cologne. http://dx.doi.org/10.13140/RG.2.2.35392.61449/1

Busse, B., Kleiber, I., Staszak, N. & Kusserow, M. (2025). Ein (KI-)Chatbot für ILIAS: Perspektiven auf Conversational AI in der Beratung, Begleitung und dem Support in der Lehre. In R. Queckenberg, J. Leschke & M. Persike (Hrsg.), *Zukunft der Hochschule. t.b.c._Learning AID: Learning Analytics, Artificial Intelligence and Data Mining in der Hochschulbildung* (S. 171–179). transcript.

Busse, B. (2022): Willkommen in der Arena: Formate und Haltung für die strategische Fitness und zur resonanten Ko-Kreation in Universitäten. Organisationsentwicklung: Zeitschrift für Unternehmensentwicklung und Change Management 22 (1): 17–24.

Busse, B., Kleiber, I., Kneifel, M. & Andree, K. (2025). Crashkurs (Generative) Künstliche Intelligenz: Version 1.0. Universität zu Köln. https://www.edulabs.uni-koeln.de/goto.php/crsr/26590

Černý, M. (2024). University Students' Conceptualisation of AI Literacy: Theory and Empirical Evidence. Social Sciences, 13(3), 129. https://doi.org/10.3390/socsci13030129

Chan, C. K. Y. (2023). What is AI Literacy? Holistic Competency & Virtue Education. https://www.have.hku.hk/ai-literacy

Chan, C. K. Y. & Colloton, T. (2024). Generative AI in Higher Education: The ChatGPT Effect. Routledge.

Chase, H. (2024). What is an AI Agent? LangChain. https://blog.langchain.dev/what-is-an-agent

Crawford, K. (2021). Atlas of AI: Power, Politics, and the Planetary Costs of Artificial Intelligence. Yale University Press.

Criado-Perez, C. (2020). Invisible Women: Exposing Data Bias in a World Designed for Men. Vintage.

Cummings, R. (2023). Unlocking the Future: Navigating AI Ethics and Data Activism with Renée Cummings. University of Virginia, Charlottesville. https://www.youtube.com/watch?v=HFIPcCAW94I

Dede, C., Etemadi, A. & Forshaw, T. (2021). Intelligence Augmentation: Upskilling Humans to Complement AI. Applying Learning Sciences Research to Learning and Workforce Development for Next Level Learning Brief Series. The Next Level Lab at the Harvard Graduate School of Education.

Dell'Acqua, F., Ayoubi, C., Lifshitz-Assaf, H., Sadun, R., Mollick, E. R., Mollick, L., Han, Y., Goldman, J., Nair, H., Taub, S. & Lakhani, K. R. (2025). The Cybernetic Teammate: A Field Experiment on Generative AI Reshaping Teamwork and Expertise. Harvard Business Working Papers(25-043).

Deutscher Ethikrat. (2023). Mensch und Maschine: Herausforderungen durch Künstliche Intelligenz. Stellungnahme. Deutscher Ethikrat.

DFG. (2023). Stellungnahme des Präsidiums der Deutschen Forschungsgemeinschaft (DFG) zum Einfluss generativer Modelle für die Text- und Bilderstellung auf die Wissenschaften und das Förderhandeln der DFG. DFG. https://www.dfg.de/resource/blob/289674/ff57cf46c5ca109cb18533b21fba49bd/230921-stellungnahme-praesidium-ki-ai-data.pdf

Digital Education Council. (2025). DEC AI Literacy Framework: AI Literacy For All. Digital Education Council.

Downes, S. (2010). New Technology Supporting Informal Learning. Journal of Emerging Technologies in Web Intelligence, 2(1). https://doi.org/10.4304/jetwi.2.1.27-33

Eggers, D. (2013). The Circle. Knopf.

Eggensberger, P., Kleiber, I., Klöber, R., Lorenz, M. S. & Schindel, A. (2023). Virtuelle Hochschullehre: Ein Handbuch in 50 Fragen und Antworten. heiBOOKS.

Ehlers, U.-D. (2020). Future Skills: Lernen der Zukunft – Hochschule der Zukunft. Springer.

Ehlers, U.-D., Lindner, M. & Rauch, E. (2024). *AIComp: Future Skills for a Living and Working World Shaped by AI.* Research Report 1: Theory, Methodological Design, and Results of the AI Competence Study 2024. NextEducation.

Ehlers, U.-D., Lindner, M. & Rauch, E. (2024). *AIComp: Future Skills for a Living and Working World Shaped by AI.* Research Report 2: Empirical Construction & Description of the Competence Model AIComp. NextEducation.

Elkhoury, E. (2023). Ten Principles of Alternative Assessment. In T. Jaffer, Govender Shanali & L. Czerniewicz (Hrsg.), Learning Design Voices (S. 435–449). EdTech Books.

Esposito, E. (2024). Kommunikation mit unverständlichen Maschinen. Residenz Verlag.

Europäische Union. (2024). Verordnung (EU) 2024/1689 des Europäischen Parlaments und des Rates. Europäische Union. http://data.europa.eu/eli/reg/2024/1689/oj

European Commission. (2023). AI Report: By the European Digital Education Hub's Squad on Artificial Intelligence in Education. Publications Office of the European Union. https://data.europa.eu/doi/10.2797/828281.

European Commission. (2025). A Union of Skills to Equip People for a Competitive Europe. European Commission. https://ec.europa.eu/commission/presscorner/api/files/document/print/en/ip_25_657/IP_25_657_EN.pdf

Fadel, C., Black, A., Taylor, R., Slesinski, J. & Dunn, K. (2024). Education for the Age of AI. Center for Curriculum Redesign.

Filipović, A., Burchardt, A., Hirsbrunner, S., Michel, A., Puzio, A., Reinmann, G., Schaumann, P., Schroll, A.-L., Tippe, U., Wan, M. & Wilder, N. (2025). Künstliche Intelligenz: Grundlagen für das Handeln in der Hochschullehre. Arbeitspapiere des Hochschulforum Digitalisierung(86) (Ergebnisse der Arbeitsgruppe „Künstliche Intelligenz: Essenzielle Kompetenzen an Hochschulen").

Fischer, M. (2024). Bildungsgerechtigkeit im Zeitalter der Künstlichen Intelligenz: Strategien zur Überwindung von Bildungsungleichheiten. tredition.

Füller, C. (2025). Die KI-Pioniere sitzen in Niedersachsen. Forschung & Lehre. https://www.forschung-und-lehre.de/lehre/die-ki-pioniere-sitzen-in-niedersachsen-6618

Future Today Institute. (2024). Future Today Institute: 2024 Tech Trend Report. Future Today Institute. https://futuretodayinstitute.com

Future Today Strategy Group. (2025). Future Today Strategy Group: 2024 Tech Trend Report. Future Today Strategy Group. https://ftsg.com

Garrel, J. von, Mayer, J. & Mühlfeld, M. (2023). Künstliche Intelligenz im Studium: Eine quantitative Befragung von Studierenden zur Nutzung von ChatGPT & Co. Hochschule Darmstadt. https://doi.org/10.48444/H_DOCS-PUB-395

Garrel, J. von & Mayer, J. (2025). Künstliche Intelligenz im Studium: Eine quantitative Längsschnittstudie zur Nutzung KI-basierter Tools durch Studierende. Hochschule Darmstadt. https://doi.org/10.48444/H_DOCS-PUB-533

Gentile, M., Città, G., Perna, S. & Allegra, M. (2023). Do We Still Need Teachers? Navigating the Paradigm Shift of the Teacher's Role in the AI Era. Frontiers in Education, 8. https://doi.org/10.3389/feduc.2023.1161777

Geyer, B. (2025). KI-resiliente Aufgabenstellungen: Ein integratives Modell zwischen Präsenz und Selbststudium. KI in Lehre und Weiterbildung. https://barbarageyer.substack.com/p/ki-resiliente-aufgabenstellungen

Giesinger, J. (2007). Was heißt Bildungsgerechtigkeit? Zeitschrift für Pädagogik, 53, 362–381. https://doi.org/10.25656/01:4402

Gobrecht, A., Tuma, F., Möller, M., Zöller, T., Zakhvatkin, M., Wuttig, A., Sommerfeldt, H. & Schütt, S. (2024). Beyond Human Subjectivity and Error: A Novel AI Grading System. axXiv. https://arxiv.org/abs/2405.04323

Gottschling, S., Seidl, T. & Vonhof, C. (2024). Nutzung von KI-Tools durch Studierende: Eine exemplarische Untersuchung studentischer Nutzungsszenarien. die hochschullehre. die hochschullehre, 10(11), 122–135.

Haan, G. de. (2008). Gestaltungskompetenz als Kompetenzkonzept der Bildung für nachhaltige Entwicklung. In I. Bormann & G. de Haan (Hrsg.), Kompetenzen der Bildung für nachhaltige Entwicklung: Operationalisierung, Messung, Rahmenbedingungen, Befunde (1. Aufl., S. 23–43). VS Verlag für Sozialwissenschaften.

Haidt, J. (2024). The Anxious Generation: How the Great Rewiring of Childhood Is Causing an Epidemic of Mental Illness. Penguin Press.

Helliwell, J. F., Layard, R., Sachs, J. D., De Neve, J.-E. de, Aknin, L. B. & Wang, S. (Hrsg.). (2025). World Happiness Report 2025. University of Oxford: Wellbeing Research Centre. https://doi.org/10.18724/WHR-NKM9-5M31

Heßdörfer, F. & Moser, E. (2023). KI und graue Intelligenz: Bildungstheoretische Perspektiven auf Lerntechnologie und ihre Akteure. In C. de Witt, C. Gloerfeld & S. E. Wrede (Hrsg.), Künstliche Intelligenz in der Bildung (47-68). Springer.

Hochman, A. (3. April 1986). Math Teachers Staged a Calculated Protest. The Washington Post. https://www.washingtonpost.com/archive/local/1986/04/04/math-teachers-stage-a-calculated-protest/c003ddaf-b86f-4f2b-92ca-08533f3a5896

Holstein, K. & Rummel, N. (2020). A Conceptual Framework for Human–AI Hybrid Adaptivity in Education. In I. I. Bittencourt, M. Cukurova, K. Muldner, R. Luckin & E. Millán (Hrsg.), Artificial Intelligence in Education: 21st International Conference, AIED 2020, Ifrane, Morocco, July 6–10, 2020, Proceedings, Part I (S. 240–254). Springer.

Hosseini, M., Horbach, S. P. J. M., Holmes, K. & Ross-Hellauer, T. (2025). Open Science at the Generative AI Turn: An Exploratory Analysis of Challenges and Opportunities. Quantitative Science Studies, 6, 22–45. https://doi.org/10.1162/qss_a_00337

Hutchins, E. (1995). Cognition in the Wild. The MIT Press.

IBM. (2024a). *Was ist KI-Ethik?* https://www.ibm.com/de-de/think/topics/ai-ethics

IBM. (2024b). *Was ist KI-Governance?* https://www.ibm.com/de-de/think/topics/ai-governance

Iribe, B. & Ankit, K. (2025). Crossing the Uncanny Valley of Conversational Voice. Sesame AI. https://www.sesame.com/research/crossing_the_uncanny_valley_of_voice

Jandrić, P., Knox, J., Besley, T., Ryberg, T., Suoranta, J. & Hayes, S. (2018). Postdigital Science and Education. Educational Philosophy and Theory, 50(10), 893–899. https://doi.org/10.1080/00131857.2018.1454000

Karger, R. (2025). HRK/HFD Expertenanhörung: Aufbau-Ansätze digitaler Souveräner Infrastrukturen von Generativer KI für die Zukunft und Wettbewerbsfähigkeit deutscher Hochschulen. Hochschulforum Digitalisierung. https://www.youtube.com/watch?v=lOy50wVhamc

Khan, M. S., Umer, H. & Faruqe, F. (2024). Artificial Intelligence for Low Income Countries. Humanities and Social Sciences Communications, 11(1). https://doi.org/10.1057/s41599-024-03947-w

Khan, S. (2024). Brave New Words: How AI Will Revolutionize Education (and Why That's a Good Thing). Viking.

Kelbert, P., Siebert, J. & Jöckel, L. (2024). Large Action Models (LAMs), Tool Learning, Function Calling and Agents. Fraunhofer IESE. https://www.iese.fraunhofer.de/blog/large-action-models-multi-agents

Kissinger, H. A., Mundie, C. & Schmidt, E. (2024). Genesis: Artificial Intelligence, Hope, and the Human Spirit. Little, Brown and Company.

Kleiber, I., Busse, B., Andree, K. & Rothkranz, E. (2024, 5. Juni). Lernen für das 22. Jahrhundert: Kompetenzen, Lehr-Lernkultur und System. University:Future Festival 2024. https://www.youtube.com/watch?v=Y6XRadebagY

Koch, D., Lentes, J., Schuseil, F. & Waltersmann, L. (2022). Nachhaltigkeit durch KI: Potenziale und Handlungsleitfaden für produzierende Unternehmen. Fraunhofer IPA und Fraunhofer IAO.

Koch, D., Lentes, J., Schuseil, F. & Waltersmann, L. (2022). Nachhaltigkeit durch KI: Potenziale und Handlungsleitfaden für produzierende Unternehmen. Fraunhofer IPA und Fraunhofer IAO.

Koch, H., Schneider, C. & Wilke, U. (Hrsg.). (2024). Future Skills lehren und lernen: Schlaglichter aus Hochschule, Schule und Weiterbildung. Stifterverband für die Deutsche Wissenschaft.

Kokotajlo, D., Alexander, S., Larsen, T., Lifland, E. & Dean, R. (2025). AI 2027. AI Futures Project. https://ai-2027.com

Kooli, C. & Yusuf, N. (2024). Transforming Educational Assessment: Insights Into the Use of ChatGPT and Large Language Models in Grading. International Journal of Human–Computer Interaction, 1–12. https://doi.org/10.1080/10447318.2024.2338330

Krommer, A. (2019). Warum der Grundsatz "Pädagogik vor Technik" bestenfalls trivial ist. In A. Krommer, M. Lindner, D. Mihajlović, J. Muuß-Merholz & P. Wampfler (Hrsg.), Routenplaner: #DigitaleBildung. Auf dem Weg zu zeitgemässem Lernen. Eine Orientierungshilfe im digitalen Wandel. (S. 67–72). ZLL21 e.V.

Layard, R. & De Neve, J.-E. (2023). Well-Being. Science and Policy. Cambridge University Press.

Leschke, J., Salden, P. & Wissing, F. (2023). Von Learning Analytics zu einem vertieften Qualitätsmanagement an Hochschulen: Potenziale lehrbezogener Datenanalysen in Zeiten Künstlicher Intelligenz. In A. Faßbender, M. Fuhrmann, J. Güdler, V. Kloeters, E. Korn, P. Pohlenz, O. Vettori & U. Schmidt (Hrsg.), Handbuch Qualität in Studium, Lehre und Forschung (C 3.39). Franz Steiner Verlag.

Levy, N. (2024). Fake News: Rebuilding the Epistemic Landscape. In C. Véliz (Hrsg.), The Oxford Handbook of Digital Ethics (S. 103-120). Oxford University Press.

Lintner, T. (2024). A Systematic Review of AI Literacy Scales. NPJ Science of Learning, 9(1), 50. https://doi.org/10.1038/s41539-024-00264-4

Lindsey, J., Gurnee, W., Ameisen, E., Chen, B., Pearce, A., Turner, N. L., Citro, C., Abrahams, D., Carter, S., Hosmer, B., Marcus, J., Sklar, M., Templeton, A., Bricken, T., McDougall, C., Cunningham, H., Henighan, T., Jermyn, A., Jones, A., . . . Batson, J. (2025). On the Biology of a Large Language Model. Transformer Circuits Thread. https://transformer-circuits.pub/2025/attribution-graphs/biology.html

Longo, L., Brcic, M., Cabitza, F., Choi, J., Confalonieri, R., Del Ser, J., Guidotti, R., Hayashi, Y., Herrera, F., Holzinger, A., Jiang, R., Khosravi, H., Lecue, F., Malgieri, G., Páez, A., Samek, W., Schneider, J., Speith, T. & Stumpf, S. (2024). Explainable Artificial Intelligence (XAI) 2.0: A Manifesto of Open Challenges and Interdisciplinary Research Directions. Information Fusion, 106, 102301. https://doi.org/10.1016/j.inffus.2024.102301

Lovelace, A. A. (1843). Notes by the Translator: Sketch of the Analytical Engine invented by Charles Babbage, Esq. In R. Taylor (Hrsg.), Scientific Memoirs, Selected from the Transactions of Foreign Academies of Science, and Learned Societies, and from Foreign Journals. Richard and John E. Taylor.

Maslej, N., Fattorini, L., Perrault, R., Gil, Y., Parli, V., Kariuki, N., Capstick, E., Reuel, A., Brynjolfsson, E., Etchemendy, J., Ligett, K., Lyons, T., Manyika, J., Niebles, J. C., Shoham, Y., Wald, R., Hamrah, A., Santarlasci, L., Lotufo, J. B., . . . Oak, S. (2025). Artificial Intelligence Index Report 2025. AI Index Steering Committee, Institute for Human-Centered AI, Stanford University.

Mau, S., Lux, T. & Westheuser, L. (2024). Triggerpunkte. Konsens und Konflikt in der Gegenwartsgesellschaft. Suhrkamp.

McCarthy, J. (2007). What is Artificial Intelligence? Stanford University. http://jmc.stanford.edu/articles/whatisai/whatisai.pdf

Meckel, M. & Steinacker, L. (2024). Alles überall auf einmal: Wie Künstliche Intelligenz unsere Welt verändert und was wir dabei gewinnen können. Rowohlt.

Möller, M., Nirmal, G., Fabietti, D., Stierstorfer, Q., Zakhvatkin, M., Sommerfeld, H. & Schütt, S. (2024). Revolutionising Distance Learning: A Comparative Study of Learning Progress with AI-Driven Tutoring. http://arxiv.org/pdf/2403.14642v1

Mollick, E. (2024). Co-Intelligence: Living and working with AI. Penguin.

Mollick, E. (2025). The Cybernetic Teammate. One Useful Thing. https://www.oneusefulthing.org/p/the-cybernetic-teammate

Morozov, E. (2025). Woran die Tech-Mogule scheitern werden. Frankfurter Allgemeine Sonntagszeitung 13. April 2025 Nr 15R (S. 36).

Newman, D., LeCun, Y. & Fried, I. T. (2025). Debating Technology: Davos AM25. World Economic Forum. https://www.weforum.org/meetings/world-economic-forum-annual-meeting-2025/sessions/debating-technology

Odgers, C. L. (2024). The Great Rewiring: Is Social Media Really Behind an Epidemic of Teenage Mental Illness? nature. https://www.nature.com/articles/d41586-024-00902-2

OECD. (2024). OECD-Bericht zu Künstlicher Intelligenz in Deutschland. OECD. https://doi.org/10.1787/8fd1bd9d-de

OpenAI. (2025). A Practical Guide to Building Agents. OpenAI. https://cdn.openai.com/business-guides-and-resources/a-practical-guide-to-building-agents.pdf

Orson Scott Card. (1985). Ender's Game. Tor Books.

Perrigo, B. (2023). OpenAI Used Kenyan Workers on Less Than $2 Per Hour to Make ChatGPT Less Toxic. TIME. https://time.com/6247678/openai-chatgpt-kenya-workers/

Pferdt, F. (2024). What's Next is Now. How to Live Future Ready. Harper Business.

Puri, S. (2024). Westlessness: The Great Global Rebalancing. Hodder & Stoughton.

Pratschke, B. M. (2024). Generative AI and Education: Digital Pedagogies, Teaching Innovation and Learning Design. Springer International.

Pratschke, B. M. (2025). New Horizons for Higher Education: Teaching and Learning with Generative AI. National Digital Leadership Network.

Rafner, J., Dellermann, D., Hjorth, A., Verasztó, D., Kampf, C., Mackay, W. & Sherson, J. (2021). Deskilling, Upskilling, and Reskilling: a Case for Hybrid Intelligence. Morals & Machines, 1(2), 24–39. https://doi.org/10.5771/2747-5174-2021-2-24

Rampelt, F., Klier, J., Kirchherr, J. & Ruppert, R. (2025). KI-Kompetenzen in deutschen Unternehmen: Schlüssel zu einer Jahrhundertchance für Deutschland. Stifterverband. https://doi.org/10.5281/zenodo.14637137

Reinmann, G. (2020). Forschungsnahes Lehren und Lernen an Hochschulen in der Denkfigur des didaktischen Dreiecks. In M. Brinkmann (Hrsg.), Phänomenologische Erziehungswissenschaft. Forschendes Lernen: Pädagogische Studien zur Konjunktur eines hochschuldidaktischen Konzepts (Bd. 10, S. 39–59). Springer. https://doi.org/10.1007/978-3-658-28173-1_3

Reinmann, G. (2023). Deskilling durch Künstliche Intelligenz? Potenzielle Kompetenzverluste als Herausforderung für die Hochschuldidaktik. Diskussionspapier Nr. 25. Hochschulforum Digitalisierung.

Roth, G., Tuggener, L. & Roth, F. C. (2024). Natürliche und künstliche Intelligenz: Ein kritischer Vergleich. Sachbuch. Springer.

Salomon, G. (Hrsg.). (1993). Learning in Doing. Distributed Cognitions: Psychological and Educational considerations. Cambridge University Press.

Schwartmann, R., Benedikt, K., Köhler, M. & Wünschelbaum, M. (2024). Erste Hilfe zur KI-Verordnung: KI-Kompetenz - Rechte - Pflichten. C.H. Beck.

Selwyn, N., Hillman, T., Bergviken-Rensfeldt, A. & Perrotta, C. (2023). Making Sense of the Digital Automation of Education. Postdigital Science and Education, 5(1), 1–14. https://doi.org/10.1007/s42438-022-00362-9

Shah, P. (2023). AI and the Future of Education: Teaching in the Age of Artifical Intelligence. John Wiley & Sons.

Siemens, G. (2005). Connectivism: A Learning Theory for the Digital Age. International Journal of Instructional Technology and Distance Learning, 2, 1–9.

Spannagel, C. (2023). ChatGPT und die Zukunft des Lernens: Evolution statt Revolution. Hochschulforum Digitalisierung. https://hochschulforumdigitalisierung.de/de/blog/chatgpt-evolution-spannagel

Stephenson, N. (1995). The Diamond Age: Or, a Young Lady's Illustrated Primer. Penguin.

Stützer, C. M., Gaaw, S., Herbst, S. & Pengel, N. (2023). Ménage à trois: Zur Beziehung von Künstlicher Intelligenz, Hochschulbildung und Digitalität. In T. Schmohl, A. Watanabe & K. Schelling (Hrsg.), Künstliche Intelligenz in der Hochschulbildung: Chancen und Grenzen des KI-gestützten Lernens und Lehrens (51-69). transcript.

Tate, T. P., Steiss, J., Bailey, D., Graham, S., Moon, Y., Ritchie, D., Tseng, W. & Warschauer, M. (2024). Can AI Provide Useful Holistic Essay Scoring? Computers and Education: Artificial Intelligence, 7, 100255. https://doi.org/10.1016/j.caeai.2024.100255

Tucker, C. (2023). Using AI in Service of Strong Pedagogical Practice. https://catlintucker.com/2023/11/ai-strong-pedagogy

UNESCO. (2023). Guidance for Generative AI in Education and Research. UNESCO. https://doi.org/10.54675/EWZM9535

UNESCO. (2024a). What You Need to Know About UNESCO's New AI Competency Frameworks for Students and Teachers. https://www.unesco.org/en/articles/what-you-need-know-about-unescos-new-ai-competency-frameworks-students-and-teachers

UNESCO. (2024b). AI Competency Framework for Students. UNESCO. https://doi.org/10.54675/JKJB9835

UNESCO. (2024c). AI Competency Framework for Teachers. UNESCO. https://doi.org/10.54675/ZJTE2084

Universität zu Köln. (2022). Leitbild Studium und Lehre der Universität zu Köln. Universität zu Köln. https://www.uni-koeln.de/studium-lehre/lehrende/leitbild-studium-und-lehre

van Dijk, J. (2019). The Digital Divide. Polity.

Vaswani, A., Shazeer, N., Parmar, N., Uszkoreit, J., Jones, L., Gomez, A. N., Kaiser, L. & Polosukhin, I. (2017). Attention Is All You Need. http://arxiv.org/pdf/1706.03762v5

Véliz, C. (Hrsg.). (2024a). The Oxford Handbook of Digital Ethics. Oxford University Press.

Véliz, C. (2024b). Introduction. In C. Véliz (Hrsg.), The Oxford Handbook of Digital Ethics (S. xiii–xvi). Oxford University Press.

Wang, L., Yang, F., Zhang, C., Lu, J., Qian, J., He, S., Zhao, P., Qiao, B., Huang, R., Qin, S., Su, Q., Ye, J., Zhang, Y., Lou, J.-G., Lin, Q., Rajmohan, S., Zhang, D. & Zhang, Q. (2024). Large Action Models: From Inception to Implementation. http://arxiv.org/pdf/2412.10047v2

Wannemacher, K., Bosse, E., Lübcke, M. & Kaemena, A. (2025). Wie KI Studium und Lehre verändert: Anwendungsfelder, Use-Cases und Gelingensbedingungen. Arbeitspapier Nr. 87. Hochschulforum Digitalisierung.

Weitz, K. (2023). Erklärbare Künstliche Intelligenz im Kontext von Bildung und Lernen. In C. de Witt, C. Gloerfeld & S. E. Wrede (Hrsg.), Künstliche Intelligenz in der Bildung (S. 413–432). Springer.

Weizenbaum, J. (1984). Computer Power and Human Reason: From Judgement to Calculation. Penguin Books. (Erstveröffentlichung 1976)

Weßels, D. (2024). Mehr Veränderung wagen. Die Neue Hochschule, 2024(3), 7–9. https://doi.org/10.5281/ZENODO.11203016

Wollersheim, H.-W. (2023). Bildung durch Künstliche Intelligenz ermöglichen: Ein Beitrag aus bildungstheoretischer Perspektive. In C. de Witt, C. Gloerfeld & S. E. Wrede (Hrsg.), Künstliche Intelligenz in der Bildung (S. 3–29). Springer.

Wrede, S. E., Gloerfeld, C., Witt, C. de & Wang, X. (2023). Künstliche Intelligenz und forschendes Lernen: Ein ideales Paar im Hochschulstudium!? In T. Schmohl, A. Watanabe & K. Schelling (Hrsg.), Künstliche Intelligenz in der Hochschulbildung: Chancen und Grenzen des KI-gestützten Lernens und Lehrens (S. 195–212). transcript.

Wu, R. & Yu, Z. (2024). Do AI Chatbots Improve Students Learning Outcomes? Evidence from a Meta-Analysis. British Journal of Educational Technology, 55(1), 10–33. https://doi.org/10.1111/bjet.13334

Yazdani, M. (1984). Introduction: Artificial Intelligence and Education. In M. Yazdani (Hrsg.), New Horizons in Educational Computing (S. 11–14). Ellis Horwood Limited.

Zhu, Y., Liu, Q. & Zhao, L. (2025). Exploring the Impact of Generative Artificial Intelligence on Students' Learning Outcomes: A Meta-Analysis. Education and Information Technologies. https://doi.org/10.1007/s10639-025-13420-z

Register

A

agentische KI-Systeme 22–3, 46, 47, 109
AI Act 55, 82, 90
AI 2027 (Kokotajlo) 123
AIComp (Ehlers et al.) 106–7
AI Competency Framework (UNESCO) 107
AI Index Report (Stanford) 122
AI Literacy Framework (Chan und Colloton) 106
Alignment 39, 55
API (Application Programming Interface) 43, 46, 47
Artificial General Intelligence (AGI) 35, 49, 123
Artificial Superintelligence (ASI) 35, 123
Assessment 64, 75, 81–2
  authentisches 64
  KI-gestütztes 74, 81
  Perspektive 81–2

B

Backpropagation-Algorithmus 37
Barrierefreiheit 65, 88
Benchmarks 44, 54
Beratung und Support 90–1
Bias 40, 88, 110
Big Data 39
Bildung
  für nachhaltige Entwicklung (BNE) 89
  Perspektive 76–7
Bildungsgerechtigkeit 65–6, 88, 124
Bildungstechnologie 35, 46, 83–5
Biotechnologie 23, 100
Blackboxen 38
BNE *siehe* Bildung für nachhaltige Entwicklung

C

CAIO *siehe* Chief AI Officer
ChatGPT 12, 35, 54
ChatGPT Effect 57
Chief AI Officer (CAIO) 99
Claude (Anthropic) 10, 39, 43
Compliance 75, 84, 89–90
Cyberwar/Cyberwarfare 17, 25

D

DALL-E-Serie 42
Dartmouth Conference 57
Daten 39–41
  Bias 40, 41
  Qualität 40
  synthetische 39
  Trainingsdaten 25, 37, 40
Datenschutz 25, 40, 85
Data Science 39, 60, 100
DEC AI Literacy Framework 107
Deep Learning 37, 38, 82
  siehe auch Machine Learning; neuronale Netzwerke
Deepfakes 26, 41
DeepResearch (OpenAI) 26, 46, 77
DeepSeek-Serie 12, 38, 59
Demokratisierung von Basistechnologie 24
Desinformation 17, 24, 25
Deskilling 67
digital divide 13, 105
digitale Ethik 16, 17, 24–5
digitale Souveränität 84, 85, 125
Digitalisierung 24, 29, 86
Diskurse über KI 53–71, 104, 110
doppelte Kontingenz 27

E

Engagement 101
Entscheidungen 96–7
Ethik 17, 24–5, 113
Explainable AI (XAI) 55, 88

F

Fake News 25–6
Features 36
Feedforward Neural Network 37
Fehl- und Desinformation *siehe* Desinformation
Finetuning 39, 44

Foresight 86, 101, 122
forschungsnahes Lehren und Lernen 77, 82, 83
Forschungsperspektive 82–3
Future Skills 58, 68, 78

G

Gemini (Google) 10, 39, 43
Gender Data Gap 40
Generation Z 28
generative KI 38, 69, 79
  siehe auch KI-Chatbots; Large Language Models (LLMs)
Generativism 80
Ghostwriting 63, 65
Governance *siehe* KI-Governance
GPT-Serie (OpenAI) 12, 38, 42
Gradient Descent 37
Grounding 45
Grundbedingungen für KI 96–102
gute wissenschaftliche Praxis 18, 64, 90

H

Halluzinationen 45
High-Performance-Computing 82–3
Hochschulbildung
  und KI 12, 58, 124–7
  Szenarien für 124–7
Hochschulstrategie 86
human–AI hybrid adaptivity 49, 77
Humanities 26, 100, 114

I

Inferenz 42, 44, 48
Innovation 92–3, 100, 113
Innovationsbereitschaft 100
integrierte KI-Strategie 97–8
Intelligence Augmentation 49
intelligente Tutoring-Systeme (ITS) 57
Interdisziplinarität 100, 114, 118
Internet of Things (IoT) 30, 123

K

KI-Applikationen 109
KI-Bedrohungen 15, 23, 25
KI-Bildung 22, 24, 26
KI-Campus 29, 116
KI-Chatbots 35, 39, 42
KI-Diskurse 53–71, 104, 110
KI-Governance 98–9, 101, 113
KI-Humanities 26
KI-Kompetenzen 14, 68–9, **104–15**
  Erwerb und Vermittlung 115–18
  Komponenten 107–15
  Modelle 106–7
KI-Ko-Kreation 114–15
KI-Literacy 68, 104–5, 107
KI-Modelle 23, 36, 37
KI-Perspektiven 75–93
KI-Sicherheit 111
KI-Souveränität 111
KI-Strategie 86, 97–8, 99
KI-Systeme 41–2, 46, 88
KI-Tutor*in 43, 49, 57
Ko-Kreation 9, 18, 49
Kollaboration *siehe* Zusammenarbeit
Konnektivismus 50
Kontextfenster 45
konvergierende Technologieinnovationen 23–4
Künstliche Intelligenz (KI)
  als Bedrohung 15, 23, 54
  als Chance 16, 23, 61
  Definitionen 16, 34
  Diskurse über 53–71
  in der Forschung 9, 12, 82–3
  in der Hochschulbildung 9, 12, 58
  Kontextualität und Materialität 48
  und natürliche/menschliche Intelligenz 49–50, 54–6
  Perspektiven auf 73–93
  und Politik 17, 24, 26
  und Produktivität/Effizienz 9, 61–2
  schwache 35
  starke 35
  symbolische 35–6
  Zukünfte von 121–8
siehe auch Deep Learning; generative KI; KI-Chatbots; KI-Kompetenzen; KI-Systeme; Machine Learning

L

Large Action Models (LAM) 23, 47
Large Language Models (LLMs) 17, **38**, 39, 42
Lehren und Lernen 63–71, 77–81, 112
  forschungsnahes 77, 82, 83
  mit KI 78–81

Perspektive des Lehrens 77–8
Perspektive des Lernens 78–81
projektbasiertes 64
Lehr-Lern-Infrastruktur 83–5
living intelligence 23
Llama-Serie (Meta) 38, 44
LLMs *siehe* Large Language Models

M

Machine Learning (ML) 9, 17, **36**
siehe auch Deep Learning; Supervised Learning; Unsupervised Learning
Materialität von KI 48
Mensch-Maschine-Topos 18, 54
Metadiskurse 54–9
MI (menschliche Intelligenz) 49, 50
ML *siehe* Machine Learning
Model Context Protocol 47
Multimodalität 27, 61, 64

N

Nachhaltigkeit 89
natürliche Intelligenz (NI) 49, 50
neuronale Netzwerke 37, 38
New Work 115
NI *siehe* natürliche Intelligenz

O

OER *siehe* Open Educational Resources
Offenheit 87–8
offene KI-Forschung 24
OpenAI 10, 12, 25
Open Educational Resources (OER) 87
Open Science 87
Open Source 85, 87, 88

P

Parameter 37, 44
Perplexity 26, 40, 43
Perspektiven auf KI 73–93
Plagiat 63
siehe auch Ghostwriting
postdigitale Perspektive 12
postdigitale Souveränität 15
Pre-Training 38
Proctoring 63
Prompt 38, 39, 43
projektbasiertes Lernen 64
Prüfungskultur 58, 63, 64

Q

Qualitätsmanagement 86–7

R

RAG *siehe* Retrieval-Augmented Generation
Reasoning Model 44, 47
Regelbasierte KI *siehe* symbolische KI
Reinforcement Learning 36
Reinforcement Learning From Human Feedback (RLHF) 39
Ressourcen 98
Retrieval-Augmented Generation (RAG) 43, 45, 46
Richtlinien 99
RLHF *siehe* Reinforcement Learning From Human Feedback

S

schwache KI 35
Schreibprozess 64
Sensorik 23
Sesame AI 27
Shift from Teaching to Learning 70, 77
Social Alignment 26
Sprache und Kommunikation 27–8, 110–11
starke KI 35
Stargate 12, 59
Supervised Learning 36
symbolische KI 35–6
synthetische Daten 39
System-Prompt 45, 46

T

Tokens 44
Tomorrowmind 15, 16, 115
Transformer-Architektur 38
Trainingsdaten 25, 37, 40
Turing-Test 57

U

Unsupervised Learning 36
Urheberrecht 41
Union of Skills (European Commission) 13